elefante

 elefante

EDIÇÃO
Tadeu Breda

ASSISTÊNCIA DE EDIÇÃO
Fabiana Medina

PREPARAÇÃO
Luiza Brandino

REVISÃO
Maria Afonso
Natália Mori Marques
Andressa Veronesi

REVISÃO TÉCNICA
Gabriel Zacarias

ILUSTRAÇÕES
breno

PROJETO GRÁFICO
Bianca Oliveira

DIAGRAMAÇÃO
Denise Matsumoto

— CRISE & CRÍTICA —

A sociedade autofágica

*capitalismo, desmesura
e autodestruição*

ANSELM JAPPE
TRADUÇÃO **JÚLIO HENRIQUES**

Para Teresa

PRÓLOGO
De um rei que devorou a si mesmo
— 11 —

CAPÍTULO 1
Do fetichismo que reina neste mundo
— 21 —

CAPÍTULO 2
Narcisismo e capitalismo
— 87 —

CAPÍTULO 3
O pensamento contemporâneo perante o fetichismo
— 183 —

CAPÍTULO 4
A crise da forma-sujeito
— 239 —

EPÍLOGO
O que fazer com esse mau sujeito?
— 289 —

APÊNDICE
Alguns pontos essenciais da crítica do valor
— 305 —

REFERÊNCIAS
— 315 —

SOBRE O AUTOR
— 331 —

COLEÇÃO CRISE & CRÍTICA
— 333 —

— PRÓLOGO —

De um rei que devorou a si mesmo

Continuam a chegar até nós, dos mais remotos tempos, antigos mitos que condensam, em narrativas curtas, uma imagem precisa daquilo que estamos vivendo. É o que acontece com um mito sucinto e pouco conhecido, o de Erisícton. Foi registrado, com algumas variações, pelo poeta helenístico Calímaco e pelo poeta romano Ovídio.[1] Erisícton era filho de Tríopas, que se tornou rei da Tessália após ter expulsado dali os habitantes autóctones, os pelasgos. Estes haviam consagrado a Deméter, a deusa das colheitas, um bosque magnífico. No centro do bosque, erguia-se uma árvore gigantesca e, à sombra de seus galhos, dançavam as dríades, as ninfas das florestas. Erisícton, desejando transformar essa árvore em assoalhos para a construção do seu palácio, foi até lá um dia, com servos munidos de machados, e começou a derrubá-la. Apareceu-lhe então a própria Deméter, sob as feições de uma de suas sacerdotisas, para convencê-lo a desistir da empreitada. Erisícton respondeu-lhe com desprezo, mas seus servos tiveram medo e quiseram evitar o sacrilégio. Erisícton, então, empunhando um machado, decepou um dos servos e em seguida derrubou a árvore, apesar do sangue que dela jorrava e da voz que dela provinha anunciando-lhe uma punição.

---

1 Calímaco, *Hino a Deméter*, e Ovídio, *Metamorfoses*, VIII, 738-878. O mito é mais antigo: já há referência a ele em um fragmento do *Catálogo das mulheres*, atribuído a Hesíodo (séculos VIII ou VII a.C.). Mais tarde, Dante mencionou sucintamente Erisícton no *Purgatório* (XXIII, 25-27), em *A divina comédia*.

O castigo não tardou: Deméter enviou-lhe a Fome personificada, que através de um sopro penetrou no corpo do culpado. Erisícton viu-se, então, tomado de uma fome impossível de ser saciada: quanto mais comia, mais fome sentia. Devorou todas as suas provisões, seus rebanhos e cavalos de corrida; mas suas entranhas continuavam vazias, e ele, pouco a pouco, definhava. Consumiu, como um fogo que tudo devora, o suficiente para alimentar uma cidade, um povo inteiro. Segundo Calímaco, teve de se esconder em casa, sem sair ou participar de banquetes, até que acabou por mendigar comida na rua, após ter arruinado a casa paterna. Segundo Ovídio, chegou até a vender a filha, Mestra, para comprar comida, conseguindo ela fugir graças ao dom da metamorfose que Poseidon lhe concedera. Mas, retornando à casa do pai, Mestra foi vendida por ele de novo e várias vezes. Nada, porém, acalmava a fome de Erisícton, e "quando a violência do seu mal esgotou todos os alimentos/ e à sua penosa moléstia deu novo pasto/ ele mesmo dilacerou os próprios membros e se pôs a arrancá-los/ mordendo-se o desgraçado para do próprio corpo se nutrir, mutilando-o". Assim termina o relato de Ovídio.

Só o desaparecimento, em vias de ser consumado, da familiaridade com a Antiguidade clássica pode explicar que o valor metafísico desse sucinto mito tenha até agora escapado aos porta-vozes do pensamento ecológico. Com efeito, nele encontra-se tudo: a violação da natureza no que essa tem de mais belo — e de mais sagrado para os habitantes originários daquelas terras —, para dela se extraírem materiais de construção destinados à edificação dos lugares do poder. Os prazeres bucólicos das dríades são sacrificados aos "festins" a que o arrogante príncipe prevê explicitamente consagrar o seu palácio. O homem poderoso mostra-se surdo às mais prementes súplicas de renúncia àquela profanação, ao passo que os dominados não querem cooperar em tal atitude (no texto de Ovídio, os servos encaram o delito com má vontade antes mesmo da intervenção da deusa). Sua resistência, expressa em nome do respeito pela tradição, custa muito caro, porque a raiva desvairada do poder contestado é desencadeada contra os que o criticam e não querem participar de seus crimes. Por fim, os servos têm de submeter-se e ajudar o amo a realizar seu desígnio. Mas não é sobre eles, que se limitaram a "obedecer às ordens" (di-lo Calímaco explicitamente), que Deméter lança o fogo de sua vingança. Ela pune unicamente Erisícton, da forma adequada ao delito: sem poder se alimentar, o rei vive como se toda a natureza se tivesse transformado — para ele — em um deserto que se recusa a dar a sua habitual contribuição à vida humana. Falhará até sua tentativa de obrigar uma mulher a reparar os danos causados pela loucura dos homens, e ele morre abandonado por todos e privado dos frutos da natureza.

Trata-se de um dos mitos tipicamente gregos que evocam a húbris — a desmesura resultante da insensatez e do orgulho ímpio —, a qual acaba por provocar a nêmesis, o castigo divino a que se viram sujeitos, entre outros, Prometeu, Ícaro, Belerofonte, Tântalo, Sísifo, Níobe. Não deixa de nos surpreender a atualidade desse mito. As pessoas, em particular as que gostam de apresentar, com inflexões mais ou menos religiosas, a destruição do meio ambiente natural como a transgressão de uma ordem também natural, podem ver nesse mito uma antecipação arquetípica das suas inquietações. Não respeitar a natureza desencadeia necessariamente a cólera dos deuses ou da própria natureza...

E não é tão somente uma catástrofe natural que se abate sobre esse antepassado dos insanos indivíduos que hoje destroem a floresta amazônica. Seu castigo é a fome. Uma fome que aumenta quando se come e que nada pode saciar. Mas fome de quê? Nenhum alimento a satisfaz. Nada de concreto, de real, responde à necessidade que Erisícton sente. Sua fome nada tem de natural, e é por isso que nada de natural é capaz de aplacá-la. É uma fome abstrata e quantitativa que nunca pode ser saciada. No entanto, a tentativa desesperada de contê-la leva Erisícton a consumir em vão alimentos, e bem concretos, destruindo-os e privando quem deles necessita. O mito antecipa assim, de forma extraordinária, a lógica do *valor*, da *mercadoria* e do *dinheiro*:[2] enquanto toda e qualquer produção que vise à satisfação de necessidades concretas tem os seus limites na própria natureza dessas necessidades e recomeça seu ciclo essencialmente no mesmo nível, a produção de valor mercantil, que o dinheiro representa, é ilimitada. A sede de dinheiro nunca pode se extinguir porque o dinheiro não tem como função satisfazer uma necessidade específica. A acumulação do valor e, portanto, do dinheiro não se esgota quando a "fome" é saciada, mas reinicia, imediatamente, um ciclo ampliado. A fome de dinheiro é abstrata, é vazia de conteúdo. A fruição é para ela um meio, não um fim. Mas essa fome abstrata nem por isso ocorre apenas no reino das abstrações. Como a fome de Erisícton, ela destrói os "alimentos" concretos que encontra pelo caminho para nutrir seu fogo e o faz, como no caso de Erisícton, em uma escala cada vez maior. E sempre em vão. Sua particularidade não é a avidez enquanto tal — coisa que não representa nada de novo sob o Sol —, é uma avidez que *a priori* jamais pode obter satisfação: "Rodeado de iguarias, procura outras iguarias", diz Ovídio. Não é simplesmente a crueldade do rico que aqui está em jogo, mas um enfeitiçamento que cria uma cortina entre os recursos disponíveis e a possibilidade de usufruir deles. Desse modo, o mito de Erisícton apresenta evidentes paralelos com o bem conhecido mito do rei Midas, que morre de fome porque tudo aquilo em que toca se transforma em ouro, inclusive os alimentos.

---

[2] Os gregos conheciam apenas as primícias dessa lógica, a que o mito de Erisícton, por conseguinte, não se referia. Mas há muitos casos em que as histórias podem representar para as gerações seguintes algo muito diferente de seu sentido original — sem falar do fato de a húbris, que é o objeto desse mito, fazer parte dos pressupostos mentais do futuro desenvolvimento do capitalismo.

O aspecto mais notável da história de Erisícton talvez seja a conclusão: a raiva generalizada, que nem sequer a devastação do mundo pode aplacar, acaba na autodestruição, no autoconsumo. Esse mito não nos fala apenas da devastação da natureza e da injustiça social, mas também do caráter abstrato e fetichista da lógica mercantil e de seus efeitos destruidores e autodestruidores. Ele nos surge, assim, como uma ilustração da crítica contemporânea do fetichismo da mercadoria, segundo a qual

> o capitalismo é como um bruxo que se sente forçado a jogar o mundo concreto como um todo no grande caldeirão da mercantilização para evitar que tudo pare. A crise ecológica não pode encontrar solução no quadro do sistema capitalista que precisa crescer sem parar e consumir cada vez mais matéria só para poder se opor à diminuição de sua massa de valor. (Jappe, 2011, p. 58 [2013, p. 190])

Ou quando essa crítica compara a situação do capitalismo contemporâneo com um barco a vapor que só continua a navegar queimando pouco a pouco as tábuas do convés, do casco etc.[3] Morrer de fome no meio da abundância — é essa, de fato, a situação a que o capitalismo nos conduz.

Todavia, vão ainda mais longe as perturbadoras semelhanças entre o arrogante rei da Tessália e a nossa situação. Seus comportamentos não evocam somente a lógica deste mundo às avessas que é o fetichismo da mercadoria; evocam também, mais diretamente, os comportamentos dos sujeitos que vivem sob seu reinado. A pulsão feroz que aumenta a cada tentativa de saciá-la e que conduz à desintegração física do indivíduo,

---

[3] O que, aliás, sem qualquer metáfora, é certo no que diz respeito à ilha de Nauru (ver Folliet, 2010). Os habitantes dessa minúscula ilha no Pacífico, um Estado independente fundamentado em jazidas de fosfato, deixaram literalmente que as empresas mineradoras destruíssem a ilha para acederem, durante algumas décadas, à abundância mercantil. Hoje vivem na pobreza absoluta.

o qual, antes disso, gastou todos os seus recursos e espezinhou as afeições mais elementares, até obrigando as mulheres do seu meio a se prostituir, lembra o percurso do adicto a quem falta a droga. E alguns desses dependentes lembram a lógica do capitalismo, do qual são uma espécie de figura metafórica. De modo geral, Erisícton tem claramente as características do narcísico, em sentido clínico. Só sabe de si mesmo, não consegue estabelecer relações verdadeiras, nem com os objetos naturais, nem com os outros seres humanos, nem com as instâncias simbólicas e com os princípios morais tidos como reguladores da vida humana. Nega a objetividade do mundo exterior, e o mundo exterior também se nega a ele, recusando-lhe os auxílios materiais mais elementares, como a comida. A húbris, pela qual Erisícton foi punido, era para os gregos o desafio lançado aos deuses, a pretensão de serem seus iguais. Para além do aspecto estritamente religioso, podemos ver nessa condenação grega da húbris um aviso contra o desejo de onipotência, contra as fantasias do poder irrestrito que constituem a base do narcisismo.

Fetichismo e narcisismo — é em torno desses dois conceitos e de suas consequências nas sociedades atuais que este livro vai se articular. A húbris de Erisícton leva à destruição e acaba, por fim, na autodestruição, que nos lembra a que assistimos agora e que a categoria do "interesse" dos "atores" não pode de todo nos ajudar a compreender. Há algum tempo, predomina a impressão de que a sociedade capitalista está sendo arrastada para uma deriva suicida que ninguém conscientemente deseja, mas para a qual todos contribuem. Destruição das estruturas econômicas que asseguram a reprodução dos membros da sociedade, destruição dos elos sociais, da diversidade cultural, das tradições e das línguas, dos fundamentos naturais da vida: aquilo que se constata por toda parte não é somente o fim de certos modos de vida para entrarmos em outros — "destruições criadoras" das quais a história da humanidade estaria repleta; é antes uma série de catástrofes em todos os graus e em escala planetária que parecem ameaçar a própria sobrevivência da humanidade ou, pelo menos, a continuação de uma parte muito grande daquilo que deu sentido à "aventura humana", para lançar os humanos de volta ao estado de "anfíbios".[4]

Este livro, contudo, não tem como objetivo principal lembrar as inúmeras razões para nos indignarmos perante o estado do mundo em que vivemos nem pretende acrescentar a isso novas razões. Em vez de juntar novas peças ao dossiê de acusação, seu objetivo é contribuir para a *compreensão* do que está acontecendo, de suas origens, sua forma e suas perspectivas de evolução, bem como para tentar aclarar a profunda *unidade* das desgraças descritas e para remontar àquilo que as mantém juntas — primeira condição para tentarmos uma intervenção com alguma possibilidade de êxito.

Este livro prolonga as análises apresentadas em *As aventuras da mercadoria* (2003 [2006]), em que exponho o essencial da "crítica do valor". Não é indispensável que o leitor o tenha lido previamente, tendo em vista que seus conceitos mais importantes são aqui retomados. No entanto, o conhecimento de *As aventuras da mercadoria* permitirá, sem dúvida, apreender melhor tudo o que está em jogo em *A sociedade autofágica*, que segue um percurso parcialmente diferente. Um apêndice, no fim deste volume, resume as teses essenciais da crítica do valor; recomendamos a sua leitura preliminar a quem ainda não as conheça, podendo os outros leitores começar de imediato pelo primeiro capítulo.

Em vez de começar estabelecendo uma base teórica colhida das obras de Marx e de avançar, em seguida, para considerações mais históricas, detalhadas e "concretas", vamos nos ocupar aqui da temática do sujeito por meio de abordagens diversas, algumas conceituais e outras "empíricas". O procedimento é,

---

[4] Como escreveram, já em 1944, dois dos mais precoces observadores desse fenômeno, Max Horkheimer e Theodor W. Adorno (1974, p. 52 [1985, p. 43]).

pois, menos dedutivo, e o enfoque pode mudar de um capítulo para o outro; trata-se, por vezes, de resumir vastas problemáticas a partir de conceitos bastante gerais e, outras vezes, de examinar em pormenor um argumento, um autor ou um fenômeno. Não é um tratado sistemático, mas uma tentativa de lançar nova luz sobre a forma-sujeito moderna. A crítica do valor constitui a base deste livro, mas mobilizam-se nele outras abordagens surgidas recentemente nas ciências humanas e se estabelece um diálogo com autores por vezes muito afastados da crítica do valor.

As aventuras da mercadoria propunha-se a expor o essencial sobre um tema circunscrito: a crítica do valor e a sua leitura de Marx. Em contrapartida, *A sociedade autofágica* trata de questões muito mais vastas, que não pretende esgotar. Agindo como os primeiros arqueólogos, neste livro fui fazendo escavações aqui e ali, em vez de extrair pacientemente camadas inteiras de terreno. Trata-se, pois, de um programa de investigação cujo avanço futuro só poderá acontecer como trabalho coletivo, já iniciado.

Por conseguinte, são muitas as luzes projetadas sobre a questão da subjetividade mercantil. No primeiro capítulo, a abordagem é filosófica e histórica, alicerçando-se na crítica do valor; no segundo, inicia-se uma discussão com a psicanálise, com a Escola de Frankfurt e com Christopher Lasch; no terceiro, utilizo a sociologia contemporânea; o quarto capítulo concentra-se na questão da violência e dos homicidas em meio escolar; no epílogo, retomo os conceitos de "dominação" e de "democracia", examinando a aterradora perspectiva de uma possível regressão antropológica.

No que diz respeito ao modo expositivo, espero ter evitado o estilo universitário ou qualquer outra forma de jargão e ter conseguido seguir o conselho de Schopenhauer: "Empreguemos palavras costumeiras para dizer coisas extraordinárias" — e não o contrário.

— CAPÍTULO 1 —

Do fetichismo que reina neste mundo

—

Haverá alguma coisa que conecte os fenómenos aparentemente discordantes do tecido da vida, quer isso nos agrade ou não? Um dos meus livros anteriores, *As aventuras da mercadoria*, tentou dar uma primeira resposta a essa questão descrevendo o papel do *valor*, da *mercadoria*, do *trabalho abstrato* e do *dinheiro* na sociedade capitalista. Nele, faltava ainda a análise do papel do sujeito. Essa análise baseia-se, sobretudo, em retomar parte da obra de Karl Marx — a saber, o primeiro capítulo do primeiro volume de *O capital* (1867) — que durante muitíssimo tempo foi negligenciada por quase todos os "marxistas". Na parte em questão, Marx levou a cabo uma *crítica* radical do valor, da mercadoria, do trabalho abstrato e do dinheiro, categorias que não são ali tratadas como dados neutros e trans-históricos, identificáveis em qualquer modo de produção um pouco evoluído. Trata-se, pelo contrário, de categorias que na sua forma plenamente desenvolvida pertencem apenas à sociedade capitalista. Quando essas categorias regem por completo a reprodução da sociedade e a vida social, elas desvendam o seu potencial altamente destrutivo, levando a sociedade e todos os seus membros a uma grave crise e à impossibilidade de continuar funcionando segundo essas categorias. Ao passo que o marxismo tradicional e, com ele, quase todos os movimentos de esquerda limitaram-se sempre a pedir outra *distribuição* dos frutos desse modo de produção (a "luta de classes" em torno da repartição do "mais-valor"),⁵ a "crítica do valor" — contida na obra de Marx, retomada de forma fragmentária pelo jovem György Lukács em *História e consciência de classe* (1923), pela Escola de Frankfurt e pelos situacionistas, e elaborada sistematicamente na Alemanha, a partir da década de 1980, pelas revistas *Krisis* e *Exit!* e por autores como Robert Kurz e Moishe Postone — começou a questionar o próprio *modo de produção*. Por que razão grande parte das atividades humanas assume a forma do *trabalho abstrato*, o qual se considera que cria o *valor das mercadorias*, valor este representado no *dinheiro*? Qual é a verdadeira natureza desses "moldes" em que se encontra vertida a vida social?

O QUE NOS ENSINA A CRÍTICA DO VALOR

Vamos nos limitar aqui a retomar, de forma muito sucinta, os termos mais importantes da crítica do valor. Na sociedade capitalista, a produção não obedece a uma organização qualquer já preestabelecida, mas é um processo de produtores separados que trocam seus produtos — as mercadorias, serviços incluídos — em mercados anônimos. Para trocá-los, é preciso poder calculá-los a partir de um parâmetro único. A única coisa que as mercadorias têm em comum é serem produto de um trabalho humano. Todavia, os diferentes trabalhos são tão incomensuráveis entre si como os produtos. O único denominador comum de todos os trabalhos é o fato de constituírem sempre um dispêndio de energia humana, "de matéria cerebral, de músculo, de nervos" (Marx). A medida

---

5 O termo *survaleur* em francês remete ao conceito marxiano de *Mehrwert*, literalmente "mais-valor", que no passado foi comumente traduzido no Brasil com a fórmula "mais-valia". Aqui, adotamos a tradução "mais-valor", filologicamente mais correta e que explicita a presença do termo "valor" como parte do conceito de Marx. [N.E.]

desse dispêndio é a duração no tempo. O que determina seu valor é a simples *quantidade de tempo* necessária à produção das mercadorias (e para produzir seus componentes e as ferramentas necessárias à sua fabricação, bem como para formar o trabalhador etc.). É aquilo que Marx chama de *trabalho abstrato*: o tempo de trabalho gasto sem consideração pelo conteúdo. Duas mercadorias, por mais diferentes que sejam, e por mais diferentes os trabalhos concretos que as criaram, possuem o mesmo valor se o mesmo tempo — e por isso a mesma quantidade de energia humana — tiver sido necessário para sua produção. No mercado, essas mercadorias só se encontram como quantidades de tempo abstrato, ou seja, como valores. Elas devem igualmente ter um *valor de uso* para que existam compradores, mas esse valor de uso só serve para *efetivar* o seu valor, derivado do trabalho. O valor, no entanto, é invisível; o que é visível é o *preço* em *dinheiro*. O dinheiro não é uma convenção, um simples meio para facilitar as trocas, é uma mercadoria real — durante muito tempo os metais preciosos desempenharam esse papel — na qual as outras mercadorias representam o próprio valor.

Cada mercadoria tem, pois, uma *dupla natureza*: é, ao mesmo tempo, um objeto concreto que serve para satisfazer certa necessidade e também o "portador" de uma quantidade de trabalho indiferenciado. É o próprio trabalho que tem uma dupla natureza; o trabalho concreto e o trabalho abstrato não são dois gêneros diferentes de trabalho (e nada têm a ver com conteúdos diferentes, por exemplo, trabalho material e trabalho imaterial), ambos são *a mesma atividade*, considerada uma vez como produção de um resultado — material ou imaterial — e uma vez como tempo empregado. É essa dupla natureza da mercadoria, e do trabalho que a produziu, que Marx colocou no início de *O capital* e a partir da qual ele deduz todo o funcionamento do capitalismo.

Com efeito, os dois lados não coexistem pacificamente, estão em conflito, e nesse conflito é o lado "abstrato" que sai vencedor. Em uma sociedade de mercado capitalista, a reprodução social é organizada em torno da troca de quantidades de trabalho, e não em torno da satisfação das necessidades e dos desejos. Basta lembrar que a quantidade de trabalho adquire a forma de uma dada quantidade de dinheiro para compreender quanto essa afirmação teórica corresponde à realidade cotidiana.

A economia capitalista é a arte de transformar um dólar em dois e de ordenar todo o resto com esse único fim. Contudo, esse fato bem conhecido não se explica somente pela avidez e pelo desejo de desfrutar. O capitalismo não inventou a avidez, nem a injustiça social, nem a exploração, nem a dominação. Em contrapartida, o que constitui sua particularidade histórica é a generalização da forma-mercadoria e, portanto, da dupla natureza da mercadoria e do trabalho, bem como das suas consequências.

Assim, o dinheiro já não é o auxiliar da produção de mercadorias; é a produção de mercadorias que se torna um auxiliar para produzir dinheiro. Não se troca uma mercadoria por dinheiro para transformar de novo o dinheiro em outra mercadoria (ou seja, para trocar, por intermédio do dinheiro, uma coisa que se possui, mas de que não temos necessidade, por outra que desejamos obter). Em vez disso, compramos, com dinheiro, uma mercadoria para a revendermos e com isso obtermos outra soma de dinheiro. Tendo em conta que o dinheiro, diferentemente das mercadorias, é sempre o mesmo, esse processo não tem sentido se a quantidade de dinheiro depois da troca não for maior do que a soma inicialmente aplicada. Portanto, no capitalismo, qualquer transação econômica serve para *aumentar* determinado montante de dinheiro. Tal sistema *deve* necessariamente crescer; o aumento não é uma escolha, mas constitui a única verdadeira finalidade do processo. No entanto, não se trata do aumento da produção "real" (das mercadorias). Esta pode ocorrer ou não; o que conta é apenas o aumento do dinheiro.

Contudo, o dinheiro representa o valor das mercadorias, e o valor é constituído pela quantidade de trabalho abstrato. Um verdadeiro aumento do dinheiro não é possível, então, sem um aumento do trabalho despendido. Em sua forma clássica, esse aumento se dá por meio da exploração do assalariado: o proprietário de um dado montante de dinheiro (capital) compra a força de trabalho do operário, que é obrigado a trabalhar mais tempo do que o necessário para pagar seu salário. Esse excedente constitui o mais-valor e, no fim das contas, portanto, o lucro do capitalista — o qual, se quiser continuar a sê-lo, deverá reinvestir parte do seu lucro em uma nova aquisição de força de trabalho e, de preferência, em maior quantidade, pois de outro modo o próprio capitalista corre o risco de ser eliminado pela concorrência exercida pelos outros proprietários de capital.

A extração de mais-valor por meio da exploração do trabalhador monopolizou durante muito tempo a atenção do movimento operário e de seus teóricos, e via-se em sua denúncia o núcleo da teoria de Marx. Assim, outro aspecto desse processo ficava na sombra: tal modo de produção comporta uma *indiferença* estrutural perante os *conteúdos* da produção e as necessidades de quem deve produzi-los e consumi-los. Todas as formas de produção anteriores, por mais injustas ou absurdas que tenham sido, destinavam-se à satisfação de determinada necessidade, real ou imaginária, e esgotavam-se com a sua realização, para em seguida recomeçarem o mesmo ciclo. *Serviam* para qualquer coisa: para reproduzir a sociedade existente. Quando o dinheiro se torna ele próprio a finalidade da produção, nenhuma necessidade satisfeita pode constituir um fim. A produção se torna a própria finalidade, e cada progressão serve apenas para recomeçar o ciclo em um grau mais elevado. O valor enquanto tal não tem nenhum limite natural para o seu crescimento, mas não pode renunciar a ter um valor de uso e, portanto, a representar-se em um objeto "real". O crescimento do valor não pode ocorrer sem um crescimento —

necessariamente muito mais rápido — da produção material. O crescimento material, ao consumir os recursos naturais, acaba por consumir o mundo real. É isso que o mito de Erisícton anuncia de maneira tão surpreendente. Esse crescimento é *tautológico*, não tem conteúdo próprio, engendra uma dinâmica que consiste em produzir por produzir. No entanto, não se trata apenas de uma "atitude" ou de uma "ideologia"; é a concorrência do mercado que obriga cada um dos atores a participar desse jogo insano ou desaparecer. É fácil compreender que se encontram aqui as raízes profundas do desastre ecológico a que o capitalismo conduz. Mas pode-se constatar, mesmo em muitos outros níveis, que a necessidade de crescimento ilimitado do valor e sua indiferença quanto aos meios de atingi-lo são o fundo comum que dá forma aos aspectos mais diversos da modernidade.

O crescimento do dinheiro e do valor só é possível por meio do crescimento do *trabalho* executado. Por conseguinte, a sociedade mercantil moderna é forçosamente uma sociedade do trabalho. Foi ela, de resto, que inventou o conceito de "trabalho", desconhecido das sociedades anteriores, como um termo que engloba as mais diversas atividades. Construir uma mesa ou tocar piano, tomar conta do bebê dos vizinhos ou atirar com uma arma em seres humanos, ceifar trigo ou celebrar um rito religioso: essas atividades são totalmente diferentes umas das outras, e em uma sociedade pré-moderna ninguém teria tido a ideia de as subsumir sob um único conceito. Mas na sociedade do trabalho suas particularidades são negligenciadas, ou mesmo anuladas, levando-se em conta unicamente o dispêndio de força de trabalho quantitativamente determinado.

Estamos habituados a considerar a mercadoria, o dinheiro, o trabalho e o valor como fatores "econômicos". Qualquer discurso relativo a esses fatores — como o que aqui se expõe — é encarado como um discurso "econômico". Ele diria respeito, pois, unicamente a um aspecto da vida, a um aspecto particularmente enfadonho que conviria ser deixado aos economistas, ao passo que os outros domínios da vida dependeriam da psicologia, da sociologia, da antropologia, da linguística etc. O "economismo", ou seja, a redução do agir humano apenas a motivações econômicas, utilitárias e materialistas, seria o limite muito contestável de qualquer discurso marxista, inclusive de suas variantes mais heterodoxas, tais como a "crítica do valor". O economismo, como qualquer outra explicação da sociedade humana fundamentada em uma única causa, estaria ultrapassado, e a enorme complexidade da sociedade só poderia ser apreendida graças a uma combinação de todas as ciências. O "totalitarismo" de uma única abordagem do fenômeno humano constituiria até uma das raízes do totalitarismo político.

Esse discurso não é errado se for dirigido contra as múltiplas formas do marxismo tradicional, que, a partir do esquema "base e superestrutura", continuam a sustentar, de uma maneira ou de outra, que a economia, concebida efetivamente como um âmbito parcial da vida social, domina, em última instância, os outros aspectos da vida (culturais, sociais, religiosos, simbólicos etc.), podendo até matizar essa afirmação ao evocar a "ação recíproca" que exercem uns sobre os outros. Em contrapartida, a crítica do valor não se limita a constatar um imperialismo da esfera econômica em prejuízo de outras esferas vitais. Em vez disso, ela analisa o valor mercantil como uma *forma geral* de produção e reprodução da sociedade, do agir e da consciência. Em outras palavras: o valor (e, portanto, o trabalho, o dinheiro, a mercadoria) é o princípio de *síntese social* na modernidade capitalista. Em vez de "deduzir" tudo de um valor concebido em termos econômicos, trata-se de analisar as diferentes expressões da mesma "forma vazia", expressões que se mediatizam reciprocamente, mas remetem sempre ao trabalho abstrato como a "forma de base" que realiza essa forma vazia na prática cotidiana.

Qualquer sociedade precisa de um princípio de síntese; trata-se do princípio unificador graças ao qual os indivíduos e seus produtos materiais e imateriais — que, enquanto tais, estão separados e são incomensuráveis — podem compor as partes de um coletivo que assegura a mútua satisfação das necessidades. A "corrente das dádivas", a dominação política direta e a religião estavam entre os elementos principais da síntese social que predominava nas sociedades pré-modernas, das quais se destaca uma característica: tinham ao mesmo tempo vários princípios de síntese. Na sociedade capitalista, é o *trabalho* que faz de cada indivíduo um membro da sociedade, que com os outros membros partilha uma essência comum graças à qual pode participar na circulação dos seus produtos. É devido ao fato de suas atividades adquirirem a forma comum de uma dada quantidade de trabalho, representada em uma dada quantidade de dinheiro, que os indivíduos podem se entender como as partes de um todo, ou seja, formar uma sociedade. Basta imaginar que perdemos a carteira em uma cidade estrangeira para perceber a que ponto deixamos de ser membros da sociedade, se não dispusermos da materialização do princípio de síntese que nos liga aos outros — o elo social que sempre trazemos no bolso, como observou Marx (1980, p. 92 [2011, p. 107]).

Esse discurso, é claro, necessita de detalhamentos significativos. Há atividades que não são vistas como "trabalho" e que não são remuneradas, embora sejam muito importantes — por exemplo, criar os filhos, ler um livro por prazer ou convidar amigos para jantar. Essas atividades, todavia, não estão livres da influência que o trabalho exerce sobre elas; têm, em geral, papel de auxiliares indispensáveis: essencialmente, asseguram a reprodução da força de trabalho. É também verdade que nas sociedades modernas há outro grande princípio de síntese: o estatuto de cidadão, ou de membro de um Estado, ou de uma nação. Esse estatuto, porém, não é, de maneira alguma, "alternativo" ao estatuto de trabalhador — ilusão que constitui a base de negócios da esquerda atual —, mas, antes, está subordinado a ele.

Voltaremos a essas afirmações para analisá-las. Mas, desde já, é preciso sublinhar firmemente que o "economismo" não é um simples erro da teoria, mas um fato muito real: na sociedade mercantil, a economia colonizou todas as esferas da vida e submeteu a existência como um todo à exigência de rentabilidade. Se todas as atividades humanas e, portanto, todos os aspectos da vida estão submetidos, direta ou indiretamente, às exigências da economia e devem se conformar às leis do dinheiro e do trabalho que o produz, então a economia — a economia capitalista — torna-se coextensiva à própria vida humana. Contudo, esse "economismo real" é próprio da sociedade mercantil, e apenas dela; era desconhecido das organizações sociais anteriores. É um mérito sobretudo de Moishe Postone ter demonstrado, em *Tempo, trabalho e dominação social* (1993 [2014]), baseando-se em uma releitura rigorosa de Marx, que o capitalismo, longe de ter escamoteado o papel do trabalho, como afirmam os marxistas tradicionais, fez dele o mediador social universal. Um mediador que dirige, ele próprio, esta sociedade, ao passo que nas sociedades pré-capitalistas o trabalho estava subordinado às decisões tomadas em outras esferas sociais, com base em outros princípios de síntese — segundo a hierarquia feudal, por exemplo, que não estava ligada à produtividade ou ao trabalho. É necessário, portanto, distinguir dois níveis de "dominação": por um lado, a bem conhecida dominação de certos grupos sociais sobre outros, que absorveu quase toda a atenção dos observadores críticos da sociedade, desde os marxistas até Pierre Bourdieu; por outro lado, por trás dessa dominação visível, a dominação de estruturas impessoais sobre toda a sociedade. Essa dominação, exercida pelo valor, pelo trabalho, pelo dinheiro e pela mercadoria, é mais difícil de circunscrever. Para descrevê-la, Marx recorreu a termos que soam um tanto misteriosos, tais como "sujeito automático" ou "fetichismo da mercadoria". Qualquer sociedade fetichista é uma sociedade cujos membros seguem regras que são o resultado inconsciente das próprias ações, mas que se apresentam como forças exteriores e superiores aos homens, e em que o sujeito não passa de um simples executante das leis fetichistas.

No entanto, o predomínio da forma-mercadoria não se exprime apenas na sempre crescente submissão da vida à tirania econômica. Esse predomínio consiste na difusão de uma *forma geral* cuja principal característica é a do valor mercantil: a ausência de qualquer conteúdo, o vazio, a pura quantidade sem qualidade. As formas gerais fetichistas das culturas anteriores — o totemismo, as religiões, a dominação pessoal exercida sobre escravos e servos — tinham conteúdos *concretos*, por mais opressivos que possam ter sido. O valor mercantil é a única forma fetichista que constitui uma pura forma sem conteúdo, uma forma indiferente a qualquer conteúdo. É por isso que seus efeitos são tão destruidores. Discernir as consequências da difusão dessa forma de síntese social na época moderna é absolutamente necessário para compreender a *coerência* dos fenômenos tão diversos que nos ameaçam, mas que, encarados separadamente, não têm uma explicação cabal.

Na maior parte das suas ações, os sujeitos da mercadoria não se sacrificam conscientemente ao culto do fetiche mercantil; pelo contrário, pensam que procuram alcançar seus "interesses". Assim, é conveniente perguntarmo-nos qual é a *forma de mediação* entre a consciência empírica e a forma social de base, a do valor mercantil. Em outras palavras, é preciso determinar, à semelhança de uma grade de percepção, a *forma geral da consciência*, a forma que predetermina todo e qualquer conteúdo particular.

Entre os atos e as decisões dos homens, por um lado, e, por outro, os conteúdos concretos, sensíveis e materiais da sua produção (de modo geral), interpõe-se sempre uma forma social fetichista que decide o destino desses conteúdos concretos. Essa forma social inconsciente age como um "código" que dá forma aos atos e cria as leis "cegas", mas aparentemente "objetivas" ou "naturais", que pautam a vida humana. Outrora, isso podia ser a "vontade de Deus"; hoje, são as "leis econômicas", as "exigências de rentabilidade", os "imperativos tecnológicos" ou a "necessidade do crescimento". São "leis" que visivelmente não pertencem à "primeira natureza" (biológica), mas à "segunda natureza", ao meio ambiente social que o próprio homem forjou no decurso da sua evolução. Essas leis são, pois, inegavelmente, obra do homem e, no entanto, ninguém as decretou na sua forma presente; levam com frequência a situações que ninguém conscientemente quer e para as quais, contudo, todos contribuem.

Marx colocou as páginas sobre o fetichismo no fim do primeiro capítulo de O capital, como um resumo de seus estudos sobre o valor.[6] No entanto, é no início do segundo capítulo que ele dá, como um prolongamento dos seus raciocínios precedentes e amiúde com uma ponta de ironia, uma das definições mais concisas do fetichismo: "As mercadorias não podem ir por si mesmas ao mercado e trocar-se umas pelas outras. Temos, portanto, de nos voltar para seus guardiões, os possuidores de mercadorias" (Marx, 1993, p. 96 [2017, p. 159]). Do ponto de vista da lógica mercantil, as mercadorias são autossuficientes. São elas os verdadeiros atores da vida social. Os homens só entram em cena como servidores dos próprios produtos. Como as mercadorias não têm pernas, elas consignam aos homens a tarefa de as deslocarem. Senão,

---

[6] Marx retoma a questão do fetichismo em um fragmento destinado ao terceiro volume de O capital. Depois de sua morte, o volume foi preparado para publicação por Engels, que optou por inserir esse trecho quase no fim, mais uma vez como conclusão. Esse fragmento, designado "Fórmula trinitária", apresenta efetivamente o fetichismo como uma espécie de disfarce do fato de a origem verdadeira do mais-valor residir unicamente no trabalho. Ele parece, assim, dar razão aos marxistas tradicionais, que interpretam o fetichismo como uma simples forma de "véu" e de embuste. Todavia, o lugar das duas análises do fetichismo, logo no início e bem no fim das 2.500 páginas de O capital, permite dizer que os dois níveis de leitura não se excluem: o fetichismo do primeiro capítulo corresponde à *essência* invisível do capitalismo (o valor), ao passo que o da "fórmula trinitária" corresponde, como muitos dos desenvolvimentos do terceiro volume, ao nível fenomenal, à "superfície que surge". Coisa que demonstra, mais uma vez, a importância da distinção hegeliana entre essência e fenômeno.

poderiam absolutamente passar sem eles. E se lhes lembrássemos que foram os homens, ainda assim, que as fabricaram, seria muito surpreendente se elas se irritassem?

O fetichismo da mercadoria não é uma falsa consciência ou uma simples mistificação, mas uma forma de existência social total que se situa acima de qualquer separação entre reprodução material e *psique*, porque determina as próprias formas do pensamento e do agir. O fetichismo da mercadoria compartilha dessas características com outras formas de fetichismo, tais como a consciência religiosa. Ele poderia, assim, ser caracterizado como uma "forma *a priori*".

O conceito de forma *a priori* evoca evidentemente a filosofia de Immanuel Kant. Todavia, o esquema formal que antecede qualquer experiência concreta e que a modela, e do qual tratamos aqui, não é ontológico, como em Kant, mas histórico e sujeito à evolução. As formas dadas *a priori*, nas quais se deve representar necessariamente qualquer conteúdo da consciência, são para Kant o tempo, o espaço e a causalidade. Ele concebe essas formas como inatas em qualquer ser humano, sem que a sociedade ou a história tenham nisso qualquer papel. Bastaria retomar esta questão, mas retirando às categorias *a priori* o seu caráter atemporal e antropológico, para chegar a conclusões próximas da crítica do fetichismo da mercadoria. O fato de a percepção do tempo, do espaço e da causalidade variar muito nas diferentes culturas do mundo foi por certo observado por alguns kantianos.[7] No entanto, não se trata somente do conhecimento, mas também da ação. O fetichismo da mercadoria de que fala Marx e o inconsciente de que fala Freud são as duas formas principais que foram propostas, depois de Kant, para explicar um nível de consciência de que os atores não têm uma percepção clara, mas que, em última instância, os determina. Porém, ao passo que a teoria freudiana do inconsciente foi

---

[7] Por exemplo, Ernst Cassirer em *A filosofia das formas simbólicas* (1923 [2001]).

admitida amplamente, a contribuição de Marx para a compreensão da forma geral da consciência continuou a ser a parte mais desconhecida de sua obra.[8] Com as fórmulas de "fetichismo da mercadoria" e de "sujeito automático", Marx lançou as bases de uma concepção do inconsciente cuja forma está submetida à mudança histórica, ao passo que Freud concebeu o inconsciente sobretudo como o receptáculo de constantes antropológicas, ou mesmo biológicas. Em Freud, trata-se sempre da relação entre o inconsciente em si e a cultura em si, e para ele essa relação nada mudou desde a época da "horda primitiva". Em sua teoria não há lugar para a forma fetichista, cuja evolução constitui precisamente a mediação entre a natureza biológica, enquanto fator quase invariável, e os acontecimentos da vida histórica.

As relações entre o *a priori* de Kant, o inconsciente de Freud e o fetichismo de Marx raramente foram objeto de investigações aprofundadas. Tentaremos fazer aqui, em certo sentido, uma unificação dessas abordagens, sem por isso nos esquecermos de suas diferenças ou mesmo de seus antagonismos — sobretudo entre Kant, ideólogo entusiasta da nova forma de consciência que ele anunciava, e Marx, o seu primeiro crítico consumado.[9] O que iremos analisar é o aparecimento do sujeito moderno e da própria categoria de sujeito e, sem nele vermos um "erro epistemológico", acabaremos, mesmo assim, por desfazer muitas das suas tessituras. Com frequência, atribui-se à noção de "sujeito" o simples fato de ser sempre necessário um portador humano da ação e da consciência, mas essa definição genérica nada explica. Podemos compará-la à iden-

---

[8] A isso é preciso acrescentar a obra de Durkheim, cujas "representações coletivas" são igualmente uma tentativa de descrever os *a priori* sociais.
[9] Contribuiu para a discussão sobre a "constituição do sujeito", especialmente em relação a Kant, um número restrito de autores — temos em mente Theodor W. Adorno, seu primeiro mentor, Alfred Sohn-Rethel, e seu aluno Hans-Jürgen Krahl.

tificação abusiva que se faz correntemente entre o "trabalho" e qualquer metabolismo com a natureza — não sendo fortuito, aliás, este paralelismo entre o sujeito e o trabalho. Aquilo que habitualmente se designa como "sujeito" não é idêntico ao ser humano ou ao indivíduo: constitui uma figura histórica particular, surgida há não muito tempo, em simultâneo com o trabalho. O sujeito baseia-se em uma cisão, na expulsão de parte de si mesmo e no medo do seu retorno. Poderíamos, então, suspeitar que a forma-sujeito — o fato geral de ser um sujeito[10] — comporta, na realidade, o apagamento de qualquer particularidade individual. E talvez esse sujeito não seja necessariamente o portador da emancipação humana, o "polo positivo" a defender, oposto ao "polo negativo" constituído pela sociedade opressiva. Talvez não haja um "sujeito revolucionário" que ponha fim à sociedade capitalista, e talvez a emancipação social consista na superação da própria forma-sujeito. Não se trata, portanto, nem de "libertar o sujeito", nem, pelo contrário, de considerar a sua ausência um dado ontológico, como faz o estruturalismo.

Marx deu uma contribuição essencial para esse debate com o seu conceito de "sujeito automático", mesmo que esse surja uma única vez na sua obra: "O valor passa constantemente de uma forma a outra, sem se perder nesse movimento, e, com isso, transforma-se no sujeito automático do processo" (Marx, 1993, p. 173 [2017, p. 229-30]). Na sociedade em que domina o fetichismo da mercadoria não pode haver um verdadeiro sujeito humano: é o valor, nas suas metamorfoses (mercadoria e dinheiro), que constitui o verdadeiro sujeito. Os "sujeitos"

---

10 A expressão "forma-sujeito" indica uma forma *a priori* — mas limitada a uma fase histórica — na qual todo o comportamento e toda a consciência devem "se moldar" para que o indivíduo seja reconhecido como um "sujeito". A palavra "sujeito" indica igualmente os sujeitos vivos, empiricamente presentes, que correspondem a essa forma, tal como os valores de diferentes mercadorias são sempre expressões da forma-valor.

humanos são arrastados por ele, são seus executantes e "funcionários" — "sujeitos" do sujeito automático.[11]

O que é, então, o "sujeito"? Qual a sua história? Será possível escrever uma história das constituições psíquicas paralela à história das formas de produção e compreender as suas relações? E, sobretudo, será possível escrevê-la abandonando por completo o velho esquema "base e superestrutura"? Não para simplesmente virá-lo do avesso, nem para fazer dele uma mescla de coisas, mas para alcançarmos uma compreensão da "forma social total".

Podemos indicar, como exemplo do poder heurístico desta abordagem, o olhar que ele permite lançar sobre o surgimento do capitalismo nos séculos XIV e XV. Há uma ligação evidente entre o começo de uma visão positiva do trabalho nos mosteiros, durante a Idade Média, a substituição do "tempo concreto" pelo "tempo abstrato" — e a construção dos primeiros relógios —, as inovações técnicas e a invenção das armas de fogo — invenção que esteve na origem da enorme necessidade de dinheiro dos Estados nascentes, a qual, por sua vez, provocou a transformação das economias de subsistência em economias monetárias. É impossível estabelecer, nesse caso, uma hierarquia entre fatores "ideais" (a concepção do tempo, a visão do trabalho) e os fatores materiais ou tecnológicos; ao mesmo tempo, não se trata de uma simples coincidência entre elementos independentes uns dos outros. A aptidão para a abstração e para a quantificação parece constituir aqui o código *a priori*, a forma de consciência geral sem a qual as inovações tecnológicas ou as descobertas geográficas não teriam tido o mesmo impacto — e vice-versa.

Nesse estágio, já podemos adiantar um elemento muito importante para a leitura de certos episódios da história das

---

[11] Para considerações mais detalhadas sobre o "sujeito automático", bem como para outras questões tratadas nesta parte introdutória do presente livro, ver Jappe (2003 [2006]).

ideias propostas neste livro. Pensamos, obviamente, que as formas do pensamento — as expressões simbólicas — se inscrevem na história das sociedades em que se desenvolveram, e pensamos que elas fornecem com frequência o melhor meio para compreender essas sociedades. Todavia, não se trata aqui de estabelecer elos diretos entre estas formas do pensamento — por exemplo, os grandes sistemas filosóficos — e as relações de classes, como fazia o "materialismo histórico". Este, invariavelmente, via em quase todo o pensamento do século XVII ao século XIX a expressão da "ascensão da burguesia" e de suas aspirações de emancipação da dominação feudal e clerical. Esse tipo de análise não é equivocado e inferiu muitas vezes resultados importantes, mas o que aqui propomos diz respeito a um outro nível — a uma outra "camada geológica" — da história da sociedade burguesa. Trata-se de um nível de análise que aborda a constituição do sujeito e dos seus aspectos psicológicos profundos, com a esperança de que disso possa um dia resultar uma história "materialista" da alma humana — não no sentido em que se pressupõe uma preeminência ontológica da produção material ou do "trabalho", mas no sentido em que não se concebe a esfera simbólica como autossuficiente nem como autorreferencial.

UM MAU SUJEITO

O narcisismo é um dos traços característicos da forma-sujeito moderna. Para estudar as etapas de sua instituição à escala social, pode ser útil consultar certas obras filosóficas. Descartes, Kant, Sade, Schopenhauer e muitos outros podem ser considerados "sintomas" da instauração de uma nova constituição fetichista, que é ao mesmo tempo "subjetiva" e "objetiva", forma de produção e forma de vida cotidiana, estrutura psíquica profunda e forma do elo social. Com efeito, a formação do sujeito moderno, a difusão do trabalho abstrato, o surgimento do Estado moderno e muitas outras evoluções desenrolaram-se em paralelo, ou, melhor dizendo, são apenas diferentes aspectos de um mesmo processo. Nesse processo, não há uma hierarquia predeterminada de fatores, e nenhum deles "deriva" unilateralmente de outro.

A forma-sujeito não é sempre a emanação direta da forma-valor em sentido econômico, podendo também entrar em contradição com ela. De resto, a forma-sujeito contém elementos provenientes das formações sociais anteriores, reutilizados com novos fins (antissemitismo, patriarcado, religião) — impondo-se a analogia com as "camadas geológicas".

O sujeito não é uma invariante antropológica, mas uma construção cultural, resultado de um processo histórico. Sua existência, contudo, é bem real. Não se trata de um erro de interpretação, como afirmam o estruturalismo e a teoria dos sistemas sociais. Uma nítida diferenciação entre o sujeito (do conhecimento, da vontade) e o objeto não é óbvia, nem existiu antes do surgimento da forma-sujeito moderna, que estabeleceu entre ambos uma oposição absoluta. Assim, no universo religioso, o sujeito não é considerado o criador autônomo do seu mundo, e sim amplamente determinado por sujeitos exteriores, como os deuses ou os espíritos. Por conseguinte, o sujeito partilha parcialmente do estatuto do objeto. Ao mesmo tempo, a natureza não é concebida como simples objetividade que obedece a leis invariáveis — é considerada uma espécie de sujeito dotado da própria vontade insondável. A palavra "sujeito" pode, aliás, indicar, simultaneamente, um sujeito individual e um sujeito coletivo (um povo ou uma classe social). A forma-sujeito implica que o ator é sempre idêntico a si mesmo, totalmente autônomo e em relação de exterioridade com o contexto social.

Nossa abordagem propõe-se a pensar conjuntamente os conceitos de "narcisismo" e de "fetichismo da mercadoria", indicando o seu desenvolvimento paralelo. Ou, mais precisamente, mostrar que se trata de duas faces da mesma forma social. Como veremos de maneira mais detalhada no próximo capítulo, o narcísico, segundo Freud, é essencialmente uma pessoa que, apesar das aparências, se manteve em um estágio primitivo da sua evolução psíquica; tal como o recém-nascido, percebe o mundo inteiro como uma extensão de seu *ego*. Ou, melhor dizendo, não concebe uma separação entre o ego e o mundo — porque não pode aceitar a sua originária cisão da figura materna. Para negar "magicamente" essa separação dolorosa, bem como os sentimentos de impotência e infortúnio dela decorrentes, ele vive o mundo inteiro, incluindo os seus semelhantes, como uma extensão do seu ego. E o faz, evidentemente, de forma inconsciente. No narcísico adulto, por trás de uma aparência de normalidade, esconde-se a impossibilidade de reconhecer os "objetos" — no sentido mais amplo — em sua autonomia e de aceitar sua separação. O egocentrismo do narcísico — seu aspecto mais visível — é apenas uma consequência disso. O mundo exterior é percebido como uma *projeção*: os objetos e as pessoas não são discernidos como aquilo que são, mas como prolongamentos do mundo interior do sujeito. Perante o sentimento de onipotência do ego narcísico — que recorre, se necessário, pelo menos no caso da criança pequena, a formas de satisfação alucinatória dos seus desejos —, o mundo não passa de um objeto a ser manipulado, ou mesmo de um obstáculo à realização efetiva dos desejos, tão fáceis de satisfazer na esfera da imaginação. O corpo físico do sujeito narcísico faz parte também desse mundo exterior potencialmente hostil e refratário. Na partilha entre o ego narcísico e o mundo, as fronteiras do mundo exterior começam com o próprio corpo. Este último pode resistir ao ego e lembrá-lo dolorosamente dos seus limites, bem como da irredutibilidade do mundo exterior aos seus desejos. Quanto ao ego, este não se identifica de imediato com o corpo e suas sensações, mas apenas com o mundo interior e com as pulsões do sujeito — é aquilo que Freud chama de "processo primário".

É claro que o narcisismo de que aqui falamos não consiste apenas em excesso de amor-próprio, na vaidade e no culto do corpo, nem sequer no culto do ego e no egoísmo, como pressupõe o uso popular do termo. Pelo contrário, o narcisismo, em sentido psicanalítico, é uma fraqueza do ego, ficando o indivíduo confinado a um estágio arcaico do desenvolvimento psíquico. Não atinge sequer o estágio do conflito edipiano, que dá acesso às "relações de objeto". É o contrário de um ego forte e glorioso; esse ego é pobre e vazio, por ser incapaz de se desenvolver em verdadeiras relações com os objetos e as pessoas exteriores. Limita-se a reviver sempre as mesmas pulsões primitivas.

A CULPA É DE DESCARTES

A forma-sujeito se configurou, pouco a pouco, a partir do Renascimento, sobretudo a partir da época das Luzes. Mas não é apenas contemporânea da ascensão do capitalismo: é dela uma parte consubstancial. A respeito do ponto de partida dessa evolução, há um acordo geral: o sujeito é o resultado da "secularização". Em algum momento entre Pico della Mirandola e Nietzsche, o homem declarou a sua independência de Deus. Saiu da sua "menoridade" (Kant), da sua relação filial com as forças superiores, para se tornar adulto e compreender que ele próprio é quem constitui e governa o seu mundo.[12] Mas terá o homem "secularizado" deixado para trás, verdadeiramente, a metafísica? Terá ele ultrapassado, como se ultrapassa um estágio infantil, sua necessidade de religião? Ou terá a metafísica mudado apenas de aspecto e continuado a determinar nossa vida? Não será o sujeito moderno resultado da transformação

---

[12] "A resposta de Édipo ao enigma da esfinge — 'É o homem' — é a informação estereotipada invariavelmente repetida pelo esclarecimento." (Horkheimer & Adorno, 1974, p. 24 [1985, p. 57])

de formas anteriores de fetichismo social? Com efeito, em muitos aspectos, o famoso *desencantamento* do mundo revelou-se como um *reencantamento* do mundo. A metafísica deixou de se limitar ao mundo do além e infiltrou-se aqui, entre nós. Ao fazê-lo, deixou de ser reconhecível enquanto tal, porque, em vez de constituir um reino à parte, misturou-se nas relações cotidianas dos homens, na produção e na reprodução da vida. Desde a origem, a formação histórica do sujeito não se desenrolou como ruptura com o cristianismo, mas como sua continuação por outros meios.

Após a Idade Média, a consequência do declínio da visão cristã tradicional foi o homem ter deixado de aparecer como o mediador entre a divindade e a natureza, a meio caminho de ambas. Tornou-se, em parte, Deus ele mesmo, poderoso como ele, e, em parte, simples natureza, pertencente ao âmbito da biologia ou mesmo da mecânica e da máquina. A relação imperial com a "natureza exterior" passou a ser a mesma que mantém com a "natureza interior". O corpo humano é agora considerado um corpo físico, à semelhança dos outros objetos, tendo desaparecido a diferença entre o vivo e o não vivo.

Em contrapartida, segundo a visão cristã, do corpo pode provir o pecado, mas também a salvação. Como adversário da alma, o corpo é também muito real; não é, portanto, a simples encarnação do espírito e tem direito à ressurreição futura. Essa concepção não faz do concreto a simples forma de representação do abstrato. O concreto não é o mero acidente de uma substância. Segundo um lugar-comum, os europeus teriam descoberto, a partir do século XIV, a dimensão terrestre da existência; teriam deixado então de considerar a vida uma preparação para o além. Exemplos disso seriam as pinturas de Giotto (que morreu em 1337) ou o começo de uma moda de vestuário que pôs em relevo o corpo em vez de o encobrir (em finais do século XIV propagaram-se calças e gibões justos ao corpo). No entanto, a visão da modernidade como secularização crescente e como emancipação da religião e de sua desvalorização da dimensão terrena corresponde apenas a uma parte da verdade: na mesma época, o sujeito laico da economia começou a desvalorizar o mundo material, transformando-o em uma representação do abstrato e fazendo do concreto uma encarnação acidental da substância-valor.

Sem expormos aqui uma história detalhada da gênese da forma-sujeito, examinemos, pelo menos, dois autores dentre os principais fundadores da modernidade: Descartes e Kant. Basta lê-los de maneira um pouco diferente do que conta a lenda heroica a respeito deles para chegarmos a poucas conclusões alegres sobre essa modernidade.

Os manuais de história da filosofia afirmam correntemente que Descartes operou uma profunda ruptura na história do pensamento. Seria ele, até, o verdadeiro fundador da filosofia moderna, juntamente com Galileu Galilei, Francis Bacon e Thomas Hobbes. Essa asserção não parece exagerada quando pensamos na tradição escolástica, que consistia sempre em interpretar um texto sagrado ou canônico — a Bíblia, Aristóteles ou os Pais da Igreja —, e até quando pensamos na afluência da filosofia naturalista do Renascimento. Descartes surge — ele próprio assim se apresentava — como o primeiro pensador, desde os gregos, a construir um discurso metafísico e epistemológico a partir do zero, sem pressupostos, como se ninguém antes dele tivesse pensado. Embora o detalhe das suas argumentações esteja marcado por procedimentos e conteúdos escolásticos e ele recorra sempre a Deus assim que uma falha aparece em sua argumentação, seus conceitos de base são efetivamente revolucionários. Por consequência, devem também ser-lhe atribuídos todos os elogios e censuras que desde então a modernidade mereceu. As opiniões sobre Descartes evoluíram em conformidade com as apreciações formuladas a respeito dessa modernidade. Para os antimodernistas tradicionalistas, ele representava a força subversiva da Razão, que minava o trono e o altar, e teria mesmo estado na origem da Revolução Francesa. A Igreja, de início, pusera-o no índex.

Depois, na época do progresso científico triunfante, Descartes foi visto como um herói, a encarnação do "gênio francês". No decurso do século XX, o aumento progressivo de desconfiança perante a razão instrumental transformou-o de novo em alvo privilegiado. Desse modo, seu programa destinado a "tornar-nos senhores e donos da natureza", que no século XIX tinha deparado com uma aprovação muito ampla, é tido hoje em dia, na época do pensamento ecológico, como uma das raízes do mal — ou até como a sua formulação paradigmática — que nos arrasta para o abismo. Os que continuam a transformar o homem e o mundo em uma máquina já não precisam de qualquer teoria; e os que se opõem a isso começam com frequência por criticar Descartes — sendo também censurados vivamente, como é óbvio, Hobbes, Bacon, Locke, Leibniz, Mandeville e Adam Smith. Descartes é com frequência "aquele que adoramos detestar", de Martin Heidegger a Karl Jaspers e Hannah Arendt, incluindo, atualmente, Dany-Robert Dufour. Pode, assim, parecer banal começarmos mais uma vez o relato dos delitos da modernidade atacando-o, mas não podemos evitar. Descartes se enquadra perfeitamente; e cada geração pode encontrar, em sua obra, novos defeitos, novas razões para o criticar, que não foram notados pelos críticos anteriores.

O mesmo se passa com a história da constituição do sujeito. Não se trata de atribuir a Descartes qualquer coisa como uma primeira formulação aproximativa do estatuto desse sujeito. Pelo contrário, o narcisismo e a "ausência de mundo" do sujeito moderno já se encontram nela em uma forma tão pura que até se pode dizer que os séculos sucessivos apenas desenvolveram, pouco a pouco, tudo o que essa intuição inicial já continha. É um pouco como o dinheiro: no seu "conceito" (o "dinheiro enquanto dinheiro", diz Marx) está contido o capital, bem como todas as evoluções possíveis do capital; mas foi preciso mais de meio milênio para que o dinheiro se tornasse completamente *in actu* o que era em potência.

Descartes é o representante por excelência da revolução burguesa. Pretende demolir o mundo existente até seus alicerces, para o reconstruir segundo as leis do sujeito racional. Ao mesmo tempo, limita-se a um estrito conservadorismo no que diz respeito aos costumes e à ordem política e social. Certas concessões ao dogma estabelecido pela Igreja correspondem a puro oportunismo, ou ao medo; em contrapartida, seu horror perante qualquer possibilidade de questionar a ordem social fez parte, sem dúvida, da própria essência do seu programa. Descartes anuncia de modo paradigmático em que consistirão as inovações da sociedade burguesa: despedaçar até os núcleos dos átomos e os genes, criar o "turbilhão" (que, não por acaso, é um conceito central da física cartesiana) de uma destruição e reestruturação permanentes das formas de vida e das ideologias que as acompanham. Trata-se de subverter a natureza para salvaguardar as estruturas da dominação social, e não de subverter a sociedade; em suma, uma espécie de "revolução conservadora". Nada é aceito como natural, exceto o que for produzido pelo homem. Descartes prevê um progresso infinito das ciências, mas não o concebe como alargamento dos conhecimentos ou como alegria do saber, e sim tendo em mira suas aplicações práticas — que ele preconiza sobretudo para a medicina, à qual prediz um grande futuro.

Descartes exprime seu horror aos "temperamentos turbulentos e inquietos que, não sendo chamados nem pelo nascimento nem pela fortuna ao manejo dos negócios públicos, não deixam de neles sempre fazer em pensamentos alguma nova reforma" (Descartes, 2002a, p. 135 [2001, p. 19]). Embora sua "moral provisória" pretenda ser estoica, ela não está longe do mais banal conformismo; ele tenciona seguir as opiniões e as leis mais moderadas e mais correntes no seu país, "as mais cômodas para a prática", resignar-se às desgraças e "sempre tentar antes vencer a mim mesmo do que à fortuna, e modificar antes meus desejos do que a ordem do mundo" (Descartes, 2002a, p. 142 [2001, p. 30]), porque só os nossos pensamentos estão sob o nosso pleno poder. Por consequência, abandona até a hipótese heliocêntrica de Galileu, que considerava solidamente demonstrada e, além disso, inteiramente inofensiva do ponto de vista das autoridades, após a sua condenação pela Igreja de Roma. Declara querer evitar tudo o que pudesse "imaginar prejudicial à religião e ao Estado" (Descartes, 2002a, p. 167 [2001, p. 67]); com efeito, se fosse permitido a todas as pessoas inventar costumes, e não somente "daqueles que Deus estabeleceu como soberanos de seus povos, ou a quem concedeu bastante graça e zelo para ser profeta", haveria "o mesmo número de reformadores que de cabeças" (Descartes, 2002a, p. 168 [2001, p. 68]). Seu ponto de partida parece muito revolucionário:

> Era preciso, portanto, que, uma vez na vida, fossem postas abaixo todas as coisas, todas as opiniões em que até então confiara, recomeçando dos primeiros fundamentos, se desejasse estabelecer em algum momento algo firme e permanente [...] dedicar-me-ei por fim a derrubar séria, livre e genericamente minhas antigas opiniões. (Descartes, 2002b, p. 267 [2004, p. 21-3])

Acabou, no entanto, por reintroduzir pela janela o que tinha expulsado pela porta, incluindo a prova ontológica da existência de Deus, pedra angular do edifício escolástico que dizia detestar.

Foi na época de Descartes que a unificação do mundo sob o único princípio do valor, do trabalho e do dinheiro deu um grande salto. Descartes reproduz esta *reductio ad unum* e, ao mesmo tempo, para ela contribui, reduzindo a multiplicidade dos dados a apenas dois princípios: matéria e movimento, *res extensa* e *res cogitans*.[13] Com essa rígida distinção, Descartes

---

[13] A *reductio ad unum* como princípio fundamental de seu pensamento surge igualmente na sua aversão às cidades historicamente "remendadas", às quais opõe edifícios e cidades construídos a partir de planos e por engenheiros,

radicalizou a separação entre o sujeito, identificado apenas com o pensamento, e o restante do universo, rebaixado ao estatuto de simples objeto, a partir do corpo do sujeito pensante. O homem é sujeito somente na medida em que pensa; as faculdades humanas não requeridas para essa atividade, como a imaginação, saem do círculo da subjetividade *stricto sensu*. A fronteira entre o sujeito conhecedor e o objeto conhecido, entre o pensamento e o corpo, entre o sujeito e o objeto em geral, passava doravante pelo próprio homem, que iniciava sua carreira moderna, totalmente feita de cisões e separações.[14] O conhecimento e o fundamento da compreensão encontravam agora sua fonte no ego, mas em um "ego" abstrato, em um "ego" que era o resultado de um processo de redução que o tinha espoliado de qualquer qualidade concreta e individual. Assim, esse "ego" se via dotado somente de duas qualidades: existir e pensar, em sentido inteiramente formal e vazio de determinações concretas.

O *cogito ergo sum* — penso, logo existo —, que pôs fim ao angustiante mergulho no abismo da dúvida metódica, foi obtido colocando radicalmente entre parênteses o corpo, a matéria, os sentidos e o espaço:

> Depois, examinando atentamente o que eu era e vendo que podia fingir que não tinha nenhum corpo e que não havia nenhum mundo, nem lugar algum onde eu existisse, mas que nem por isso podia fingir que não existia; e que, pelo contrário, pelo próprio fato de eu pensar em duvidar da verdade das outras

---

com ruas direitas e iguais (Descartes, 2002a, p. 132-3 [2001, p. 15-6]). Exprime a mesma hostilidade para com tudo o que não seja criação unitária na legislação, na religião ou na razão natural.

14 A concepção "dualista" do homem, que desvaloriza o corpo em proveito das partes humanas que comunicam com o transcendente, é muito menos característica do cristianismo medieval do que habitualmente se crê e só começa verdadeiramente com Descartes. Ver Baschet (2016 [2019]).

coisas, decorria muito evidentemente e muito certamente que eu existia; ao passo que, se apenas eu parasse de pensar, ainda que tudo o mais que imaginara fosse verdadeiro, não teria razão alguma de acreditar que eu existisse, por isso reconheci que eu era uma substância, cuja única essência ou natureza é pensar, e que, para existir, não necessita de nenhum lugar nem depende de coisa alguma material. (Descartes, 2002a, p. 148 [2001, p. 38-9])

Isso supõe uma distinção absoluta entre a alma e o corpo, implicando que é mais fácil conhecer a alma do que o corpo, ou até que a alma poderia existir sem o corpo. Nem a imaginação nem os sentidos podem nos assegurar das coisas sem a ajuda do entendimento; ao passo que é possível conhecer as coisas somente por meio do entendimento, sem a ajuda dos sentidos. Descartes recusava, assim, a doutrina dos materialistas:

> tudo o que não é imaginável lhes parece não ser inteligível [...]
> Enfim, se ainda houver homens que não estejam suficientemente persuadidos da existência de Deus e da alma, com as razões que apresentei, quero que saibam que são menos certas todas as outras coisas, de que talvez se achem mais seguros, como de ter um corpo, de existirem astros e uma Terra e coisas semelhantes. (Descartes, 2002a, p. 151 [2001, p. 43])

A alma e o espírito são a mesma coisa, assevera Descartes.

Para ele, é inteiramente coerente que esse corpo não seja senão uma máquina, antes de nele intervir a alma, que tem origem divina — mas mesmo a obra de Deus é comparada à do artífice que constrói uma "máquina muito perfeita" (Descartes, 2002b, p. 264 [2014, p. 65]). Retoma amiúde essa analogia: o animal é uma máquina; e o corpo humano, antes da intervenção divina, é simultaneamente um animal (afirmação que se inscreve na continuidade de certa tradição cristã) e uma máquina (o que é manifestamente mais moderno). Em sua teoria da circulação sanguínea, Descartes explica que esta deriva tão necessariamente da disposição dos órgãos como o movimento de um relógio deriva da disposição de suas rodas dentadas (Descartes, 2002a, p. 160 [2001, p. 57]). Uma máquina que imitasse um animal desprovido de razão em nada se distinguiria do animal verdadeiro, garante ele, ao passo que um autômato com aspecto humano nunca poderia ter uma linguagem verdadeira nem uma razão suficiente para responder às situações mais diversas.[15] É exclusivamente o pensamento — o espírito, a linguagem — que nos faz humanos. A alma racional não pode ser extraída da matéria, é expressamente criada por Deus e alojada no corpo de um modo todo particular. Nossa alma nada tem a ver com a dos animais, é de uma "natureza inteiramente independente do corpo" e não morre com ele.

Esse corpo e as sensações que ele engendra de nada servem para estabelecer a mais ínfima certeza a respeito do mundo. Tudo — corpo, espaço, tempo — poderia ser uma ficção. Descartes afirma que é mesmo difícil, em princípio, distinguir entre vigília e devaneio. Mas se, apesar de todas as dúvidas, ele encontrasse ao menos uma coisa indubitável, teria assim um ponto a partir do qual "erguer o mundo", como Arquimedes. Não pode tratar-se do corpo ou da certeza sensível, insiste ele: "Acaso estou atado assim ao corpo e aos sentidos que, sem eles, não posso ser?" (Descartes, 2002b, p. 275 [2014, p. 45]). Mas nenhum espírito enganador pode fazer com que "eu" não exista. Não posso sentir sem corpo, diz ele, mas posso pensar sem ele. Não passo de,

> precisamente, só coisa pensante, isto é, mente ou ânimo ou intelecto ou razão [...] Não sou a compaginação destes membros, chamada de corpo humano; não sou também ar sutil, infuso nestes membros; não sou vento, nem fogo, nem vapor, nem sopro,

---

[15] É um pouco surpreendente que, aos olhos de Descartes, a construção de um robô que possa proferir algumas palavras não pareça representar uma grande dificuldade técnica.

nem algo que eu possa formar em ficção, pois supus que tais coisas nada eram. Permanece, porém, a afirmação: eu mesmo sou, no entanto, algo. (Descartes, 2002b, p. 276 [2014, p. 49])

A percepção dos objetos exteriores é desvalorizada no procedimento cartesiano porque estes poderiam não existir, ou porque sua apreensão por meio dos sentidos ou do pensamento poderia ser errônea; servem apenas para confirmar a existência do espírito que percebe ou pensa. O fato de receber impressões do exterior não basta para demonstrar que esses objetos realmente existem. Assim, a impressão que se tem do Sol é muito diferente do que a razão diz a seu respeito. A conclusão é desoladora: "Tudo isto demonstra suficientemente que não foi a partir de um juízo certo, mas somente por algum impulso cego, que até agora acreditei na existência de coisas diversas de mim" (Descartes, 2002b, p. 289 [2014, p. 79-81]).

Vemos aqui claramente que a questão de Arquimedes encontrada por Descartes tem um preço muito elevado. A alma é inteiramente distinta do corpo e pode existir sem ele: é o pilar de sua metafísica. Mas, após tê-lo demonstrado, ele tem de operar enormes esforços para voltar a colar o que antes tinha separado e provar a existência do mundo exterior após tê-lo colocado "entre parênteses". O corpo faz parte desse mundo exterior e convém desconfiar dele, porque sua existência é *a priori* tão incerta como a de uma quimera. Descartes precisa, então, empenhar-se para demonstrar que o seu corpo é efetivamente o seu corpo, para chegar, enfim, a constatações mais tranquilizadoras: "E não era também sem razão que julgasse pertencer-me, mais do que todas as outras coisas, aquele corpo que, por um direito especial, chamava meu: pois, ao contrário dos outros, não podia dele me separar" (Descartes, 2002b, p. 321 [2014, p. 163-5]).

É sobretudo no tratado tardio intitulado *As paixões da alma* que Descartes se esforça muito para demonstrar que a alma e o corpo, apesar de tudo, se influenciam mutuamente. Todas as suas explicações, inclusive as que tratam das lágrimas, da palidez ou dos suspiros, são rigorosamente de ordem física; e se uma impressão apavorante causa medo ou coragem, isso resulta, diz ele, da "disposição do cérebro", ou seja, da sua estrutura. O "eu" não tem a mesma substância que o mundo, a *res extensa*, o que obriga Descartes a recorrer a uma construção auxiliar quase cômica: a "glândula pineal" como "interface" (como diríamos hoje) que permitiria estabelecer uma ponte entre o sujeito e o mundo dos objetos, os quais, de outro modo, poderiam se separar para sempre.

A cisão entre sujeito e objeto, pensamento e mundo físico, alma e corpo, surgiu rapidamente como o núcleo, o problema central da filosofia cartesiana. Ocupou seus sucessores imediatos e voltou a aflorar nos debates sobre os começos da modernidade e o papel da ciência do século XX. Foi também realçada a importância de Descartes para compreender o impulso do capitalismo, bem como sua contribuição para a definição do indivíduo moderno. O que desejamos sublinhar aqui, mais especificamente, é a formulação precoce que ele fez do fenômeno que hoje chamamos de "narcisismo".

Se nos lembrarmos da definição do narcisismo exposta anteriormente, vemos facilmente como a abordagem cartesiana antecipa a constituição narcísica do sujeito contemporâneo. Sua dúvida sistemática, seu abandono por etapas de todas as certezas, até chegar à única certeza absoluta, o *cogito*, têm a aparência de uma controlada regressão à primeira infância — como acontece em certas psicoterapias. O mundo exterior só existe ali como parte do mundo interior e deve ser construído a partir da única realidade que é a certeza de existir.

O sujeito nasce, pois, historicamente com o risco do solipsismo radical, em que a existência de um mundo exterior e até de outros homens ou de um corpo sensível nada tem de evidente. A maior parte das características do sujeito moderno já está reunida em Descartes: solitário e narcísico, incapaz de ter verdadeiras "relações de objeto" e em um antagonismo permanente com o mundo exterior. Além disso, esse sujeito é estruturalmente branco e masculino, sendo tal modelo de racionalidade "desencarnada" precisamente aquele em que o homem branco estabeleceu sua pretensão de superioridade para com o restante do mundo.[16] A oscilação entre sentimentos de impotência e de onipotência, elemento característico do narcisismo, encontra-se na visão cartesiana de um "eu" que não é nada, pura ideia sem extensão, e que, no entanto, está na origem do mundo inteiro. Sua afirmação, segundo a qual "eu posso conhecer o eu — o espírito — sem conhecer o mundo, mas não o mundo sem o eu", indica uma espécie de prioridade do eu que remete para a onipotência: sem mim, sem o meu espírito, o mundo não existiria.[17]

Em Descartes, as numerosas comparações do corpo humano, do universo e da própria ação divina com uma "máquina" ou um "autômato" podem levar, em uma perspectiva marxista, a duas interpretações diferentes. Segundo o marxismo tradicional, tais comparações "refletem" a introdução das manufaturas e a ascensão da burguesia que delas extrai sua riqueza. Não é errado, mas a crítica do fetichismo pode igualmente realçar aí uma antecipação quase visionária do conceito marxiano de "sujeito automático".

O livro do filósofo e médico francês La Mettrie, *O homem-máquina*, publicado em 1748, e depois, um século e meio mais tarde, a invenção de Frederick Winslow Taylor que consiste na "gestão científica" dos movimentos do corpo humano para

---

[16] Ao passo que o cristianismo reconhecia que cada ser humano possuía a coisa mais importante: uma alma imortal.
[17] Nos escritos de Descartes nota-se uma oscilação permanente entre proclamações — provavelmente pouco sinceras — de modéstia e submissão às autoridades e expressões de grande desprezo por todos os sábios anteriores e contemporâneos.

aumentar a produtividade, mas também a eugenia (com seus aspectos econômicos), a otimização do "material humano" ou dos "recursos humanos" nas empresas, a atual utilização econômica do corpo no "mercado do vivo" (órgãos, genes, úteros...) e do cadáver para fins "artísticos" (como as exposições de cadáveres plastinados pelo médico e artista alemão Gunther von Hagens),[18] foram outras etapas dessa redução do corpo humano a uma máquina.

A clivagem entre sujeito e objeto faz do homem um ser radicalmente estranho ao mundo. Perante a majestade do espírito, o mundo passa a ser apenas um material em que o espírito procura realizar-se. A resistência que esse material — natural ou humano — opõe aos desígnios do sujeito leva este último a submetê-lo, dominá-lo, maltratá-lo ou mesmo a reduzi-lo a pó, se necessário. Essa clivagem não opõe o "homem" ao mundo natural, como frequentemente se afirma. É muito mais radical: ela opõe um espírito desencarnado a tudo o que, por outro lado, constitui o próprio humano, os outros homens, o próprio corpo. Assim, se esse corpo não se mostrar bastante produtivo, se não trabalhar bastante, se dormir muito ou exprimir demasiados desejos físicos, torna-se cada vez mais, ao longo da evolução do capitalismo, um inimigo, uma resistência a vencer — foi o que procuraram fazer o taylorismo, os regimes alimentares ou as técnicas destinadas a diminuir a necessidade de sono.[19]

---

[18] Essa relação desenvolta com a morte e com o morto é uma das características que permitem falar de uma verdadeira "ruptura civilizacional". Em todas as civilizações, a sepultura dada aos mortos era um dos elementos que estabeleciam a diferença com situações de anomia ou de barbárie total, como podem surgir durante uma guerra. A história de Heitor na *Ilíada* mostra que as honras atribuídas aos mortos eram tão importantes como as reservadas aos vivos.

[19] Ver Jonathan Crary (2014 [2016]). As raízes dessa atitude na ascese cristã parecem bastante evidentes. Resta saber qual é, nesse quadro, a importância das "técnicas do eu" antigas e orientais.

Por conseguinte, o mundo exterior é concebido como hostil *a priori*, como limitação do eu. Há nisso uma diferença importante em relação a concepções mais antigas, segundo as quais o ser humano faz parte de um "encadeamento de seres" ou de um cosmo graduado em que cada qual adquire a sua posição por meio da participação em uma essência superior. Para Descartes, a *res extensa* nem sequer existe, ou tem apenas, na melhor das hipóteses, uma dignidade ontológica muito restrita. Em vez de um sentimento de pertencimento a um universo compartilhado,[20] o homem moderno está confrontado com uma hostilidade permanente, que não decorre somente de situações ou de homens particulares, mas, muitas vezes, do "mundo" enquanto tal. A onipresente concorrência é a causa e a consequência dessa hostilidade. É expressão disso, com frequência, um *ressentimento* indiferenciado, como veremos mais adiante, enquanto a consequência mais extrema é o desejo de acabar com este mundo opressor, de o *aniquilar*. É interessante observar que Edmund Husserl, fundador da fenomenologia e admirador de Descartes, escreveu em 1913 que este último, para estabelecer sua filosofia, teve de começar operando um "aniquilamento do mundo" no pensamento (Husserl, 1950, p. 160 [2006, p. 144]).[21] Mas, naquele tempo, tal aniquilamento não passava de uma experiência puramente mental na cabeça de um pensador meio adormecido ao pé da lareira, e Descartes não tinha certamente previsto que o assassino em série, o amoque, seria a última encarnação do sujeito que ele acabara de fundar.

---

20 O qual, evidentemente, na prática das sociedades pré-modernas, não excluía antagonismos muito fortes.
21 A propósito do parágrafo 49 ("A consciência absoluta como resíduo do aniquilamento do mundo"), Paul Ricoeur, tradutor da edição francesa, comenta: "Husserl extrai disto a consequência radical: a consciência não tem necessidade de coisas para existir; ela é o absoluto afirmado nos parágrafos 44 e 46".

EXCURSO: DESCARTES MUSICÓLOGO E AS ACELERAÇÕES DA HISTÓRIA

No que diz respeito ao lugar da filosofia de Descartes no quadro de sua época, uma abordagem nova e bastante interessante para a nossa demonstração foi proposta na Alemanha pelo filólogo Eske Bockelmann em *Im Takt des Geldes. Zur Genese modernen Denkens* [A medida do dinheiro: sobre a gênese do pensamento moderno] (2004) e em seu artigo no quinto número da revista *Exit!*, "Die Synthese am Geld: Natur der Neuzeit" [A síntese através do dinheiro: a natureza da época moderna] (2008). Bockelmann constata nesses trabalhos que o "compasso" na poesia e na música, ou seja, o hábito de perceber uma sequência de sons segundo a alternância "acentuado/ não acentuado" ("tempo forte" e "tempo fraco") nada tem de "natural", como em geral se crê. O compasso não corresponde a ritmos biológicos, como as batidas cardíacas. A poesia antiga baseava-se nas sílabas longas e curtas, a música pautava-se por formas de ritmo muito diferentes dos ritmos modernos. Por volta de 1620, a situação mudou, quase de um dia para o outro, com o surgimento do compasso. É testemunha disso a obra do poeta alemão Martin Opitz, que então teorizou a necessidade do compasso em poesia e reescreveu os próprios versos segundo suas novas regras. Deu-se uma evolução paralela no âmbito da música, em que o próprio Descartes teve um papel: seu primeiro livro, redigido em 1618, aos 22 anos, muito antes de suas obras filosóficas ou científicas, é um *Compendium musicae* em que ele descreve, pela primeira vez, a escuta musical segundo o compasso. Essa curiosa coincidência demonstra bem o modo como a irrupção da modernidade teve repercussões em diversos planos nesse momento histórico preciso.

Rapidamente, interpretar cada sequência de sons segundo a alternância "acentuado/não acentuado" tornou-se um hábito tão enraizado no inconsciente mais profundo — um reflexo condicionado — que os homens já não podiam sequer imaginar ouvir de modo diferente ou terem-no feito alguma vez. Nos nossos dias, interpretamos segundo esse esquema até o ruído de uma torneira gotejando — e vemos nesse exemplo que nenhum som é "por natureza" acentuado, mas que o é simplesmente por oposição a outro estabelecido como "não acentuado". Bockelmann define o compasso como uma "relação pura e sem conteúdo", em que cada elemento não se define por uma qualidade própria, mas por sua oposição a um outro elemento. Suas considerações, todavia, vão muito além da métrica: na revolução filosófica, matemática e científica do século XVII, encontra-se a mesma *relação sem conteúdo*. Galileu foi o primeiro a pensar o movimento puro, sem um objeto que se movesse. Cada conteúdo, cada qualidade na natureza, tornou-se uma variável que se definia apenas pela sua relação com uma função e, no fim das contas, com um puro número. Tudo o que era concreto limitava-se a esta qualidade abstrata: variar segundo uma função. Era a primeira base da relação binária 1/0 que hoje domina o mundo por meio da digitalização.

Descartes, assegura Bockelmann, fez a mesma coisa no âmbito do pensamento: concebeu o mundo como uma pura relação funcional entre sujeito e objeto, entre função do conhecimento e conteúdo do conhecimento. Depois, preencheu-o com conteúdos introduzidos sub-repticiamente. Perante o sujeito do conhecimento, todos os objetos eram iguais. Essa relação sujeito-objeto pôde em seguida ser aplicada em qualquer situação: as partes eram sempre pensadas como absolutamente separadas e existindo apenas, todavia, em sua relação recíproca.

Mas por qual motivo se operou naquele momento essa revolução na percepção? Segundo Bockelmann, isso se explica pelo fato de o *dinheiro*, havia algumas décadas, ter começado a penetrar a vida cotidiana. Não o dinheiro pré-moderno, mas o "dinheiro enquanto dinheiro", como o chama Marx. Esse dinheiro constitui uma pura representação de todas as mercadorias, de todos os valores. Tornou-se uma relação universal e passou a assegurar a mediação entre todas as atividades humanas. Foi nessa época que nasceu uma primeira "economia mundial" e que a síntese social começou a se efetuar por meio do dinheiro: tudo se referiu ao dinheiro, tudo foi medido em dinheiro. Pela primeira vez na história, o valor não consistia em qualquer coisa de precioso que se encontrava *no* dinheiro — como os metais; o valor pôde ser desligado do dinheiro. Passou a existir como "valor absoluto", como "valor puramente para si". Esse valor deixou de ser a unidade de qualquer coisa de concreto, passando a ser uma unidade pura, sem conteúdo específico, que existia apenas como referência pura à totalidade das mercadorias. Tornou-se a referência aos conteúdos desligados destes conteúdos, a todo e qualquer conteúdo possível, como no caso do movimento pensado sem referência a um objeto em movimento. O valor tornou-se o ato puro de referir, e as mercadorias constituíram, nessa relação entre dois polos, a pura "referência", aquilo a que o valor se referia. Não se tratava da referência de um conteúdo determinado à forma abstrata que ele poderia ter, mas da referência ao próprio ato de referir: o dinheiro não contém valor, mas estabelece a mediação com tudo o que é concebido como contentor de valor. Entre o valor monetário e o dinheiro há uma relação pura de exclusão e de contradição, e essa relação é assimétrica. É a relação entre a função e o conteúdo da função, entre o conteúdo enquanto tal (o mundo das mercadorias) e aquilo que absolutamente não tem conteúdo e é unidade em virtude disso (do valor). Foi ao manejar dinheiro no dia a dia, satisfazendo cada vez mais necessidades por meio dele, que o homem aprendeu, nesse tempo, sem se dar conta, a organizar sua percepção do mundo, dos números à música, da ciência à poesia, segundo a polaridade entre "pura referência" e "puro objeto referido".

Bockelmann procura esclarecer a gênese do sujeito moderno mostrando o papel que nela desempenhou o dinheiro. O que ele analisa é o *a priori* social e mental, o "filtro" de que já nem temos consciência. Seu livro encontrou objeções relativas a pormenores em sua argumentação, mas o que é preciso criticar, sobretudo, é o fato de ele conceber o dinheiro apenas como meio de troca, situado na esfera da circulação, e não como representação do trabalho abstrato. É necessário insistir neste ponto: a gênese da síntese social não reside somente na *circulação*, na qual todos têm, mais ou menos, o mesmo estatuto de comprador e de vendedor; ela se encontra essencialmente no *trabalho abstrato*. Nessa esfera, nem todos sofrem do mesmo mal. Desse modo, as mulheres são tradicionalmente excluídas do trabalho abstrato: as suas atividades domésticas não contam como trabalho, não criam valor e não se representam no dinheiro.

Em frases de Descartes como "nada pode ser por mim percebido mais facilmente e mais evidentemente do que minha mente" (Descartes, 2002b, p. 283 [2014, p. 63]), já se anuncia a virada kantiana, a passagem definitiva do "realismo ingênuo" para o subjetivismo, para o exame das faculdades subjetivas no lugar da estrutura ontológica do mundo. Seria desejável conduzir um dia uma releitura da história da filosofia moderna como expressão intelectual da "psico-história" humana. No momento, vamos nos limitar a observar que, em toda a filosofia pós-cartesiana, a relação entre corpo e espírito, pensamento e extensão, na medida em que estes foram separados, passou a ser o problema principal. Esse problema revelou-se tão árduo que as soluções propostas, se as encararmos com algum distanciamento, apresentam com frequência aspectos propriamente delirantes. O "ocasionalismo" de Nicolas Malebranche e Arnold Geulincx, na geração que sucedeu a Descartes, negava qualquer ação possível da alma sobre o corpo. Concebia seriamente o agir humano segundo a analogia dos dois relógios, aos quais Deus dera corda no começo dos tempos e que marcavam constantemente a mesma hora. Assim, a alma age no mesmo momento que o corpo, que obedece apenas a regras mecânicas. Quando o desejo de comer faz a boca efetivamente se abrir, não se trata, portanto, de interação, mas de uma sincronia operada por Deus. Gottfried Wilhelm Leibniz desenvolveu depois essa abordagem até extrair dela sua "monadologia" e sua teoria da "harmonia preestabelecida". Grotesca como concepção filosófica, apesar disso ela parece-nos hoje significativa como visão profética (e involuntária) da sociedade capitalista e de sua "síntese social". Cada mônada, segundo Leibniz, não tem "janelas", é surda e cega, sozinha no mundo, sem qualquer elo *a priori* com as outras mônadas. Contudo, reguladas por um automatismo que lhes é exterior, as mônadas se unem e formam os corpos e as ações no mundo. As mônadas só têm relações entre si por meio da mediação da instância que estabelece essa harmonia. Como não vermos nisso uma prefiguração do sujeito mercantil, átomo social ligado aos outros apenas por um mecanismo anônimo, a saber, o Estado e o mercado?[22] Se em Leibniz é ainda Deus que instaura a harmonia, em Adam Smith, décadas depois, será a "mão invisível" do mercado que cumprirá a mesma função de harmonização entre os atores sociais. Esses, por sua vez, limitam-se a perseguir seus interesses egoístas, sem qualquer "janela" virada para os outros atores.

A relação desse sujeito com o mundo é indireta e indiferenciada. No seu vazio e na sua pobreza absoluta, a única relação social que a mônada-sujeito conhece é a concorrência; a autoafirmação, individual ou coletiva, passa a ser o conteúdo essencial da existência humana. E se é impossível um acordo direto entre as mônadas, resta apenas o desvio por meio de mediações autonomizadas, tais como o dinheiro e o Estado (o

---

[22] Leibniz foi um dos ideólogos importantes da modernidade capitalista em relação a muitas coisas e, em particular, aos piores aspectos. Sonhava com uma "língua universal", simples sistema de sinais unívocos, que eliminaria da vida social toda a ambiguidade. Nisso podemos ver uma antecipação da cibernética e da lógica binária. As estruturas matemáticas fariam desaparecer as estruturas de dominação.

direito). Quanto mais o sujeito se instala no seu papel ativo, mais ele degrada o mundo fazendo deste um material passivo que deve estar à disposição do sujeito — coisa que não acontece, aliás, nas antigas visões do mundo, medievais ou não europeias.[23]

O sujeito elaborado entre Descartes e Kant é um puro sujeito de conhecimento, sendo, pois, um sujeito individual. Paralelamente, entre Hobbes e Rousseau, surgiu o esclarecimento da dimensão política e pública da forma-sujeito moderna. A obra de Hobbes corresponde à de Descartes, e não apenas no que diz respeito à visão mecanicista. Tal como Descartes no plano epistemológico, Hobbes, no plano político, afirmou a mesma separação radical entre o átomo social e um mundo que lhe é estranho. Sua teoria é verdadeiramente a "mãe de todas as teorias burguesas", porque considera que o indivíduo isolado e suas pulsões de autoconservação e de autoafirmação estão na base de qualquer forma de sociedade. Na sua quase totalidade, as teorias políticas formuladas ulteriormente, incluindo as que são hostis às consequências que Hobbes extraía, considerarão essa afirmação uma evidência. Na verdade, ela nada tem de evidente, como demonstraram muitos trabalhos antropológicos — sobretudo as teorias de Marcel Mauss e de sua escola sobre o elo social criado pela dádiva, em que o indivíduo existe sempre como membro de uma corrente ou de uma rede.

Outra etapa fundamental da formação do sujeito foi a elaboração da noção de *homo œconomicus*, que se deu princi-

---

[23] Citando um autor bem distante da abordagem crítica que aqui desenvolvemos, o filósofo e antropólogo canadense Charles Taylor: "A razão instrumental desenvolveu-se também paralelamente a um modelo do sujeito humano que exerce uma forte impressão em nossa imaginação, o de um ser pensante que teria se libertado de nossa constituição corporal, de nossa situação dialógica, das nossas emoções e das nossas formas de vida tradicionais para passar a ser apenas uma pura racionalidade autorreguladora. É uma das formas mais prestigiosas de racionalidade da nossa cultura, cujo raciocínio matemático e outros tipos de cálculo formal propõem a imagem exemplar" (Taylor, 2002, p. 107).

palmente na Grã-Bretanha, entre o fim do século XVII e o começo do século XIX, através das obras de Locke, Mandeville, Hume, Smith, Malthus e outros. Suas teorias "econômicas" baseiam-se em uma concepção antropológica inteiramente renovada: pela primeira vez na história, o ganho material foi erigido como fim em si mesmo. Segundo essa concepção, a vocação do ser humano não consiste em ser virtuoso, mas em acumular riquezas. Quando as virtudes tradicionais constituem um obstáculo para a criação da riqueza material, devem ser abandonadas e substituídas por outras. A definição de uma ciência da economia e sua autonomia em relação a outros campos do saber evoluíram de mãos dadas com uma autonomia efetiva da economia: em vez de obter para a sociedade as bases materiais do que ela considerava verdadeiramente importante (o serviço de Deus, a glória, a vida cívica, a contemplação etc.), a economia tornou-se a finalidade suprema para a qual as outras esferas da vida eram chamadas a contribuir e à qual deviam submeter-se.

Esse momento histórico e filosófico revelou-se crucial na passagem para a sociedade "moderna".[24] Mas devemos também insistir em outros aspectos do período dito "das Luzes". Segundo Michel Foucault, essa é a época da passagem para a "sociedade disciplinar", bem exemplificada no tristemente célebre "panóptico" de Bentham. Essa análise, contudo, deve ser extendida ao papel do sujeito. Nesse período, a violência exercida pelo exterior nos indivíduos transformou-se em *autodisciplina*. Tudo o que os dominantes deviam até então impor aos dominados por meios coercivos começou a ser interiorizado pelos próprios dominados e a ser executado por eles. O sujeito moderno é precisamente o resultado dessa interiorização dos constrangimentos sociais. Ele é tanto mais sujeito quanto

---

[24] Para citar apenas alguns estudos: Dumont (1977 [2000]); Latouche (2005); Dufour (2010 [2013]), sobretudo no que diz respeito a Mandeville.

mais aceitar esses constrangimentos e conseguir impô-los às resistências que provêm do próprio corpo e dos próprios sentimentos, necessidades e desejos. O que antes de mais nada define o sujeito é a violência exercida contra si mesmo; nesse ponto, os filósofos das Luzes são muito claros. As mulheres, os "pretos", as crianças, os criados e, em geral, os membros das classes subalternas eram tidos como inferiores justamente na medida em que se revelavam incapazes de interiorizar tais constrangimentos de maneira suficiente. Considerava-se que os criados deixavam de trabalhar logo que deixassem de ser vigiados, ao passo que as mulheres eram pretensamente dominadas por suas "emoções". Ao mesmo tempo, a forma--sujeito ultrapassou de fato o quadro do sistema feudal, porque não estava estritamente ligada ao nascimento, como estava, por exemplo, a circunstância de um indivíduo ser nobre. Na sociedade moderna, os excluídos do estatuto de sujeito podiam, mesmo assim, pelo menos individualmente, aspirar a essa condição, mas só se demonstrassem uma interiorização dos constrangimentos sociais pelo menos igual à que mostravam os homens brancos e adultos. É esta a dimensão "democrática" da forma-sujeito: o direito virtual de cada indivíduo participar na mesma forma de submissão interiorizada. Dificilmente podemos ver qualquer coisa de "emancipador" nesta difusão progressiva da forma-sujeito, que antes indica a que ponto o capitalismo venceu qualquer oposição verdadeiramente exterior. Com efeito, a história da "democratização", no curso dos dois últimos séculos, resume-se sobretudo aos esforços que visam permitir que categorias cada vez mais extensas da população tenham acesso ao seu estatuto de sujeito (operários, pobres, mulheres, imigrantes, deficientes, minorias étnicas, "minorias sexuais"),[25] mas sem poder impedir, ao

---

[25] O acesso ao "direito de voto" foi durante muito tempo o campo de batalha principal dessa luta, apesar de o seu alcance ter sido sempre mais simbólico do que qualquer outra coisa. Hoje em dia, o acesso ao mercado de trabalho

mesmo tempo, que outras pessoas sejam expulsas dele, pelo menos em seu pleno sentido — por exemplo, os desempregados ou os migrantes, e, em geral, todas as pessoas que se revelam "supérfluas" do ponto de vista capitalista. Até o herdeiro de uma grande fortuna pode decair do estatuto de sujeito para a situação extrema de sua interdição legal se não for "disciplinado" e gastar a herança unicamente para saciar seus desejos.

A questão de saber quem é sujeito e quem não o é já não depende somente do pertencimento a este ou àquele grupo, mas também da capacidade de cada indivíduo de *se submeter* às exigências da produção e de silenciar qualquer possível oposição a elas. Nesse contexto, não podemos deixar de lembrar que a palavra "sujeito" significa, etimologicamente, "submisso" (*sub-jectus*).[26] O indivíduo torna-se sujeito ao aceitar a submissão e renová-la no dia a dia.

O sujeito é definido como *trabalhador* desde a época do Iluminismo — de Rousseau, que dizia que "trabalhar é [...] um dever indispensável ao homem social. Rico ou pobre, poderoso ou fraco, todo o cidadão ocioso é um velhaco", a Beaumarchais, que dirigia aos nobres a seguinte censura: "Vós destes-vos ao trabalho de nascer, e nada mais". Não necessariamente como operário, mas como alguém que submeteu a vida às exigências da produção — não da produção de objetos de uso, mas da produção de "valor" — e às exigências da acumulação de trabalho "morto", representado no dinheiro que se acumula em capital. O sujeito é a outra face do valor

---

por meio das cotas e a representação na mídia são outros campos dessa mesma batalha. Para Kant, era evidente que o direito de voto não podia se aplicar às mulheres ou aos criados: "Ora, aquele que tem o direito de voto nesta legislação chama-se cidadão. [...] A única qualidade que é necessária para isso, afora a qualidade natural (não ser mulher nem criança), é ser senhor de si (*sui juris*) e, por consequência, possuir alguma propriedade" (Kant, 1972, p. 36).

26 Diz-se também "estar sujeito a", que significa o contrário do uso habitual da palavra "sujeito".

mercantil, o seu "portador" vivo. Não interiorizou apenas a "necessidade" de trabalhar, interiorizou a mesma indiferença pelo concreto, pelo mundo exterior, pelos conteúdos, indiferença que constitui a essência do trabalho abstrato. Uma forma de vazio, uma vontade sem conteúdo, uma indiferença pelo exterior — aí reside o profundo isomorfismo entre o sujeito moderno e o trabalho abstrato. A eventual recusa dessa absurdidade, dessa denegação de qualquer relação real com o mundo, não pode senão, com toda a certeza, *desqualificar* o indivíduo na sociedade dos sujeitos e torná-lo indigno de participar do estatuto de sujeito.

O sujeito moderno caracteriza-se por um *falso universalismo*. Aparentemente, ser sujeito é uma mera qualidade formal que caracteriza qualquer pessoa, mas, observando melhor, descobrimos que se trata de uma forma profundamente contraditória, atravessada por uma fratura interior: o sujeito é necessariamente parcial. No pleno sentido da palavra, o único sujeito moderno é apenas o homem branco ocidental. Trata-se de um indivíduo que existe essencialmente como portador da sua força de trabalho e que a essa consideração consegue subordinar qualquer outra, a começar pelas considerações relacionadas com o seu corpo. Tudo o que não entra nesse esquema é repelido para fora do sujeito e atribuído a outros seres. Por consequência, esses últimos não são considerados sujeitos — em todo o caso, não no pleno sentido da palavra —, porque as qualidades que lhes são atribuídas são incompatíveis com o estatuto de sujeito. Esses sujeitos menores, ou não sujeitos, foram historicamente, em primeiro lugar, as mulheres e as populações não brancas. Depois ocorreram as mudanças já mencionadas, que alargaram o campo dos "sujeitos" sem romper a separação de fundo entre sujeitos e não sujeitos. Os "sujeitos" estabelecem com os não sujeitos, ou sujeitos menores, relações ambíguas, situadas entre a repulsa — que pode chegar ao desejo de aniquilá-los — e a atração, porque eles representam tudo aquilo que o sujeito teve de expulsar de si mesmo para aceder ao estatuto de sujeito. Por conseguinte, desde o início, o sujeito se estabeleceu, tanto em sentido lógico como em sentido histórico, com base em uma *cisão interior*. Só uma parte da humanidade é definida como sujeito e, mesmo nesse quadro restrito, só uma parte das qualidades humanas possíveis faz do indivíduo um sujeito. Todo o resto — a começar pela natureza — constitui o "lado obscuro" do sujeito, onde reina um recalque que suscita o medo decorrente da sua existência separada. O sujeito sente-se sempre ameaçado por esse não sujeito exterior, ou mesmo interior, que é, todavia, a própria criação e que, em compensação, justifica a sua existência. Essa dissociação é constitutiva do sujeito e define a própria essência. Não é algo que ocorre secundariamente, um acidente que poderia ser desligado da sua substância, sendo ilusório crer que se poderia criar um sujeito que não possuísse esse defeito.

Tudo o que a racionalidade triunfante teve de expulsar do sujeito, "separar" dele mesmo, como as próprias pulsões "irracionais", tornou-se ameaçador, informe, obscuro, e teve de ser atribuído a um "outro" para poder ser dominado. Assim, o sujeito burguês branco e masculino projetou sucessivamente uma sensualidade desenfreada sobre as classes populares, as pessoas não brancas, as mulheres, os ciganos e os judeus. Vendo por todo o lado homossexuais prestes a atacarem-no ou corruptos e escroques que querem se apoderar do seu dinheiro, atribui a outros o que não pode admitir como parte de si mesmo.

O que foi apartado do sujeito moderno para tornar possível sua constituição é, designadamente, tudo aquilo que não pode assumir a forma de um "trabalho" e, por consequência, a forma de um "valor", ou seja, que não pode se tornar dinheiro enquanto representação do valor. A parte mais importante desse processo de recalque — ou de "dissociação" — é feita das numerosas atividades que visam assegurar a reprodução cotidiana do sujeito que trabalha e a sua perpetuação, mas que não entram diretamente na produção do valor, não se encontram no mercado e não se exprimem em dinheiro. Essas atividades são tradicionalmente atribuídas às mulheres. A estrutura do sujeito moderno inclui, pois, necessariamente, a sua subordinação. As mulheres têm, evidentemente, seu lugar na produção do valor, sendo indispensáveis nesse processo, mas apenas como auxiliares. Se muitas delas conseguiram (aparentemente) sair dessa condição, é porque outras entraram em seu lugar; desse modo, as mulheres do Sul ocupam-se cada vez mais das tarefas domésticas ou de cuidar dos filhos das famílias dos países do Norte. Com efeito, o mecanismo de separação entre sujeitos e não sujeitos é uma lógica objetiva que pode se desligar amplamente dos seus portadores históricos e ser transferida para novos portadores. Muitas mulheres alcançaram a forma-sujeito no âmbito econômico. Resta saber se isso é verdade também nos outros domínios.

Os homens, por sua vez, são obrigados a eliminar sua parte culturalmente "feminina" (os sentimentos, por exemplo, quando estão no trabalho) e também podem se encontrar na condição de "mulher" (por exemplo, ao se verem encarregados de certos trabalhos considerados "femininos" ou quando não trabalham). Para o sujeito masculino, o não sujeito principal, o mais próximo, foi sempre a mulher. A forma-sujeito é de origem masculina, formou-se a partir do modelo da relação hierárquica entre alma e corpo, espírito e natureza, forma e matéria — isso é demonstrado pela própria etimologia da palavra "matéria": *mater*, "mãe". Essa relação hierárquica corresponde à relação homens/mulheres, na qual se atualiza cotidianamente, longe de qualquer teoria filosófica.

KANT, PENSADOR DA LIBERDADE?

Há uma testemunha excepcional dessa origem do sujeito moderno: Immanuel Kant. O filósofo de Königsberg descreveu sem falso pudor esse novo senhor do mundo, aquele que, curiosamente, lhe atribuiu a fama de ser um "filósofo da liberdade".[27] Kant enunciou de forma radical — e afirmativa, não crítica! — a separação completa entre a forma e o conteúdo da consciência e o banimento de "qualquer inclinação" e de "qualquer emoção" (em suas palavras) para fora do sujeito. Este viu-se reduzido a uma vontade vazia, que não queria outra coisa que não fosse ela mesma. Com efeito, para Kant, a vontade só é livre quando não está condicionada por nada de exterior. A "autonomia" do sujeito é adquirida à custa da expulsão de tudo o que não disser respeito à "razão pura" — começando pelas próprias "inclinações". Na verdade, essa autonomia tem aparência enganosa, porque, perante a objetividade totalmente separada, o sujeito oscila entre sentimento de onipotência e sentimento de impotência. O lugar central da "liberdade" na construção teórica

---

[27] Os marxistas emitiram juízos muito diversos a respeito de Kant. O próprio Marx o ignorou quase por completo. Depois, os marxistas que reivindicavam mais as raízes hegelianas de Marx, como Lukács, subscreveram as críticas que Hegel fez a Kant. Certas correntes "revisionistas", como o "austromarxismo" do início do século XX, assinalaram na ética kantiana um fundamento possível para o compromisso socialista. Mesmo sem referência direta a esses antecedentes, há muitos marxistas (ver Tosel, 1998) ou críticos do neoliberalismo (ver Dufour, 2003 [2005]) que veem em Kant o teórico da liberdade e da dignidade humanas: aquele que teria anunciado a autonomia do sujeito como ela é apresentada hoje — sobretudo por uma crítica social reduzida aos discursos sobre a "sociedade civil", a democracia e os direitos do homem —, como último baluarte contra a explosão neoliberal e a barbárie. Mesmo quando parece difícil transformar Kant em um pensador da revolução, há quem se esforce, com frequência, para fazer dele um crítico virtual da sociedade capitalista. Outros, como Lucio Colletti, na Itália, recorreram a Kant para pronunciar sua condenação de Marx e de Hegel, e sobretudo dos aspectos "hegelianos" de Marx (ver Colletti, 1976). Como é evidente, o discurso sobre um pensador tão importante como Kant não se resolve integralmente em um punhado de páginas que lhe dediquemos. Encontram-se nele outros desenvolvimentos, nomeadamente sobre a "dignidade", que é "superior a qualquer preço" e "não admite equivalente", e que correspondem ao fato de o Iluminismo ser as duas coisas ao mesmo tempo: passagem para a "sociedade disciplinar", com sua interiorização dos novos constrangimentos, *e* abertura de novos horizontes para a emancipação.

de Kant deslumbrou gerações de comentadores entusiastas, o que nos faz pensar se eles o leram de fato. Para Kant, a "liberdade" só tem valor quando é idêntica ao vazio e não se aplica a nada de concreto. No mundo empírico, regido pelo tempo, pelo espaço e pela causalidade, não pode haver liberdade: as ações do sujeito estão aqui submetidas às leis naturais e à sua rígida causalidade. A liberdade só pode, portanto, consistir na emancipação desse mundo estranho e opressivo, do qual o sujeito deve escapar refugiando-se nas esferas da razão pura e da moral pura. Ao mesmo tempo, é precisamente o sujeito que "cria" o mundo objetivo, porque é com as suas categorias *a priori* — a saber, o tempo, o espaço e a causalidade — que ele confere uma ordem ao mundo das sensações — sem isso, este não passaria de um "caos informe". A única coisa comum a indivíduos que, no plano empírico, diferem uns dos outros é a "unidade de apercepção" que opera essa síntese do diverso.

Desse modo, para o sujeito dotado de razão, a realidade só existe ao ser apreendida por meio das categorias desse sujeito — o resto é para sempre inconhecível e, portanto, no fundo, inexistente. Assim, o sujeito continua radicalmente separado da realidade. Quanto mais a razão é "pura" ao separar-se do sensível, mais ela é assombrada por esse sensível, e mais ela tem medo desse "caos amorfo" que deve tentar controlar, recorrendo ainda mais à razão. Vemos aqui o elo entre o "recalque" kantiano e o inconsciente freudiano. Com a ressalva de uma grande diferença: a razão kantiana não é apenas uma *reação* à inquietante esfera do sensível, ela própria a produz enquanto esfera separada e inquietante. O "irracional" moderno foi, então, o produto da "racionalidade" moderna que projetou sua dimensão "irracional" sobre seres empíricos.[28] Para Kant, enquanto a vontade continuar na esfera da razão

---

[28] Por exemplo, sobre as populações não ocidentais: "Os negros da África carecem por natureza de uma sensibilidade que se eleva acima do trivial" (Kant, 1990, p. 166 [2012, p. 86]).

pura, ela é onipotente e não está submetida a condicionamentos externos. Mas logo que quer se tornar "prática", ela encontra na esfera moral — o mundo das ações humanas — a mesma heteronomia que na natureza — e, segundo Kant, o fato de ser condicionada por um mundo exterior ao sujeito é incompatível com a liberdade. A resposta kantiana consiste em recuar para uma esfera da moralidade pura. A vontade "pura" não deve desejar nada de concreto, porque, nesse caso, dependeria desse objeto do desejo e já não seria livre. A "faculdade de desejar" surge em Kant como uma escravidão, uma submissão à heteronomia das leis naturais, que dolorosamente desmente a onipotência atribuída ao sujeito na esfera da razão pura. Do ponto de vista da "faculdade de apetição" (Kant, 1989, p. 21 [2016, p. 36]) — que obedece unicamente à razão —, nunca nenhum objeto é digno do sujeito. Os objetos não passam de simples substitutos, sem importância enquanto tais, daquilo que a vontade deve procurar para ser "pura". Desejá-los deveras — quer se trate da saúde, da glória, da riqueza etc. — levaria a uma dependência impeditiva de que a vontade possa ser livre. Isso significaria uma ofensa insuportável para o sujeito, que vê qualquer dependência de outros homens ou da natureza como uma negação total da sua autonomia.

Qual é, pois, segundo Kant, a verdadeira liberdade, e qual seria sua única forma possível? A obediência voluntária às leis e, sobretudo, à lei moral enquanto tal, à sua pura forma — eis o famoso "imperativo categórico". É o simples cumprimento de um dever, sem qualquer prazer.[29] Essa moral kantiana foi

---

[29] Nesse contexto, é significativo que "todo o respeito por uma pessoa é propriamente só o respeito pela lei" (Kant, 1980, p. 68 [1986, p. 32]); a moral kantiana não se preocupa com os homens reais, mas apenas com as "leis gerais". A pessoa não existe senão como representante da lei, o concreto não existe senão como representante do abstrato; é a mesma lógica de inversão que na sociedade mercantil impregna todas as esferas da vida a partir da relação entre valor de uso e valor mercantil.

muito criticada e até ridicularizada;[30] mas é preciso sublinhar o caráter sinistro de sua injunção para obedecer à simples forma da lei — à sua "majestade" —, à "legalidade" enquanto tal, sem consideração pelo conteúdo dessas leis. Kant afirma que essas últimas são vazias de qualquer conteúdo particular; na verdade, porém, introduz nelas, de maneira sub-reptícia, conteúdos concretos bem longe de serem "puros" (por exemplo, o respeito pela propriedade privada no seu famoso exemplo do "depósito").[31] Vemos aí, novamente, que o universalismo da forma oca é fictício e que, na verdade, tem conteúdos concretos, não declarados como tais. O sensível, expulso pela porta, volta a entrar pela janela. Naturalmente, nesse quadro, qualquer forma de "sensibilidade" — a "faculdade inferior do desejo" — deve ser reprimida o mais severamente possível. Kant deu ele próprio o bom exemplo: apesar de gostar de café, recusava-o quase sempre e encontrava mil outras maneiras masoquistas de estragar sua vida,[32] chamando isso de "exercícios de virtude". Não é anedótico, é sintomático da sua filosofia. A esse propósito, Kant falou do "'autocontentamento', que em seu sentido próprio

---

[30] Ver, por exemplo, Bertrand Russell (1968 [1956]).

[31] Kant, para explicar o "imperativo categórico", dá o seguinte exemplo: se uma pessoa possui um depósito em dinheiro de alguém e este alguém morre sem que os seus herdeiros saibam dessa informação, e mesmo que o depositário seja muito pobre, que dele dependa sua família, e, além disso, virtuoso e caritativo, ao passo que os herdeiros são ricos, intransigentes e gastadores, o depositário tem, ainda assim, a obrigação moral de restituir o depósito. É o princípio da universalização possível do próprio comportamento que o comanda: se qualquer pessoa, em semelhante caso, se apropriasse do depósito, ninguém mais teria confiança e a própria instituição do depósito desapareceria (Kant, 1972; 1989, p. 31, § 4 [2016, p. 45]). Hegel já criticava o "formalismo oco" do imperativo categórico: o ladrão que nega toda a propriedade privada e aceita, por sua vez, ser roubado, também aplica rigorosamente o imperativo categórico kantiano. Em seu exemplo, aparentemente longe de qualquer empirismo, Kant já introduziu, às escondidas, uma pressuposição particular: a propriedade é moral.

[32] Ver o último capítulo de Böhme & Böhme (1983).

sempre alude somente a uma complacência negativa em sua existência, na qual se é autoconsciente de não carecer de nada" (Kant, 1989, p. 127 [2016, p. 191]).

A vontade de se tornar independente do mundo sensível — de qualquer necessidade ou desejo — para usufruir de uma calma total apresenta semelhanças com a "pulsão de morte", que Freud define como uma tentativa de voltar à calma inorgânica que antecedeu a vida. Segundo Kant,

> esta tranquilização interna [...] é o efeito de um respeito por algo totalmente diverso da vida [a saber, a lei moral], em comparação e contraposição com o qual a vida, com todo o seu agrado, não tem absolutamente valor algum. Ele [cada homem] só vive ainda por dever e não porque encontra na vida o mínimo gosto.
>
> Desse modo constitui-se o autêntico motivo da razão prática pura; ele não é outro que a própria lei moral pura, na medida em que ela nos deixa perceber a sublimidade de nossa própria existência suprassensível. (Kant, 1989, p. 93 [2016, p. 143])

Ao considerar que a liberdade humana se define pela oposição a qualquer sensibilidade, Kant marca o apogeu da longa luta que visa separar o sujeito do mundo sensível e empírico e fazer dele, justamente, o sujeito "transcendental", radicalmente distinto do sujeito "empírico". O "sujeito automático", que, segundo Marx, rege a sociedade fetichista do capital, não é, portanto, de modo algum, uma negação do "sujeito autônomo" de Kant, e sim a sua realização.

Essa leitura da obra de Kant concentra-se sobretudo em seus escritos sobre ética, tal como o autor desenvolveu após a publicação da *Crítica da razão pura* (1781), como "aplicação" dos princípios que nesta última havia estabelecido. Contudo, seria errôneo distinguir entre o "Kant bom" da *Crítica da razão pura* e o moralista demasiado rigoroso dos escritos posteriores. Com efeito, a *Crítica da razão pura* já pressupõe o indivíduo abstrato que se opõe a um mundo indiferente, distante, reduzido àquilo que o sujeito, munido com os seus "instrumentos" categóricos, dele pode fazer (Kurz, 2014, p. 72-3). Todavia, o sujeito kantiano não é simplesmente a criação de um filósofo particular, por mais importante que ele seja. Esse sujeito é a representação filosófica de um fato real. A pretensa autonomia do sujeito kantiano é, na verdade, adquirida à custa de uma dolorosa interiorização dos constrangimentos do capitalismo nascente; tem como consequência o desprezo por tudo o que se encontra fora do sujeito e o ódio a tudo aquilo que o sujeito teve de expulsar de si mesmo e atribuir a outrem. No fim das contas, esse ódio pode se transformar em ódio à própria pessoa. O resultado extremo da forma-sujeito que Kant tão bem descreveu é a pulsão de morte: o desejo de acabar com o mundo, que nos sujeitos suscita unicamente uma alternância de sentimentos de impotência e de onipotência, e de acabar com o próprio sujeito, que sofre com o vazio interior e com a incapacidade de desenvolver uma relação real com o mundo.[33]

---

[33] O período inicial da industrialização na Inglaterra foi paralelo à emergência de uma geração de poetas que desenvolveram uma nova sensibilidade com relação à beleza, à natureza e ao irracional, de William Blake a Thomas de Quincey. Foi sobretudo este último que exprimiu a dupla natureza do sujeito moderno então em vias de se impor: por um lado, uma racionalidade extrema, a cultura clássica, estudos de economia política, uma grande lucidez; por outro lado, a toxicomania (que ele descreve em *Confissões de um comedor de ópio* [1821], livro traduzido na França por Baudelaire), a mente devastada, a vida desordenada, as catástrofes familiares, as tendências autodestrutivas, o neronismo. A admiração por Kant — *Os últimos dias de Immanuel Kant* (1827), traduzido na França por Marcel Schwob — e o elogio do assassinato — *Do assassinato como uma das belas-artes* (1827), precursor da estetização do desastre e da violência — conciliam-se em De Quincey perfeitamente. Que o indivíduo se divida em duas partes, uma das quais observa friamente os sonhos mais loucos e terríficos da outra, corresponde efetivamente a uma cisão muito moderna.

O MARQUÊS DE SADE E A LEI MORAL

Na mesma época de Kant, o marquês de Sade, personagem muitíssimo diferente do filósofo alemão, expôs também uma descrição apologética da nova forma-sujeito e de suas inclinações mortíferas. Embora partam de pontos de vista opostos, suas concepções são complementares.

Em muitos aspectos, Sade foi um defensor do capitalismo no momento em que este se desfazia de todos os limites em vigor até então, em perfeita concordância com as teorias liberais do seu tempo. Pode ser encarado como o irmão inimigo de Kant, como o homem que exprimiu a face oculta das Luzes.[34] Com efeito, tal como Kant, Sade reclamava a subordinação de toda a espontaneidade a leis rigorosas, cujas feições eram as de uma máquina, de um sistema que regulasse todos os aspectos da vida dos indivíduos. Tanto em Kant como em Sade, o prazer consiste apenas na submissão a uma rígida racionalidade.[35] Marquês de Sade é um dos fundadores filosóficos da

---

[34] Os primeiros autores que notaram esse paralelismo foram Max Horkheimer e Theodor W. Adorno, que dedicam a Sade um capítulo em *Dialética do esclarecimento* (1974 [1985]). Ver também o ensaio de Jacques Lacan, escrito em 1963, intitulado "Kant com Sade" (Lacan, 1966 [1998]) e sua análise crítica feita por Dufour (2010, p. 240-76 [2013, p. 262-313]). Nossa crítica ao culto a Sade está próxima da que propõe Dufour, embora não partilhemos totalmente de seu elogio a Kant como pensador do sujeito forte, que ele opõe ao liberalismo encarnado por Sade.

[35] "A ética de Sade ultrapassa radicalmente qualquer forma de hedonismo. Toda a sensibilidade deve ser submissa, e não desencadeada. E a sensualidade deve ser inteiramente entregue às diretivas da razão e ao domínio da vontade. Puxar Sade para o estoicismo ou para Kant fá-lo juntar-se, do lado da razão, às exigências de uma filosofia severa que não pode fazer do prazer um princípio" (Margat, 2005). A autora cita *Faut-il brûler Sade?* [Devemos queimar Sade?], de Simone de Beauvoir: "Por uma severidade análoga à de Kant e cuja origem se encontra na mesma tradição puritana, Sade só concebe o ato livre isento de qualquer sensibilidade: se ele obedecesse a motivos afetivos, continuaria a fazer de nós escravos da natureza e não sujeitos autônomos".

modernidade capitalista baseada na racionalização da vida, na guerra econômica permanente e na ruptura dos elos tradicionais entre o homem e o mundo. É também uma das expressões mais concentradas e mais cínicas dessa modernidade. Suas obras fazem o elogio da modernidade e da sua ausência de limites,[36] de um desejo furioso e infinito perante um mundo vazio de significação, desejo que só pode se afirmar na destruição, porque nada de concreto pode saciá-lo — tal como acontece com a forma-mercadoria. Do mesmo modo que a forma-mercadoria, para se afirmar, deve consumir o mundo até seus últimos restos, os "libertinos" de Sade devem consumir suas vítimas até o último vestígio de carne. Veem-se perante a impossibilidade de gozar em um mundo que eles próprios, previamente, transformaram em deserto e perante a necessidade de aumentar de forma incessante as doses do *ersatz* que para eles faz as vezes de prazer.

O extremo egoísmo pregado por Sade em sua obra corresponde exatamente àquilo que se passa em uma sociedade onde o único elo social reside na permuta de mercadorias entre produtores isolados. A irremediável solidão do ser humano que Sade enuncia e na qual se compraz não é ontológica e eterna: está se instalando no momento em que ele escreve. Sade, sem dúvida, tem o mérito de haver levado até o fim as consequências do que Kant chamou de "socialidade associal", em que os átomos sociais se encontram unicamente para satisfazer suas necessidades segundo o poder que têm no mercado. Um mundo onde não há o "outro" nada tem de arcaico, é muito moderno. Para Sade, o gozo só é inteiro quando é "despótico", sem partilha com outrem (Sade, 2007, p. 182 [1999]) — é o mesmo solipsismo moderno que se encontra em Descartes.

---

[36] A racionalidade nos meios é acompanhada pela desmesura e pelo irracional nos fins. Robert Kurz cita "o inquietante capitão Ahab em *Moby Dick*, essa grande alegoria da modernidade", que diz que "todos os meus meios são racionais, só é louco o fim que persigo" (Kurz, 2005, p. 66).

Georges Bataille tinha razão quando afirmava que Sade prometia dar a cada um dos seus leitores a soberania completa outrora reservada aos reis (Bataille, 1957, p. 185 [1987, p. 108-15]).

Os desejos descritos por Sade, surgidos precisamente em sua época — desejo de ilimitação, negação narcísica do mundo, ruptura de qualquer elo social, guerra de todos contra todos, desejo de ver desaparecer a humanidade ou o mundo em sua totalidade[37] —, aparentam-se ao ódio pelo objeto, cuja existência, em si mesma, limita o narcisismo do sujeito que deseja.[38] Com efeito, Sade extrai de seu ateísmo radical a negação de todos os limites. E tal recusa dos limites começa a ser, no plano subjetivo, o projeto — altamente narcísico — da realização de todos os desejos, bem como dos desejos contrários.[39] Bataille (1957, p. 186 [1987, p. 110]) comenta, justamente: "Só a voracidade de um cão feroz realizaria a fúria daquele que não tem nenhum limite", constatação que nos faz regressar a Erisícton.

Desse modo, Sade antecipou bastante alguns dos traços mais característicos da sociedade sem limites que é a nossa. Aos recentes massacres em escolas e outros locais públicos, em que o assassinato sem razão — executado com a "apatia" tão cara a Sade — se conclui quase sempre com um suicídio, poderíamos aplicar essas reflexões de Bataille sobre Sade:

---

[37] "Cegos instrumentos de suas inspirações [da natureza], ela mandou-nos abraçar o universo; desobedecê-la seria nosso único crime. Todos os celerados da terra são apenas agentes de seus caprichos..." (Sade, 2007, p. 199 [1999, p. 320]). Sade volta várias vezes a esta ideia, duzentos anos antes da bomba atômica: a própria natureza poderia ordenar ao homem que pusesse o universo em fogo e sangue. O determinismo absoluto que Sade professa lembra, portanto, o fetichismo social e suas leis cegas.

[38] Como bem pontuou Rougemont (1962, p. 180 [1988]).

[39] Sade exprime a "aspiração frenética a experimentar todas as formas de prazer imagináveis; a tornar-se o sujeito capaz de esgotar a totalidade das experiências possíveis, quando essa totalidade do possível jamais pode ser atingida e o possível é, de fato, impossível de esgotar, logo, inesgotável" (Klossowski, 1967, p. 187 [1968, p. 220]).

A partir do princípio de negação do outro que Sade introduz, é estranho perceber que, em última instância, a negação ilimitada do outro é negação de si. [...] Livre diante dos outros, ele não deixa por isso de ser a vítima de sua própria soberania. A negação dos outros, ao final, torna-se negação de si mesmo. Na violência desse movimento, o gozo pessoal não conta mais, só conta o crime, e não nos importa ser a sua vítima: importa só que o crime atinja o apogeu do crime. Essa exigência é exterior ao indivíduo. Ela, pelo menos, coloca acima dele o movimento criado por ele mesmo, que adquire vida própria e o ultrapassa. Sade não pode deixar de mostrar, para além do egoísmo pessoal, um egoísmo de alguma forma impessoal. [...] Não há nada mais perturbador que a passagem do egoísmo à vontade de ser consumido, por sua vez, no braseiro aceso pelo egoísmo. (Bataille, 1957, p. 194-5 [1987, p. 114-5])

Aqui, o crime, sobretudo o do "assassino louco", transforma-se em verdadeiro trabalho. E se esse suicídio não for individual, mas coletivo, tanto melhor: "Sabeis de uma coisa, Dolmancé, que por meio deste sistema acabareis provando que a extinção da raça humana seria um benefício para a natureza? — E alguém duvida, minha senhora?" (Sade, 2007, p. 56 [1999, p. 90]). Semelhante desejo de acabar com a humanidade enquanto tal, demasiado rebelde ao desejo de onipotência do indivíduo, talvez nunca tenha surgido na espécie humana antes de Sade.

BASTA DE FILOSOFIA, QUEREMOS ATOS

Segundo um dos autores alemães da crítica do valor, Ernst Lohoff — cujas conclusões, em artigo sobre o "encantamento do mundo", retomamos aqui parcialmente[40] —, é possível qualificar a história dos séculos XVII e XVIII como o estágio da "subsunção

---

40 Ver Lohoff (2005, p. 13-60).

formal" dos indivíduos sob a forma-sujeito, e a dos séculos XIX e XX como o estágio da "subsunção real" — passagens estas paralelas às duas fases, distinguidas por Marx, da subsunção do trabalho sob o capital e que correspondem ao mais-valor absoluto e relativo. A primeira fase é a da desencarnação, da criação de um sujeito como puro espírito, que culmina com Kant. O sujeito perde todo o aspecto substancial e torna-se pura forma. Enquanto legislador universal, passa a ocupar o lugar de Deus, mas, para o ser, deve tornar-se "transcendental" e situar-se, para além de qualquer realidade empírica, na "lei pura". Com os sucessores de Kant, inicia-se um movimento aparentemente inverso: esse espírito desencarnado, fora do mundo, começa a se encarnar em entidades pseudoconcretas — o "povo", por exemplo — que se lançam à conquista do real para o tornarem igual a si mesmas. Só assim foi possível que a identificação dos indivíduos com a forma-sujeito, a sua interiorização, se tornasse um fenômeno de massas e penetrasse todas as profundidades da vida social.

A filosofia de Kant levou a separação entre a pura forma e o domínio do sensível ao paroxismo, mas assinalou também uma virada. Os pensadores subsequentes começaram a operar na direção oposta, propondo-se tapar esse fosso. Mas não como reconciliação e união livre — a essa aspiração dizem respeito, mais propriamente, os programas "utópicos" de Friedrich Schiller e dos românticos, de Herbert Marcuse e das vanguardas artísticas —, e sim como anexação da esfera do sensível à razão desencarnada. O dualismo kantiano, com sua forma inteligível "pura", por um lado, e o reino do sensível e do empírico, por outro, comporta, apesar de tudo, certo reconhecimento da existência deste último, por mais inferior que seja. É preciso dominá-lo e controlá-lo, mas sem fazê-lo desaparecer. Desse modo, a luta recomeça sempre. Segundo os filósofos pós-kantianos, a esfera do sensível é uma representação do sujeito — uma emanação — na qual o sensível não tem qualquer existência autônoma.

Esse processo corresponde inteiramente à lógica de base do valor: nesta, o "concreto" — o valor de uso, o trabalho concreto — serve apenas para representar o abstrato (o valor, o trabalho abstrato).[41] Assim, uma bomba e um brinquedo são somente representações passageiras e intercambiáveis, indiferenciadas, no fundo, da sua substância comum: uma quantidade de trabalho que se representa em uma quantidade de valor que se representa em uma quantidade de dinheiro. Do mesmo modo, para os sucessores de Kant que propõem uma visão "monista" do mundo, a abstração invade o sensível, e o sensível é reconstruído enquanto "afirmação" do abstrato.

Em Hegel, a história e a natureza são reabilitadas — mas apenas como figuras do espírito, cuja verdadeira essência se encontra em outro lugar. O sujeito torna-se uma *substância*. Não é "dado" *a priori*, como em Kant, em que a forma-sujeito faz parte da bagagem originária de qualquer ser humano. Daí em diante o sujeito deve ser conquistado, ou construído — porque ele só existe como resultado de uma evolução. Todavia, até em Hegel esse processo se apresenta como *já realizado*, porque no espírito do mundo (que Hegel, como se sabe, considerava realizado com o advento da própria filosofia) o sujeito e a substância coincidem — tratando-se apenas, agora, de contemplar retrospectivamente o caminho percorrido até ali.

Tal atitude contemplativa não satisfez seus sucessores, nem sequer os próprios discípulos. Para fazer agir o sujeito no mundo sensível, era preciso mudar de perspectiva. A realização do sujeito devia tornar-se um programa ainda a realizar — o que implicava a possibilidade de certos indivíduos ou grupos humanos não o alcançarem, ou de o alcançarem apenas de forma limitada. Essa perspectiva permitia

---

41 Na verdade, esse concreto é antes um pseudoconcreto, porque constitui já uma abstração o próprio fato de resumir as coisas mais diversas na abstração real do "valor de uso" ou do "trabalho concreto".

igualmente conceber o sujeito como uma entidade coletiva e, sobretudo, passar do pensamento — ou seja, da teoria do conhecimento — para a ação e a vontade. A razão como sujeito universal era substituída por uma atividade prática, o trabalho. Foi isso que os marxistas fizeram com a herança hegeliana (mas a virada já havia sido anunciada em alguns escritos de juventude de Hegel). Para passar da contemplação à luta, era também necessário substituir o sujeito único do conhecimento (que não precisava de um adversário) por um conflito entre dois sujeitos, ou mesmo entre vários.

> Um sujeito da metafísica real que quer e age tem necessidade de um antagonista contra quem possa dirigir o seu querer e agir, e é através da vitória alcançada sobre esse antagonista que pode demonstrar e realizar o próprio estatuto de sujeito. O marxismo também teve em conta essa necessidade, evocando uma oposição frontal entre as classes. A introdução da burguesia como anticlasse em relação à classe operária não significa, contudo, um verdadeiro abandono da ideia de um sujeito universal, significa apenas um protelamento temporário. O proletariado encontra-se, efetivamente, perante um antissujeito, a classe capitalista. Mas os dois antagonistas não possuem o mesmo grau de dignidade ontológica. A classe operária é "mais real" do que a classe capitalista. Só ela, como encarnação do princípio universal do trabalho, possui o estatuto de um sujeito universal *in potentia*, que pode ser universalizado. Essa diferença conjectura também o resultado do conflito de classe. O triunfo do trabalho e da sua classe ainda não se realizou historicamente, mas vai acontecer com certeza. (Lohoff, 2005, p. 36-7)

Dois sujeitos coletivos — com frequência, concorrentes entre si, mas nem sempre — ocuparam a ribalta a partir, no máximo, da segunda metade do século XIX e nela se mantiveram durante, no mínimo, um século: a classe e a nação (esta última também sob a forma de "povo" ou de "raça").

Estes novos mega-atores históricos caracterizam-se por uma pretensão inteiramente imperial. Já não se contentam em instaurar um reino oposto à escória do sensível: querem exaltar *imediatamente* um princípio universal na realidade sensível. É essa pretensão à onipotência e à oniconquista, verdadeira religião secular que preconiza a promessa de transformar por completo até a vida cotidiana segundo a sua glória de demiurgos, que faz destes novos megassujeitos a mais importante escola destinada a fazer entrar as massas na forma-sujeito. (Lohoff, 2005, p. 47)

Até então, os teóricos políticos do século XVIII, como Rousseau, tinham oposto o cidadão heroico, e preocupado apenas com o bem comum, aos vis interesses do indivíduo particular, que se limitava a seguir suas inclinações sensíveis — sendo cada homem chamado a fazer prevalecer no seu íntimo o "cidadão" sobre o negociante. Explica Lohoff (2005, p. 49):

O movimento operário continuava a relação com a natureza instaurada pela sociedade mercantil, ao mesmo tempo que introduzia novos atores para desempenhar os papéis-chave. Segundo os socialistas, o homem se separa da condição animal e se torna sujeito através do confronto com a natureza, não só ao utilizar a sua razão, mas também, e sobretudo, ao transformar a natureza, na prática, por meio do trabalho. Conformar-se com a forma de atividade característica da sociedade mercantil ampliou a base da constituição do sujeito, mas isso gerou um preço elevado e historicamente inédito. Fazer do trabalho a práxis que constitui o sujeito significava ligar o devir-sujeito do homem à sua submissão, a uma práxis rigorosamente despojada de todas as qualidades que podiam torná-la uma atividade especificamente humana. É justamente a atividade depurada de qualquer característica concreta, sensível ou material, tornada abstrata em um puro dispêndio autorreferencial de "músculos, nervos e cérebro", que agora se propõe a elevar o homem à posição de sujeito. Bem longe de mobilizar a potencial multiplicidade da relação humana com a natureza contra o regime capitalista, a religião socialista do trabalho substituiu a "razão pura", desencarnada, pelo homem reduzido a um substrato fisiológico.

O movimento operário era portador de uma crítica ao falso universalismo das Luzes; na figura do "cidadão", definido pela participação política e por direitos iguais para todos, desapareciam as desigualdades reais das condições de vida, especialmente as econômicas. Essas condições sociais constituíam o lado "burguês" do indivíduo moderno, que o jovem Marx opôs ao "cidadão" em *A questão judaica* (1844). O trabalho, que podia ser definido tanto em termos sociológicos como ontológicos, transformava aqueles que anteriormente eram excluídos e desprezados em sujeitos de uma dignidade superior. Fazer do trabalho a base da participação de cada um na vida coletiva e no estatuto de sujeito deveria, portanto, permitir como resultado um verdadeiro universalismo. Mas isso implicava, necessariamente, hierarquias e exclusões à custa dos que não podiam ou não queriam se conformar com o regime do trabalho.[42]

No polo oposto, a direita apostava no megassujeito "nação", para o qual dava uma interpretação cada vez mais biológica.

---

[42] Para o movimento operário, quem não trabalha é forçosamente um parasita que não merece comer. A classe exploradora é, por definição, a classe dos não trabalhadores. Diante de populações que nada têm de exploradoras, mas que continuam fiéis a formas tradicionais de atividade e que não seguem as regras do "trabalho" — dos ciganos aos indígenas da América, dos descendentes de escravos às populações mediterrânicas, das tribos nômades aos camponeses russos —, o movimento operário mostrou uma grande vontade de fazê-las trabalhar e de eliminar seu apreço pelas atividades improdutivas, como a festa, o álcool e o amor. Gramsci e Lênin eram grandes admiradores do taylorismo, ou seja, da "gestão científica da força de trabalho", bem como do fordismo. Gramsci, tão frequentemente apresentado como o "leninista bom", regozijava-se, em particular, com o fato de o trabalho em cadeia libertar os operários de suas deploráveis inclinações para a bebida e para o sexo (Gramsci, 1991 [2017], caderno 22).

Os fundamentos biológicos da concorrência — frequentemente sob a forma do "darwinismo social" — podiam aplicar-se aos indivíduos que agiam no mercado, mas também às nações, imaginadas como entidades lançadas em luta permanente pela sobrevivência. Assim, nessa forma de acesso à forma-sujeito, a guerra tinha o mesmo papel central que o trabalho desempenhava na outra — ainda que na primeira metade do século XX as duas formas tenham se fundido com frequência, designadamente nos regimes totalitários. A exclusão de uma parte da humanidade do estatuto de sujeito era mais propriamente *implícita* nas teorias do movimento operário, nas quais era concebida como temporária e superável: os desobedientes podiam ser "educados" e transformados em bons trabalhadores. A história, nessa perspectiva, ia necessariamente desaguar em um estado futuro em que todas as pessoas trabalhariam em harmonia. Em contrapartida, para a versão reacionária da difusão da forma-sujeito — versão nacionalista ou racista —, a exclusão era o próprio princípio que conformava o sujeito, considerando definitiva a inferioridade do não sujeito. O nacionalista ou o racista não queriam transformar os que pertenciam a outra nação ou raça em membros da deles; pelo contrário: esses indivíduos deviam ser dominados ou eliminados.

Embora o estatuto de sujeito fosse adquirido por meio do uso da razão, como afirmava o Iluminismo, ou trabalhando, como queria o movimento operário, ele exigia, além disso, certo esforço que, pelo menos em teoria, devia ser repetido constantemente. A "ala direita" da religião do sujeito propunha um acesso muito mais fácil: esse estatuto era obtido por direito de nascimento, o qual, sem esforço ulterior, permitia usufruir de um sentimento de superioridade ontológica para com os não sujeitos, que não tinham tido a sorte de nascer no melhor lugar nem mesmo a possibilidade de alterar qualquer coisa nessa condição.

Ser um sujeito por pertencer a uma comunidade de nascença, como propunham as teorias dos "anti-iluministas", apresentava outra possibilidade sedutora: permitia mobilizar e pôr em proveito da forma-sujeito o próprio lado irracional (o seu "reverso obscuro", que os defensores das Luzes negavam ou cuja importância diminuíam). Os sofrimentos e os medos suscitados pela submissão à forma-valor são ainda hoje mobilizados em defesa da forma-sujeito: é o que nos mostram o racismo e o antissemitismo, o sexismo e a homofobia, o chauvinismo e o populismo. Esse tipo de sujeito se julga rodeado de inimigos e imagina que está conduzindo um combate para evitar o "declínio do Ocidente". A forma-sujeito na sua versão "sujeito de nascença" extrai uma considerável energia desse recurso do ressentimento, que é uma expressão do sentimento de impotência. Isso lhe confere uma grande vantagem no que diz respeito à versão "trabalhista" ou "razoável" do sujeito, forçosamente mais "laboriosa" e que incita a lutar para ultrapassar os lados sombrios da forma-sujeito.

A nação e a classe perderam consideravelmente sua importância durante a segunda metade do século XX — sobretudo depois de 1968, pelo menos nos países ditos "desenvolvidos" —, a favor de uma "individualização" da forma-sujeito e do narcisismo. Historicamente, o narcisismo do sujeito coletivo antecedeu o do sujeito individual, constituindo uma espécie de "escola" da forma-sujeito.[43] Há algumas décadas, todavia, assistimos a um retorno espetacular da "nação" no mundo inteiro,[44] o que não contradiz as análises anteriores, mas as confirma. O sujeito nunca pode consistir na simples execução das funções sistêmicas. Seu lado irracional, a começar pelo ódio aos outros e a si mesmo, não desaparece, por mais inútil

---

[43] Passamos aqui a palavra a Schopenhauer, cujos recursos, temos de admitir, eram múltiplos: "Mas todo o pobre-diabo, que não tem nada no mundo do que se possa orgulhar, agarra-se ao último recurso, o de orgulhar-se com a nação à qual pertence" (Schopenhauer, 1983, p. 46 [2002, p. 72]).

[44] Os novos fundamentalismos religiosos não entram nesses dois megassujeitos da modernidade clássica; falaremos deles na parte final deste livro.

ou contraproducente que possa ser do ponto de vista da simples reprodução do sistema;[45] ou, antes, aumenta em tempos de crise. Os monstros que ele produz, com frequência reordenando elementos antigos e novos, podem se autonomizar e tornar-se um estorvo ao bom andamento do sistema.

Com o agravamento da crise, diminui o papel da forma-sujeito enquanto simples instância de execução de uma dominação objetivada e sem sujeito, e a religião do sujeito começa a furtar-se e a desenvolver uma força destrutiva própria nas suas novas variantes resultantes da decomposição. Enquanto continuação da crítica da religião por outros meios, a crítica do fetichismo deve tomar nota da importância da apoteose do sujeito como força mágica e homicida. (Lohoff, 2005, p. 60)

O NARCISISMO COMO COMPENSAÇÃO DA IMPOTÊNCIA

Dois pensadores alemães da primeira metade do século XIX contribuíram muito para elevar o narcisismo à posição de filosofia, seguindo modalidades inteiramente opostas. Arthur Schopenhauer, o "filósofo do pessimismo", foi um dos primeiros a apresentar como tema o sofrimento da vida moderna, especificamente o isolamento e a atomização do indivíduo. No entanto, longe de fazer uma conexão com a nova sociedade burguesa, Schopenhauer viu nisso um dado ontológico, expressão de uma condição humana eterna, ou mesmo cósmica. Segundo

---

45 Esta é uma das causas da grande dificuldade de adotar até as medidas mais elementares relacionadas à proteção do ambiente: as razões do sujeito — autoafirmação a todo o custo e identificação com valores "vencedores" como a velocidade ou a eficácia — estão em contraste quase absoluto com as razões ecológicas e, portanto, também com a continuação da sociedade industrial a médio prazo.

ele, era o *principium individuationis* que tornava a vida infeliz; para escapar disso, era preciso ultrapassar a "vontade de viver", de modo que a pessoa se fundisse ao curso do Universo e alcançasse uma forma de nirvana — muito cedo, entre os autores europeus, Schopenhauer referiu-se explicitamente ao budismo.

Seu pensamento tem por objetivo, portanto, o apagamento das fronteiras entre o eu e o mundo, caracterizando-se por fantasias de fusão e desejos regressivos de um retorno à união originária. Nele, o princípio ontologicamente primário não é a razão, como em Kant, mas a *vontade*. Todavia, diferentemente das filosofias burguesas posteriores, em particular na Alemanha, ele não prega o triunfo da vontade, mas, pelo contrário, seu aniquilamento. Na oscilação que persegue o narcísico entre sentimentos de impotência e de onipotência, Schopenhauer representa claramente o polo depressivo e impotente. A sensação de ser estranho ao mundo começa pelo próprio corpo do sujeito: "Objeto, contudo, já é o seu corpo, que, desse ponto de vista, também denominamos representação. Pois o corpo é objeto entre objetos e está submetido à lei deles" (Schopenhauer, 2009, p. 80 [2005, p. 5] § 2). Ao mesmo tempo que se situa nos antípodas da filosofia racionalista de Descartes, a metafísica da vontade baseia-se na mesma subalternização do corpo e na mesma redução do ser humano a um espírito desencarnado. Em seus escritos de vulgarização, coligidos no livro *Parerga et Paralipomena* (1851), Schopenhauer revela-se, por outro lado, o campeão de uma atitude intimamente ligada ao narcisismo: o ressentimento.[46] Isso talvez explique o paradoxo de os escritos desse filósofo da resignação terem se tornado os livros de cabeceira da conquistadora burguesia do seu tempo.

---

[46] De resto, muitas das suas cartas terminam com a frase: "E o que faz então a polícia?".

O especulador de Frankfurt formulou a variante burguesa e conservadora do narcisismo, ao passo que um autor seu contemporâneo, marginal e que morreu na miséria, desenvolveu a variante onipotente. Curiosamente, o pensamento deste último agradou a alguns declarados adversários da burguesia. Max Stirner apresentou em seu livro *O único e a sua propriedade* (1844) uma formulação tão extrema do narcisismo que a sociedade burguesa não quis se reconhecer nela. Stirner tornou-se assim o "pai" do anarquismo individualista.[47] Tal como Sade, Stirner preconizava a absoluta soberania do indivíduo. De um modo historicamente inédito, apresentou de modo radical o indivíduo concreto como único parâmetro e único objetivo do universo, recusando sacrificar-se pelo que fosse. O seu "cada um por si" pretendia ser uma negação radical, a mais radical possível, do universo burguês do seu tempo, em que prevaleciam a pátria, a religião, a moral e o culto ao trabalho. Contudo, Stirner não fazia mais do que antecipar a etapa seguinte da sociedade capitalista, que aliás já estava em marcha. Como dizia o título do seu livro, ter uma "propriedade" era a primeira característica desse "único". Todavia, Stirner levava o narcisismo a níveis propriamente psicóticos na denegação da realidade natural: "Hei-de considerar a Lua sagrada, pelo fato de não lhe poder chegar, uma espécie de Astarte? Se eu te pudesse chegar, agarrava-te mesmo, e se eu descobrir um meio de chegar aí acima, não és tu que me vais assustar!". Em seguida, atirava-se ao Sol, com uma raiva impotente:

---

[47] Segundo o marxismo tradicional — por exemplo, em Lukács —, o sucesso desses dois pensadores, propondo ambos uma forma de fechamento sobre si próprio, junto da burguesia alemã do século XIX (obviamente, em setores bastante diferentes), explica-se pela frustração dessa burguesia, que se vê excluída do poder político e remetida à vida privada. Essa explicação não está errada, mas é muito limitada. Schopenhauer e Stirner exprimiram uma forma de existência tipicamente moderna que vai muito além das condições específicas da Alemanha do século XIX — o que aliás explica por que razão ambos continuam a ser lidos nos nossos dias.

Como é pouco aquilo que o homem consegue controlar! Tem de deixar que o Sol siga a sua órbita, que o mar agite as suas ondas, que os montes se elevem para o céu. É impotente diante do incontrolável. Como pode ele defender-se da impressão de ser impotente perante este mundo gigantesco? (Stirner, 2000, p. 181, 185 [2003, p. 135, 78-9])

A sociedade capitalista-industrial demonstrou depois sua capacidade de aplanar as montanhas e secar os mares. Se ela não se reconheceu em Stirner, foi porque este, como Sade, desenvolveu o egoísmo da sociedade burguesa a tal ponto que se tornava contraproducente e incompatível com essa sociedade.[48]

---

[48] Há, contudo, um ponto de convergência com os "libertários" e sua defesa de um "anarcocapitalismo". Fernando Pessoa já tinha explorado o paradoxo da liberdade absoluta do indivíduo, preconizada pelos anarquistas individualistas, em sua narrativa *O banqueiro anarquista* (1922).

— CAPÍTULO 2 —

Narcisismo e capitalismo

—

No capítulo anterior, propusemos uma primeira definição do narcisismo. Devemos agora retomá-la e aprofundá-la. Não é tarefa fácil. Com efeito, em seu significado e na própria definição, a palavra narcisismo remete a uma temática desconcertante a que poucas outras palavras de origem psicanalítica se referem. Em contrapartida, sua origem é bem conhecida: a partir de 1910, Freud retomou esse conceito, introduzido alguns anos antes por outros autores, e dedicou-lhe um ensaio em 1914. Muitos dos seus escritos sucessivos fazem referência ao termo, mas sempre de maneira bastante fragmentária.

O QUE É O NARCISISMO?

O recurso ao verbo do pai fundador é de pouca ajuda aqui. Logo que Freud utilizou essa palavra, ela teve as mais diversas interpretações nos círculos psicanalíticos. Em 1971, Béla Grunberger constatou, no início de seu importante estudo intitulado *Le Narcissisme* [O narcisismo], que "alguém que se debruce sobre o problema do narcisismo esbarra na paradoxal polissemia deste conceito" e que as definições dadas pelo próprio Freud "constituem, aparentemente, um conjunto heteróclito e por vezes contraditório" (Grunberger, 2003,

p. 16).⁴⁹ Nas décadas que se seguiram a essa constatação, houve uma verdadeira explosão do uso dessa palavra, que ultrapassou amplamente os círculos de psicoterapeutas para entrar no discurso comum, a ponto de figurar regularmente nas manchetes das revistas de psicologia popular e de desenvolvimento pessoal. Livros como *Le Pervers narcissique et son complice* [O perverso narcisista e seu cúmplice] (Eiguer, 2003), *Assédio moral: a violência perversa no cotidiano* (Hirigoyen, 1998 [1998]), *La Manipulation affective dans le couple. Faire face à un pervers narcissique* [A manipulação afetiva no casal: lidando com um perverso narcisista] (Chapaux-Morelli & Couderc, 2010), entre outros, enfatizam sobretudo o "perverso narcisista" e seus efeitos nas relações de trabalho e na vida de casal. Identificam o narcisismo com a autoafirmação excessiva e o egoísmo, confrontando os seus efeitos com os do assédio e da manipulação nas relações cotidianas.

No uso popular do termo, o narcisista é alguém que se entrega a uma autoadmiração permanente e se preocupa principalmente com seu aspecto físico; evoca uma pessoa que passa o tempo se pavoneando diante do espelho ou tentando chamar a atenção. Essa acepção, aliás, é totalmente paralela à da palavra "fetichismo", que pode, por exemplo, servir para descrever os "fetichistas dos carros" ou "da moda". Não está necessariamente errada, mas abarca apenas uma pequena parte do fenômeno — seu aspecto mais visível.

Mesmo na literatura dita "especializada" ocorrem as mais diversas utilizações da palavra narcisismo. Vendo melhor, pode-

---

49 J. Laplanche e J.-B. Pontalis notam em *Vocabulário da psicanálise* (1992 [2001]) que os termos narcisismo primário e secundário "têm na literatura psicanalítica, e mesmo apenas na obra de Freud, acepções muito diversas, que nos impedem de apresentar uma definição unívoca mais exata do que aquela que propomos" e que, "de um autor para outro, a noção de narcisismo primário está sujeita a extremas variações", de modo que certos autores até duvidam da existência dessa noção (Laplanche & Pontalis, 1992, p. 263-4 [2001, p. 290]).

mos constatar que não se trata, ou não se trata apenas, de interpretações divergentes ou opostas do mesmo fenômeno, entre as quais seria necessário escolher. Trata-se, mais propriamente, do uso da mesma palavra para designar fenômenos diferentes. Podemos distinguir, grosso modo, um uso "negativo" e um "positivo" da palavra quando se trata de "narcisismo secundário"; quanto ao "narcisismo primário" (do qual nos ocuparemos em seguida), a própria existência é discutível.

Em Freud, o narcisismo indica claramente uma *patologia*. Em seu escrito de 1910 sobre Leonardo da Vinci, que trata sobretudo da gênese da homossexualidade, utiliza essa palavra para caracterizar um indivíduo "apaixonado por si mesmo e pelo seu corpo", dando origem ao narcisismo como uma "perversão" da libido.[50] Em seus escritos posteriores, como *Totem e tabu* (1913), Freud menciona ocasionalmente o narcisismo associando-o ao "eu enquanto objeto libidinal", mas também ao sentimento de "onipotência" que surge na magia e no animismo. Desse modo, o narcisismo estaria ligado à crença na onipotência mágica do pensamento, do gesto e da palavra, que caracterizaria tanto os "selvagens" como os psicóticos.

Em 1914, Freud dedica ao conceito um ensaio mais sistemático, intitulado "Introdução ao narcisismo". Nesse texto, o narcisismo já não constitui uma perversão, mas aparece como uma composição necessária da psique humana, o equivalente do egoísmo entre as pulsões do eu.[51] Freud introduz aqui uma

---

[50] É preciso lembrar que, em Freud, pelo menos em princípio, o termo "perversão" não implica um juízo moral, mas qualifica qualquer ato sexual que não tenha por objetivo imediato "o orgasmo por penetração genital com uma pessoa do sexo oposto" (Laplanche & Pontalis, 1992, p. 306 [2001, p. 341]), o que corresponde à identificação do ato não perverso essencialmente com a finalidade biológica da sexualidade, ou seja, a procriação. Em rigor, portanto, até o beijo constitui um ato perverso.

[51] "Nesse sentido, o narcisismo não seria uma perversão, mas o complemento libidinal do egoísmo do instinto de autoconservação, do qual justificadamente atribuímos uma porção a cada ser vivo" (Freud, 2005, p. 218 [2010, p. 10]).

distinção entre uma "libido do eu" e uma "libido dos objetos" (ou "objetal"), conforme o indivíduo a dirige a si mesmo ou aos objetos (em sentido mais amplo: pessoas, coisas ou ações, reais ou fantasiosas). Convém lembrar, seguindo Freud, que a quantidade de libido presente em um sujeito é constante, mas que se opera constantemente uma "conversão" entre as diferentes formas de libido.[52] Ao longo da vida, o eu é o "grande reservatório de libido" de onde esta pode fluir para os objetos, podendo também refluir para o eu. Sobre isso, Freud estabelece uma comparação com os "animálculos protoplásmicos" e com os pseudópodes que estes podem não só enviar para o exterior, mas também retirar. Quanto mais o indivíduo ama a si mesmo, menos ama os "objetos" (os outros), e vice-versa. No início da vida, porém, o eu não existe, e cada pulsão é autônoma. As pulsões libidinais e as pulsões do eu (que são as de autoconservação, outro grande grupo de pulsões) encontram-se mescladas;[53] é aquilo que Freud chama, mais especificamente, de "narcisismo

---

[52] Esta afirmação deriva da concepção "econômica" — como o próprio Freud a chama, ao passo que outros, como Erich Fromm, a qualificaram como "concepção hidráulica" — da psicanálise. Mereceria uma consideração à parte: terá Freud elaborado sua concepção das pulsões e do inconsciente tomando como modelo a economia capitalista e, mais precisamente, o valor, a quantidade sem qualidade que pode facilmente se converter de uma forma em outra, mantendo-se ela mesma? Um bom exemplo seria o fato de o inconsciente de Freud ter sido formado, sem seu conhecimento, pelas "abstrações reais" e pela síntese social regida pelo valor, além de ele também considerá-las evidentes e naturais. É preciso destacar, ao mesmo tempo, que o termo "investimento", que aparece com frequência nas traduções francesas de Freud, pode induzir ao erro no que diz respeito à "economia psíquica" freudiana; esse termo corresponde à palavra alemã *Besetzung*, que, ao pé da letra, significa "ocupação" e não tem sentido econômico.
[53] "Por fim concluímos, quanto à diferenciação das energias psíquicas, que inicialmente estão juntas no estado do narcisismo, sendo indistinguíveis para a nossa grosseira análise, e que apenas com o investimento de objeto se torna possível distinguir uma energia sexual, a libido, de uma energia dos instintos do Eu" (Freud, 2005, p. 220 [2010, p. 12]).

primário"[54] (a distinção entre narcisismo primário e narcisismo secundário, que só foi esboçada no escrito de 1914, adquiriu uma importância considerável em seus escritos subsequentes). Nessa primeira concepção freudiana do narcisismo, ser o próprio objeto de amor constitui uma fase intermédia entre o autoerotismo (a busca das zonas erógenas) e o amor objetal.[55] Essa primeira identificação, em que o eu escolhe a si mesmo como objeto de amor, estabelece também o primeiro acesso a um "objeto total" enquanto unificação das pulsões sexuais parciais. Desse modo, o narcisismo primário contribui para a formação do eu. Sua progressão é absolutamente necessária para o desenvolvimento psíquico da criança, podendo prover mais tarde o necessário equilíbrio entre amar e ser amado. Em contrapartida, uma estase — uma acumulação demasiado grande — da libido no indivíduo (quando a libido não pode ir para o exterior) cria uma tensão sentida como dolorosa, porque o aparelho psíquico visa sempre reduzir as tensões e os excessos de excitação (externos e internos). Assim, o refluxo excessivo ou total da libido para o eu produz aquilo que Freud chamou, nessa altura, de "neuroses narcísicas", que incluem as psicoses, como a paranoia e a megalomania ou a melancolia — nos dias de hoje, diríamos "depressão crônica". A doença, o sono e a hipocondria são outros modos — normais ou nocivos — de retorno ao narcisismo inicial e de recentragem da libido no eu.

---

[54] "Isso nos leva a apreender o narcisismo que surge por retração dos investimentos objetais como secundário, edificado sobre um narcisismo primário que foi obscurecido por influências várias" (Freud, 2005, p. 219 [2010, p. 11]).
[55] Mais precisamente, no escrito de 1914, supõe-se que o narcisismo sucede ao autoerotismo, ao passo que, nos escritos posteriores de Freud, o narcisismo caracteriza a mais tenra infância e confunde-se com o autoerotismo.

Freud introduz nesse contexto, pela primeira vez, o conceito de "ideal do eu".[56] Esse ideal prolonga o narcisismo na vida adulta, tanto na autoidealização[57] como na idealização do objeto, a exemplo do que acontece no âmbito do amor. O homem conserva durante toda a vida a nostalgia da perfeição e da onipotência originárias:

> O desenvolvimento do eu consiste em um distanciamento do narcisismo primário e gera um intenso esforço para reconquistá-lo. Tal distanciamento ocorre por meio do deslocamento da libido para um ideal do Eu imposto de fora, e a satisfação, pelo cumprimento desse ideal. Ao mesmo tempo, o Eu enviou os investimentos libidinais de objeto. Ele se empobrece em favor desses investimentos, tal como do ideal do Eu, e se enriquece novamente mediante as satisfações ligadas a objetos, assim como pelo cumprimento do ideal. Uma parte do amor-próprio é primária, resto do narcisismo infantil; outra parte origina-se na onipotência confirmada pela experiência (cumprimento do ideal do Eu); uma terceira, na satisfação da libido objetal. (Freud, 2005, p. 243 [2010, p. 33])

Inveja-se ou admira-se o narcisismo dos outros, sobretudo das crianças — mas também dos gatos ou dos criminosos, diz Freud —, porque a renúncia ao narcisismo primário, imposta pelo princípio de realidade, deixa para a vida afora a lembrança de uma perda dolorosa.

Convém não confundir o "ideal do eu" com um ideal "ético"; o primeiro corresponde àquilo que o indivíduo quereria ser. De acordo com o contexto, esse ideal também pode

---

[56] Trata-se do núcleo da futura concepção freudiana do superego (que é, todavia, na sua forma completa, o resultado do fim do complexo de Édipo e da interiorização da interdição paterna).

[57] "O que ele [o homem adulto] projeta diante de si como seu ideal é o substituto para o narcisismo perdido da infância, na qual ele era o próprio ideal" (Freud, 2005, p. 237 [2010, p. 27-8]).

significar querer ser sempre o mais "duro", o mais terrível em uma gangue, o que responde com um murro a qualquer olhar enviesado; ou o que é mais capaz de ganhar dinheiro de qualquer maneira e de ter o melhor carro; ou ser a mulher mais bonita do país graças a procedimentos estéticos. Freud enfatiza que o ideal do eu está longe de comportar, necessariamente, uma sublimação das pulsões:

> A formação do ideal do eu é frequentemente confundida, em prejuízo da compreensão, com a sublimação do instinto. Haver trocado o seu narcisismo pela veneração de um elevado ideal do Eu não implica ter alcançado a sublimação dos seus instintos libidinais. (Freud, 2005, p. 237 [2010, p. 28])

Freud repete uma boa parte do conteúdo deste escrito em "A teoria da libido e o narcisismo" (conferência 26), em *Conferências introdutórias à psicanálise* (1916-1917), acrescentando que a possibilidade do autoerotismo faz com que a sexualidade se adapte menos ao princípio de realidade do que às pulsões de autoconservação, e que o amor objetal derive do narcisismo original.

Depois de 1920, no quadro de sua "segunda concepção" do aparelho psíquico, centrada na distinção entre o *"id"*, o "ego" e o "superego", Freud opõe o estado narcísico primeiro (que seria anobjetal e, portanto, sem a presença de um objeto exterior ao eu) às relações de objeto. O narcisismo consiste, então, em uma indiferenciação do eu e do *id*, com a via intrauterina como protótipo. Seria anterior à formação do eu, e nele não haveria clivagem entre o sujeito e o mundo: estaria no estágio original do ser humano após o nascimento, quando o princípio do prazer reina soberanamente. Em *Psicologia das massas e análise do eu* (1921), escreve:

> Assim, com o ato de nascer, passamos do narcisismo absolutamente autossuficiente à percepção de um mundo exterior variável

e ao começo da busca de objetos, e a isso se liga o fato de não suportarmos duradouramente o novo estado, de o revogarmos em certos períodos, voltando no sono ao estado anterior de ausência de estímulos e de evitamento de objetos. (Freud, 1993, p. 69 [2011, p. 73])

A adaptação do eu ao princípio da realidade impõe renúncias cuja vivência é muito difícil; essa adaptação só é suportável à custa de retornos mais ou menos frequentes e profundos a formas de narcisismo primário, restabelecendo a unidade inicial, que é para o indivíduo o estado mais agradável. O Carnaval e outras festas tradicionais têm como função permitir essa reunificação momentânea do eu real e do seu ideal.

> É concebível que também a separação do ideal do Eu frente ao Eu não seja suportada de maneira duradoura e tenha de se desfazer temporariamente. Com todas as renúncias e limitações impostas ao Eu, o periódico desrespeito das proibições constitui regra, como demonstra aliás a instituição das festas [...]. Mas o ideal do Eu compreende a soma de todas as restrições a que o Eu deve obedecer, e por isso o recolhimento do ideal tem de ser uma grande festa para o Eu, que pode então voltar a sentir-se contente consigo. (Freud, 1993, p. 70 [2011, p. 74])

Na realidade, há muitas outras formas de regressão narcísica, frequentemente muito mais nocivas do que o Carnaval. Em geral, o narcisismo secundário designa, como aqui, uma regressão momentânea, mas pode também designar uma estrutura durável.

Em seus escritos tardios, Freud acentua mais a distinção entre narcisismos primário e secundário, deixando para seus sucessores um importante problema teórico: poderá haver um estágio inicial totalmente anobjetal, uma espécie de prolongamento do estado intrauterino, sem distinção entre o eu e o *id*? E, se houver, como poderá a criança sair dele? Melanie Klein e sua escola recusaram, ou revisitaram intensamente, o conceito de narcisismo primário. Segundo Klein, há apenas "'estados' narcísicos definidos por um retorno da libido a objetos interiorizados" (Laplanche & Pontalis, 1992, p. 265 [2001, p. 291]), havendo, pois, necessariamente, após o nascimento, uma ou outra forma de relação de objeto. Mas, tal como o conceito de narcisismo nunca teve um papel central no pensamento de Freud, ele continuou a ter uma importância modesta no domínio da psicanálise até a década de 1970.

Recentemente, o psiquiatra e psicanalista Patrick Juignet resumiu assim a sua recusa — que parece ser compartilhada com muitos psicoterapeutas contemporâneos — da concepção freudiana do "narcisismo primário":

> Em vez da tradição freudiana, não qualificamos como "narcísico" o estágio primitivo de indiferenciação. [...] Pronunciamo-nos, pois, nitidamente em desfavor da qualificação desse estágio como "narcísico primário". Se ficarmos pela definição do narcisismo como conceito da constituição e das evoluções do eu, trata-se [no caso do estágio primitivo de indiferenciação] de um estágio que precede o narcisismo. Não é desejável, a nosso ver, atribuir o mesmo nome a dois aspectos diferentes da evolução psíquica. (Juignet, 2015, p. 72)

Para Juignet, há duas "linhas de desenvolvimento" do indivíduo,

> a do desenvolvimento narcísico (construção da identidade e investimento do eu) e a do desenvolvimento libidinal (construção do objeto e seu investimento), considerando que cada uma delas tem com a outra uma relativa autonomia. (Juignet, 2015, p. 65)

Juignet chama de "pré-narcísico" o estágio correspondente à ausência de individuação, que "se manifesta através do que Freud designou como 'sentimento oceânico', que dá continuidade à experienciação da vida fetal" (Juignet, 2015, p. 72).[58] Todavia, insiste Juignet, sabe-se tão pouco sobre os vestígios deixados pela vivência intrauterina que é melhor não basear teorias em tais especulações inverificáveis (Juignet, 2015, p. 70). Por conseguinte, o estágio de fusão dos seis primeiros meses de vida seria "pré-narcísico" e a ele seriam sucessivas as primeiras formas de individuação, que Juignet chama de "narcisismo primário". Seria, então, o início da construção do eu, mas com investimentos ainda instáveis. A fase da autonomização seria sucedida, por volta dos quatro anos, pela "consolidação narcísica", e, depois, na adolescência, haveria uma nova fase de "instabilidade narcísica".

As opiniões de Juignet são um exemplo do importante deslocamento ocorrido no discurso psicanalítico ao longo das décadas: o narcisismo foi cada vez mais considerado um componente normal e positivo da vida — bastando que não ultrapasse os limites e não se torne "maligno" ou "perverso". Aos olhos de muitos autores, passou de negativo a positivo: é preciso manter um "equilíbrio narcísico" e evitar, ou curar, as "feridas narcísicas" de que os sujeitos sofrem. O narcisismo teria, assim, um papel importante na construção da identidade individual e coletiva, assemelhando-se a uma forma de "autoestima" tida como indispensável para a saúde do indivíduo, com a condição de não aumentar a ponto de se tornar ameaçadora para os outros.

Para Grunberger, cujo livro sobre o narcisismo, publicado em 1971, anunciou a explosão do uso do termo na cena midiática, o narcisismo constitui o "guardião" ou "motor" da vida. No princípio, toda libido é narcísica, existe já no nascimento e continua sendo a origem de toda felicidade. O narcisismo é

---

[58] Na realidade, no início de *O mal-estar na civilização*, Freud exprimiu dúvidas sobre a pertinência do conceito de "sentimento oceânico", de que o escritor Romain Rolland lhe falara, em uma carta, fazendo referência a ele como a origem de qualquer sentimento religioso.

uma instância psíquica, do mesmo modo que o *id*, o ego e o superego; é irredutível a eles e até os precede. As primeiras relações devem estimular o narcisismo da criança pequena, sem as quais esta poderia não desenvolver uma vontade de viver suficiente. Há um conflito originário entre a autarcia narcísica e o ímpeto objetal antinarcísico, e é dessa aliança harmoniosa que depende o equilíbrio psíquico. Outros autores, como Michael Balint, falam de amor primário e de uma tendência originária para a criança se desfazer do seu narcisismo. Se a criança fosse unicamente narcísica, não aspiraria a nada (Dessuant, 2007, p. 65-6 [1992]). Para investir a mãe como objeto, a criança deve distingui-la da unidade narcísica original que com ela constitui. Segundo outros, é o ideal do eu — diferenciado do eu, que se origina nas primeiras relações de objeto — que leva à saída da fusão originária com a mãe e ao abandono da onipotência narcísica. Para Janine Chasseguet-Smirgel, o ideal do eu é um "conceito articulável entre o narcisismo absoluto e a objetalidade, entre o princípio do prazer e o princípio da realidade, visto resultar da cisão entre o eu e o objeto" (*apud* Dessuant, 2007, p. 91-2 [1992]). É o ideal do eu que leva o indivíduo a procurar algo que não seja a satisfação pulsional. Durante toda a vida, diz Grunberger, o homem procura reduzir a distância entre o seu eu e o seu ideal do eu e reencontrar a perfeição perdida, o paraíso do estado de fusão.

Segundo Heinz Kohut, autor de um notável livro sobre o narcisismo, também publicado em 1971, a destrutividade não é uma pulsão primária, é "um conjunto de comportamentos que derivam de um dano infligido ao narcisismo, ao comprometerem-no muito" (Kohut, 1974). A "raiva narcísica crônica" seria "uma das afecções mais perniciosas do psiquismo humano" (*apud* Denis, 2012, p. 100). Devemos distingui-la da agressão corrente, porque ela é dirigida contra um objeto que faz parte do mundo interior do "eu" (ou *self*) e que contribui para manter o seu equilíbrio interior — Kohut o chama de *selfobject*. Quando esse objeto se encontra desfalecido — por exemplo, quando o sujeito se julga amado por uma pessoa que lhe retira o seu amor, ou quando um subordinado se recusa a lhe obedecer ou o fere em sua pretensão a ser superior — e suprime o seu apoio ao *self*, a raiva narcísica visa restabelecer o poder absoluto do eu grandioso. O narcisismo surge assim como uma reação excessiva à perda de autoestima. O que preocupa Kohut é a fraqueza dessa autoestima entre muitos sujeitos contemporâneos e a correspondente necessidade de compensar essa fraqueza com um narcisismo patológico. O autor analisa as condições que dão origem à autoestima na infância, sobretudo por meio das suas famosas considerações sobre "o olhar da mãe", que, encontrando o da criança, lhe transmite autoconfiança; voltaremos a esse aspecto mais adiante. Todavia, sua concepção do narcisismo tem bases muito diferentes da teoria freudiana: Kohut rejeita a teoria dos instintos e a tripartição do aparelho psíquico (*id*, ego, superego), o que demonstra, mais uma vez, que o conceito de narcisismo pode ser utilizado em contextos teóricos diferentes e com acepções muito diversas.

Nas últimas décadas, a atenção deslocou-se cada vez mais para a "perversão narcísica", oposta ao "amor objetal". Esse debate se ocupa muito pouco da teoria da libido no plano individual, mas enfatiza os aspectos interpessoais e interacionais e a dimensão sociológica do fenômeno — o perverso narcísico é definido como "sociopata". As descrições do fenômeno são semelhantes: os narcísicos têm um "eu grandioso" e não sentem gratidão; tudo é devido a eles. Fazerem-se valer em detrimento de outrem é, para eles, primordial. O perverso narcísico deve desqualificar ativamente o eu do outro e sentir o prazer de triunfar sobre ele e de o humilhar, sobretudo em público. Mas isso não dá uma verdadeira satisfação e é sempre preciso recomeçar; o narcísico apresenta traços compulsivos. Tudo isso lhe acontece porque ele fica aquém da satisfação sexual edipiana. Paul Denis resume assim as explicações de Paul-Claude Racamier, autor do conceito de "perversão narcísica" (o que diz respeito essencialmente à área francesa; no restante do mundo, fala-se, de preferência, de "perturbações narcísicas da personalidade"): a origem do narcisismo estaria na sedução narcísica — não sexual — da mãe para com a criança.

> O interdito edipiano permite a ternura, porque faz cessar a sexualidade direta com os pais, mas designa outros objetos sexuais possíveis: companheiros de jogos sexuais, objetos de amor ulteriores. Pelo contrário, a sedução narcísica afasta o estranho e impede o desenvolvimento do complexo de Édipo e da vida fantasmática em proveito do desenvolvimento de um modo de pensamento da *imago* — durante o qual uma *imago* materna fálica domina o funcionamento psíquico, em benefício de uma afirmação narcísica de completude e de onipotência. (Denis, 2012, p. 76-7)

O narcísico evita o encontro com "o outro" e procura negar a limitação do seu poder que resulta do reconhecimento do outro, a partir da constituição do "triângulo edipiano".

Para outros, como Grunberger, o narcisismo, enquanto nostalgia do estado pré-natal, opõe-se às pulsões e tensões que estas geram. O próprio narcisismo contém um componente agressivo e não se opõe a uma pulsão de morte — cuja existência Grunberger nega. Por conseguinte, para alguns, o narcisismo é mortífero; para outros, identifica-se com a própria vida e é aquilo que permite vencer a pulsão de morte. Em termos metapsicológicos, o narcisismo tanto pode ser identificado com Eros como com Tânatos; com a força que tudo pretende decompor para o reconduzir à "calma anorgânica" e com a força que constrói ligando os seres vivos entre si. Quanto mais se investiga o conceito de narcisismo, mais nos surpreende sua extrema ambiguidade.

NARCISISMO E MEDO DA SEPARAÇÃO

Para tomar posição perante a impressionante profusão desse debate, iremos empregar nosso próprio conceito de narcisismo — que muito deve a Christopher Lasch — em um sentido mais amplo que o de perversão narcísica. Serão considerados narcísicos até comportamentos que aparentemente nada têm de "narcísicos" — por exemplo, o pensamento *New Age*. Em geral, o "perverso narcísico" tem consciência dos seus atos, tira prazer dos tratamentos infligidos às suas vítimas. O narcísico, em sentido mais amplo, pode ser, pelo contrário, inteiramente inconsciente do seu narcisismo e não ter nenhum comportamento habitualmente qualificado como "narcísico".

A vida intrauterina consiste, de forma evidente, em uma situação de fusão completa, em que não existe distinção entre o eu e o mundo, o sujeito e o objeto, o interior e o exterior. Qualquer necessidade é satisfeita de imediato. Quanto ao resto, não podemos senão especular sobre o que o feto sente. É bastante tentador imaginar que se trata de uma vida sem tensões nem dores, em uma beatitude ininterrupta. Podemos igualmente imaginar que as ideias de paraíso e de idade de ouro, tão presentes em diferentes culturas e sempre situadas no começo dos tempos, ou, melhor dizendo, antes do começo do tempo histórico, são uma transfiguração mitológica do estado paradisíaco que cada ser humano conheceu e do qual guarda uma vaga lembrança depois de sua brutal expulsão do ventre materno. Podemos até ir ao ponto de afirmar que muitos comportamentos humanos — da preferência por lugares pequenos e aconchegantes à busca mística pela união com Deus — correspondem ao desejo de um regresso *in utero*.

Mas trata-se de pura especulação. Em contrapartida, o que parece muito mais plausível é que o nascimento constitui a passagem repentina para um estado completamente diferente. A satisfação das necessidades deixa de ser imediata e garantida, pode acontecer ou não, ou surgir com atraso. Parece bastante evidente que qualquer atraso na satisfação das necessidades é vivido pelo recém-nascido como uma ameaça à própria sobrevivência e desencadeia crises de angústia. Na verdade — e este é seguramente um dos grandes paradoxos da existência humana —, é para nós mais fácil saber o que se passa nas galáxias mais distantes do que compreender o que sentimos no início da vida ou o que vivenciam os bebês quando os pegamos no colo. No entanto, tudo indica que o recém-nascido experiencia, de uma maneira muito dolorosa, o fato de "vir ao mundo"[59] e de depender por completo do mundo exterior, designadamente dos cuidados da mãe.[60] É aquilo que Freud chama de *Hilflosigkeit* do bebê, ou seja, sua impotência, seu "desamparo", ou seu "estado de desamparo" (Laplanche & Pontalis, 1992, p. 122 [2001, p. 112]) — literalmente, a incapacidade de ajudar a si mesmo.

Esse desamparo aumenta muito com uma das características constitutivas da condição humana, cuja importância nem sempre é suficientemente reconhecida: o nascimento prematuro. Em comparação à maior parte dos animais, mesmo aos mais próximos no plano evolutivo, o pequeno *homo sapiens* nasce em um estado muito menos completo. Por assim dizer, após o nascimento ele deve concluir boa parte do desenvolvimento — que outros animais concluem antes de nascer. Durante os primeiros meses, o ser humano mantém-se, em certos aspectos, na condição fetal. Freud foi um dos primeiros a apontar nessa particularidade da ontogênese humana uma das razões mais profundas — uma espécie de derradeira explicação — da distinção entre natureza e cultura, homem

---

[59] Não é uma referência a Heidegger! A expressão encontra-se já em uma passagem de *Inibição, sintoma e angústia* (1926), de Freud, citada em Laplanche & Pontalis (1992, p. 123 [2001, p. 112]).
[60] Aqui, como em todo este livro, entendemos como mãe não necessariamente a mãe biológica, nem forçosamente uma mulher, mas a pessoa que se ocupa principalmente da criança — a "figura materna".

e animal.[61] O ser humano separa-se muito mais lentamente de seus pais do que qualquer outro animal — e essa dependência prolongada, combinada com a fraqueza dos instintos inatos, é determinante para a especificidade humana. Segundo alguns autores, dar-se-ia um "segundo nascimento", um "nascimento psicológico" (Margaret Mahler), mais ou menos a partir do quinto mês de vida; só então o pequeno humano atinge sensivelmente o grau de maturação que os outros primatas têm de nascença. Só então a criança percebe que existe realmente enquanto ser distinto dos que o rodeiam e, gradualmente, sai da relação "simbiótica" com a mãe.

Com efeito, a sensação de impotência do recém-nascido perante um mundo cujos estímulos ultrapassam sua capacidade de elaboração e reação deve ser tão forte que ele se fecha sobre si mesmo durante os primeiros meses de vida, preservando o que viveu na fusão. Sentindo-se unido à mãe onipotente, ele próprio se sente onipotente: a sua impotência, real e total, é compensada por uma onipotência imaginária, que, no entanto, tem uma base real na indistinção com a mãe. A criança recorre a satisfações substitutivas, ou mesmo alucinatórias, na ausência de satisfações reais — um exemplo paradigmático disso é a sucção do polegar. Ainda não pode admitir o fato de os objetos — o primeiro dos quais é o seio materno — serem independentes dele e poderem se recusar a corresponder aos seus desejos. Vive-os como um prolongamento de si mesmo. Ou, melhor dizendo, não experiencia, de modo algum, a separação entre ele e a mãe, entre ele e os objetos, entre ele e o mundo circundante. Seus primeiros meses de vida são, portanto, uma espécie de fase de transição, que tem características tanto da existência intrauterina como

---

61 Recentemente, Dany-Robert Dufour (2005) retomou essa concepção sob a designação de "neotenia", fazendo dela a base de vastas considerações sobre a relação entre natureza e cultura. Antes dele, os biologistas Louis Bolk e Desmond Morris, bem como Jacques Lacan, já tinham falado disso.

pós-uterina. O elemento essencial, a relação simbiótica com a mãe, já não existe realmente, mas é reconstituída "como se existisse" — sobretudo nos longos momentos de sono. Embora a atribuição à fase uterina das nossas reminiscências de uma idade de ouro de fusão seja uma simples especulação, em contrapartida é muito provável que os estados similares pós-natais deixem vestígios na memória. Ainda que essa entrada na vida se faça acompanhar, como é verossímil, por grandes angústias — compreendemos por que razão todos os bebês, mesmo os que são alvo da maior atenção, berram por alguns momentos —, ela comporta também momentos de euforia extrema e de fusão feliz com o ambiente.[62]

Pouco a pouco, a criança abre-se ao mundo e ao "princípio da realidade". Sua separação da mãe não acontece sem problemas nem dor, mas, mais ou menos a partir do quinto mês, a criança, aos poucos, vai estabelecendo relações verdadeiras com os objetos e acaba por "admitir" a sua autonomia — *in primus* a da própria mãe. Aquilo que a criança perde em fusão ganha em autonomia. Uma etapa importante dessa autonomização é o famoso complexo de Édipo, verdadeiro eixo da psicanálise freudiana. Bem conhecido, o complexo consiste, em sua formulação original, no fato de entre os três e os cinco anos o menino desejar sexualmente a mãe e imaginar matar o pai, que o impede de realizar esse desejo. O pai ameaça então castrar o filho, e este (se tudo se passar normalmente,

---

[62] É possível que a pulsão de morte — esse tão contestado conceito freudiano, ao qual voltaremos — seja menos um desejo de morte do que de regresso ao estado primeiro. Nesse caso, trata-se, mais propriamente, do "princípio de nirvana", expressão que Freud introduz, em 1920, em *Além do princípio do prazer*, pedida de empréstimo à psicanalista inglesa Barbara Low. No mesmo ensaio, Freud define igualmente o "princípio da constância" como a tendência do organismo a reduzir o máximo possível as tensões e excitações. Em Freud, a relação entre pulsão de morte, princípio de nirvana e princípio da constância não é muito clara e faz parte do aspecto mais especulativo — segundo ele próprio confessou — do seu pensamento.

segundo Freud) acaba por se submeter e renunciar aos seus desejos. Identifica-se com o pai e retoma esse papel, o que mais tarde lhe permite ter pleno acesso à sexualidade genital, mas também ao papel social do pai e à autoridade social em geral. Com efeito, a interiorização da proibição paterna está na origem daquilo que Freud chamou mais tarde de superego, uma voz interior que impõe — entre outras coisas — as regras da sociedade em que vivemos.

Discutiu-se infinitamente o complexo de Édipo, se é ou não universal, de que forma se apresenta nas meninas, em que idade ocorre. No que diz respeito ao nosso discurso, podemos nos limitar a esta definição mínima: a partir do segundo ano, os pais (ou, em geral, as pessoas que rodeiam a criança) limitam progressivamente sua "perversão polimorfa", ou seja, sua tendência espontânea para obter uma satisfação libidinal, que mobiliza todo o seu corpo, de pessoas de todas as idades, sexos e parentescos, e também dos animais e dos objetos inanimados. Essa limitação ocorre em todas as culturas e em todos os contextos — sendo universal o tabu do incesto e dos excrementos. A interdição de brincar com os excrementos ou com os órgãos genitais faz parte dessa limitação, tanto quanto a repressão mais visível, a da atração da criança pelo parente do sexo oposto e de sua atitude agressiva com o parente do mesmo sexo. Isso constitui ao mesmo tempo, na versão psicanalítica ortodoxa, o início da consciência moral e do comportamento social da criança. Segundo outros pontos de vista, mais críticos para com a família burguesa e a sociedade de que essa família constitui o núcleo, a vitória do pai[63] no conflito edipiano indica, pelo contrário, o início da interiorização da ordem autoritária e patriarcal e, por conseguinte, da reprodução da sociedade repressiva oposta ao prazer e hostil ao feminino.

---

[63] Mesma consideração feita anteriormente no que diz respeito à "mãe".

O conflito edipiano é concluído com a derrota da criança, que deve abandonar seus desejos incestuosos. É uma dura vitória do princípio da realidade, alcançada contra o princípio do prazer, mas essa derrota abre caminho — ainda segundo a ortodoxia psicanalítica — à maturação psicológica. Com a real entrada em cena do pai, surge o "terceiro", ou a "triangulação": a criança sai da relação dual com a mãe, que a expõe sempre ao perigo de ser "devorada" em uma relação simbiótica. Até esse momento, o pai, mesmo que esteja presente e cuide da criança, não é verdadeiramente apreendido por ela. Quando se torna um ator de primeiro plano, o pai mostra à criança a possibilidade de viver com a mãe de um modo diferente da fusão. Força-a a sair dessa união perfeita e, por meio da relação com o pai, a abrir-se ao mundo dos "outros", pessoas e objetos.[64] Renunciando aos seus desejos desmesurados mais irrealizáveis, a criança consegue obter satisfações menores, mas reais, até o momento em que, adulta, pode finalmente ter o papel — sexual e social — que antes invejava no pai (ou na mãe, no caso da menina). As limitações impostas ao princípio do prazer, que na origem reinam com toda a soberania, dão acesso às gratificações efetivas que derivam da aceitação do princípio da realidade — aceitação que, em última instância, serve sempre para obter prazer, mas por vias mais longas, indiretas e, no entanto, mais seguras. O próprio princípio da realidade, tão desagradável para o homem, acaba por ser reconhecido, diz Freud, para servir melhor ao princípio do prazer.

---

[64] Para as teorias psicanalíticas mais recentes, pouco importa como o complexo de Édipo se desenrola de fato: se há um pai, se a criança se encontra perante dois homens ou duas mulheres etc. Esse conflito é como uma equação que pode conter diferentes valores sem que a fórmula mude. É preciso notar também que ele não se desenrola necessariamente uma única vez; mais propriamente, parece tratar-se de uma constelação que se repete várias vezes, talvez desde o primeiro ano de vida.

É essa a evolução ideal, segundo a psicanálise freudiana — discutiremos mais adiante a questão de saber se ela é "ideal" de um ponto de vista menos propenso à perpetuação da sociedade burguesa. Tal evolução permite ao indivíduo, como admite o próprio Freud, não uma felicidade perfeita, mas um compromisso aceitável com a realidade — em última análise, um compromisso entre "natureza" e "cultura". Contudo, é, a bem dizer, excepcional uma solução harmoniosa para esses conflitos que ocorrem no indivíduo. Muitos fatores podem perturbar o bom resultado do pequeno humano nessa sucessão de provações: fatores composicionais e, portanto, inatos (hoje seriam chamados de "genéticos"), aos quais Freud atribui uma importância notável, falhas da figura materna e das outras pessoas que se ocupam da criança, mas, sobretudo, a resistência que o próprio indivíduo opõe à limitação de sua onipotência originária e de sua perversão polimórfica. Especialmente na primeira versão de seu esquema teórico — até cerca de 1920 —, Freud atribui as neuroses essencialmente aos conflitos da fase edipiana: a transformação dos desejos originários não foi inteiramente bem-sucedida, e o indivíduo, já adulto, mantém-se nostálgico desses desejos (incestuosos, perversos, agressivos), com frequência em formas completamente alteradas. Por causa disso, sente culpa, que se exprime sob a forma de neuroses. Estas servem essencialmente para satisfazer em parte — tal como os sonhos e os atos falhos — os desejos a que o indivíduo teve de renunciar.

Freud concentrou-se muito no estudo das neuroses — e da histeria —, deixando de lado as psicoses, tal como privilegiou a fase edipiana relativamente à fase dita "pré-edipiana", sobre a qual se debruçou mais na parte final de sua vida, designadamente no livro *Inibição, sintoma e angústia*, publicado em 1926. Mais tarde, sobretudo Melanie Klein e sua escola prestaram atenção aos primeiros anos de vida, sugerindo que neles já se edifique uma parte essencial da evolução do indivíduo. É claro que são imensas as dificuldades de acesso ao conhecimento dessa fase precoce, mas mesmo assim surgiu certo consenso entre psicanalistas sobre a importância da fase de fusão — chamada de "narcisismo primário" ou "pré-narcisismo".

Freud já dizia que as "neuroses narcísicas" (ou seja, as psicoses) são mais graves do que as neuroses obsessivas e que remontam a "pontos de fixação da libido" relativos a fases muito anteriores. Tais estados têm também uma cura muito mais difícil, porque as neuroses narcísicas recusam a transferência:

> É bastante digno de nota que tenhamos de supor, para todas as neuroses narcísicas, pontos de fixação da libido que remontam a fases de desenvolvimento muito anteriores às que encontramos na histeria ou na neurose obsessiva. (Freud, 1956, p. 451 [2014, p. 324])

É sabido que uma perturbação na evolução infantil tem, em geral, consequências graves, mais graves ainda por ocorrer cedo. De forma esquemática, se certas perturbações durante a fase edipiana levam com frequência a neuroses, problemas na fase precedente podem resultar em psicoses ou em outras graves "perturbações da personalidade", como os "sintomas *borderline*" (caso-limite). É necessário, portanto, presumir que a saída do narcisismo primário é um processo particularmente delicado, capaz de provocar graves sequelas — sobretudo porque ele coincide, de certa maneira, com a mais difícil de todas as separações: a da mãe e a tomada de consciência de existir como um ser distinto do mundo, o qual nem sempre está à nossa disposição. Em geral, como acabamos de dizer, os ganhos em prazer suscitados posteriormente pelo reconhecimento da realidade — e, sobretudo, o reconhecimento da interdição edipiana — levam a criança a aceitar as limitações que lhe são impostas. Ela transforma sua onipotência imaginária — que não resiste à prova da realidade — em uma potência limitada, mas real. Para isso, deve admitir sua dependência do mundo exterior e seu estado de separação dele, para em seguida conseguir obter benefícios resultantes da aprendizagem de suas regras.

Há, todavia, outra maneira de a criança se comportar perante esse problema: ela pode reconhecer apenas aparentemente a separação e a dependência, salvaguardando no seu íntimo a ilusão de onipotência e de estado de fusão.[65] Isso pode acontecer sem qualquer perturbação evidente, porque a criança adota o comportamento que os adultos esperam dela. Mas a aceitação da realidade continua a ser superficial e como que acompanhada de uma "reserva mental". Muitas vezes ao longo da vida, e normalmente sem ter clara consciência disso, o indivíduo em questão continua a manter suas aspirações arcaicas. Não reconhece as barreiras entre crianças e adultos e espera realizar ainda seus desejos incestuosos, de um modo frequentemente irreconhecível graças ao deslocamento desses desejos. Nega a diferença sexual em seu inconsciente para negar a castração — tanto nos homens como nas mulheres. Do mesmo modo, torce o nariz ao reconhecimento verdadeiro da existência de outrem, do mundo, dos objetos que lhe são exteriores e que só lhe concedem um poder — sempre parcial — depois de ele ter admitido sua impotência. Isso pode ser demasiado doloroso. Construções fantasmagóricas vão, então, compensar as concessões feitas, a contragosto, ao princípio da realidade, permitindo voltar de vez em quando à beatitude originária — é aquilo que se chama de "regressão".

Ao passo que o narcisismo primário é um estágio normal e indispensável do desenvolvimento do indivíduo, o narcisismo secundário é uma tentativa patológica de negar ou revogar a saída do narcisismo primário. Define-se por uma

---

[65] A criança pode até negar abertamente a realidade da separação — mas, nesse caso, decorrem disso perturbações muito graves e muito visíveis, no sentido de uma psicose infantil.

falta de investimentos libidinais no mundo exterior. Os "objetos" (incluindo as pessoas) são evidentemente captados, mas sem que o sujeito invista neles a sua libido, ou então investe muito pouco. A libido continua concentrada de forma excessiva *no* sujeito. Ora, um equilíbrio entre libido do eu e libido dos objetos é indispensável à saúde psíquica — é aquilo que, depois de Freud, outros chamaram de "equilíbrio narcísico". Quando a libido, diz Freud em "Introdução ao narcisismo", flui por inteiro para os objetos, ocorre um empobrecimento do eu, que pode ser aceitável e agradável no estado momentâneo da paixão amorosa no seu mais alto grau (Freud, 2005, p. 232 [2010, p. 11]), mas que, em geral, se revela desagradável para o indivíduo. A situação contrária consiste em uma quantidade muito grande de libido concentrada no indivíduo ou que a ele regressa. Segundo Freud, isso acontece principalmente no caso de patologias bastante visíveis, como a megalomania ou a melancolia.

Aquilo que se compreendeu melhor depois de Freud — porque o próprio fenômeno aumentou muito — é o lugar importante ocupado pelo narcisismo secundário na vida psíquica, também e sobretudo em suas formas menos detectáveis. O narcísico mantém unicamente pseudorrelações com as outras pessoas e com os "objetos" (como é evidente, há diferentes graus de narcisismo secundário). Em seu inconsciente, não reconhece a existência de objetos exteriores à sua pessoa, vive-os como partes do seu ego. Esses objetos são para ele projeções do seu mundo interior, prolongamentos do seu ser — como na criança pequena que ainda não pode suportar o estado de total dependência. No narcisismo secundário, o sujeito continua a negar essa dependência durante toda a vida, "anexando" os objetos exteriores e negando-lhes qualquer autonomia. Tal denegação da separação é uma característica mais essencial do que o "amor-próprio" que em geral se atribui ao narcísico. De resto, já em Ovídio, não é por si mesmo que Narciso se apaixona, mas por sua imagem; acaba por morrer afogado tentando beijá-la, porque não reconhece a linha de separação entre seu eu e o mundo (a água).[66]

Apesar do ego desmesurado e do fato de "engolir" o mundo, o narcísico não é uma personalidade rica nem feliz. Falta-lhe, sobretudo, a capacidade essencial de se enriquecer em contato com os objetos e de os integrar de fato em seu eu. A ele, as pessoas e as coisas se mantêm exteriores. Vivenciando-as apenas como projeções, prolongamentos e confirmações de si mesmo, o eu narcísico se mantém sempre idêntico e não vivencia experiências verdadeiras, não se expande. Permanece confinado em uma espécie de "estágio do espelho", limitado a se refletir por toda a parte no seu ser-como-ele-é. É por isso que o narcísico é insuportável para quem o rodeia; mas ele sente também, pelo menos por alguns momentos e de forma confusa, o vazio interior e a falta de uma personalidade verdadeira. A necessidade extrema de confirmações vindas dos outros não pode senão expô-lo a frustrações que resultam em "feridas narcísicas" e, por fim, em uma "raiva narcísica". Sua falta de recursos interiores leva seu equilíbrio interno a desmoronar com bastante facilidade ou a ver-se constantemente em uma fuga adiante, para evitar essas frustrações. No fim das contas, o narcísico não é uma personagem triunfante, é um pobre-diabo.

Pode ter um ideal do eu (ou um "eu ideal", em Freud os dois termos são mais ou menos equivalentes) muito exigente, mas não dispõe, ou dispõe parcialmente, de um superego de origem edipiana. Não interiorizou as leis morais; é típico do narcísico só respeitar exteriormente as regras sociais, pensando, ao mesmo tempo, que elas não se aplicam a ele e que a conduta mais hábil é evitar as regras quando as entende como uma desvantagem. Isso, porém, não o impede de sofrer

---

[66] Esse afogamento evoca um regresso ao líquido amniótico, como observa Lasch (2008, p. 187 [1986, p. 168]) ao citar Grunberger.

os efeitos do que se chama "superego arcaico" — conceito desenvolvido especialmente por Klein —, que se formou na fase pré-edipiana e que se mostra muito mais feroz e irracional do que o superego edipiano. Com efeito, esse superego é particularmente punitivo; não ataca o sujeito em nome de princípios morais, mas de uma insuficiência no que diz respeito ao seu ideal do eu. Como dissemos, não ser bonito e "descolado" o bastante, não ter êxito suficiente e ganhar pouco dinheiro, ter uns quilos a mais ou possuir um modelo de celular considerado obsoleto pode suscitar no narcísico sentimentos de insuficiência e de angústia pelo menos iguais aos remorsos que o superego clássico inflige.

PSICANÁLISE E REVOLUÇÃO: ERICH FROMM E HERBERT MARCUSE

A psicanálise de Freud representou um importante desafio para o pensamento na época em que surgiu, no início do século XX — e ainda hoje representa. Poucas teorias foram objeto de debates tão polêmicos durante mais de um século, e, à frente da batalha entre seguidores e adversários, juntaram-se sempre pessoas muito diversas, mesmo no plano político. A psicanálise representou também um desafio para o campo da crítica do capitalismo. O marxismo mais "ortodoxo" opôs-lhe uma rejeição categórica. György Lukács (cuja trajetória o levou a passar da heterodoxia marxista para a ortodoxia) constrói em seu livro *Die Zerstörung der Vernunft* [A destruição da razão] (1954) um grande quadro das correntes do pensamento burguês que qualifica como "irracionais" e chega a comparar Freud com o fascismo.

A psicanálise foi proibida na União Soviética, na década de 1930, após ter suscitado um interesse que se exprimiu, em particular, no livro de Mikhail Bakhtin sobre o "freudismo", publicado em 1927 com o pseudônimo de Valentin Volochinov

(Bakhtin, 1980 [2007]). O behaviorismo de Pavlov, doutrina psicológica oficial na União Soviética, era evidentemente mais útil para a manipulação das massas. Freud foi sempre um liberal (ou um "conservador esclarecido") e um adversário do "bolchevismo". Nunca encorajou as tentativas de extrair da psicanálise consequências revolucionárias no plano social e político; escritos como *O mal-estar na civilização* foram frequentemente considerados "reacionários". Parte da esquerda estava convencida de que a psicanálise era inconciliável com o programa de emancipação social ou não oferecia contribuição para essa proposta, de modo que podia ser desprezada. Essa desconfiança continua a ser vivaz, sem nunca se declarar, mas revelando por vezes verdadeiros problemas na teoria psicanalítica. Em um nível primário, as correntes mais "classistas" da esquerda tendiam a difamar as temáticas sexuais, caracterizando-as como "pequeno-burguesas", e, de modo mais geral, a considerar as neuroses um problema próprio da burguesia e das pessoas que não trabalhavam.

Além disso, a psicanálise teve sempre o defeito de reivindicar para si certa "natureza humana", um substrato antropológico e biológico — e, portanto, imutável. Ora, a referência à "natureza" é em geral característica da "direita": no discurso reacionário, pelo menos em sua versão clássica, é a natureza que faz os seres humanos desiguais e estabelece as hierarquias entre raças, classes e sexos. Esse discurso proclama que todos nascem diferentes em inteligência e talentos, e a concorrência e a busca do interesse individual são "naturais". O indivíduo é por natureza egoísta e anda unicamente em busca de sua vantagem pessoal, para si mesmo ou para sua família. Outros acrescentam a isso que as pessoas, "por natureza", necessitam da religião, ou mesmo de um "mestre", ou afirmam que a homossexualidade ou a mulher que trabalha e quer igualdade com o homem são "contranaturais". Isso posto, qualquer tentativa de mudar a "natureza" humana só poderá levar à violência e ao totalitarismo. Compreende-se facilmente que

Hobbes, com o seu *homo homini lupus* (o homem é o lobo do homem), tenha sido o verdadeiro fundador dessa naturalização das relações sociais que conduziu ao darwinismo social e ao eugenismo.

Para a esquerda, pelo contrário, a cultura, a sociedade e a educação contam mais do que uma hipotética natureza humana. Afirmar que, no indivíduo, predomina a cultura sobre a natureza constitui mesmo o fundamento da asserção segundo a qual o homem, ao agir coletivamente, pode assumir seu destino; está na base de qualquer teoria revolucionária. Todos os males, ou quase todos, seriam consequência da sociedade de classes, e não do ser humano enquanto tal. Podemos, pois, superar esses males, ou criar até um "homem novo" que, por exemplo, ignoraria o "egoísmo".[67] A teoria de Freud não entra no quadro desse entusiasmo prometeico.[68] Segundo ela, o inconsciente, cuja estrutura seria bastante fixa, impõe balizas estreitas à variabilidade dos comportamentos humanos. As pulsões, de origem somática, não são modificáveis; são, na melhor das hipóteses, controláveis. O grande papel que Freud atribui à infância, a parte menos "social" da vida e em que os indivíduos são menos diferenciados segundo fatores culturais e sociais, limita necessariamente a possibilidade de uma autocriação consciente da sociedade. As concepções da vida coletiva desenvolvidas por Freud, sobretudo a partir de *Totem e tabu* (1913), reforçaram o caráter "antiutópico" da psicanálise: nesta, a sociedade só aparece como a versão multiplicada do indivíduo e de sua estrutura

---

[67] Essa ideia de uma plasticidade quase infinita do ser humano é depois retomada, de certa maneira, no discurso pós-moderno: tudo é construção, até o sexo biológico.

[68] Em *O mal-estar na civilização*, Freud aceita como evidência a teoria de Hobbes segundo a qual o *bellum omnium contra omnes* (a guerra de todos contra todos) constitui a condição originária da humanidade e continua no fundo de todas as variações possíveis.

pulsional. A psicanálise repete uma estrutura arcaica e reatualiza o drama da "horda primitiva": assim, a ontogênese repete a filogênese (a evolução do indivíduo repete a evolução da espécie), inclusive no campo psíquico.

O *mal-estar na civilização* (1930) parece concluir essa constatação desenganada, ou mesmo reacionária; nesse livro, Freud considera a felicidade impossível, tanto no plano individual como no social. Podemos simplesmente limitar a infelicidade — por exemplo, com uma moral sexual um pouco mais permissiva, embora Freud nunca formule a ideia de uma "libertação sexual". A obra introduz, além disso, o conceito de "pulsão de morte", anunciado desde 1919: guerras e agressões, destrutividade e sadismo não seriam somente as consequências de uma sociedade doente, mas fariam parte da nossa constituição humana. Parece de fato bem difícil colocar tal concepção da vida a serviço de uma transformação social profunda, como a que a esquerda julgava possível. No entanto, tamanha era a força das ideias de Freud que, mesmo à esquerda, alguns não tardaram a tentar utilizá-las para promover a emancipação social. Otto Gross e Wilhelm Reich foram os primeiros, seguidos por Georg Groddeck, Sándor Ferenczi, Otto Fenichel, Géza Róheim e outros, cada qual à sua maneira.[69]

---

[69] Fala-se então de uma esquerda freudiana (como de uma esquerda hegeliana) (ver Robinson, 1969 [1971]; Dahmer, 1973). Lasch também utiliza essa expressão em *O mínimo eu*. Mas a distinção entre uma "ala esquerda" e uma "ala direita" da psicanálise já se encontra em Marcuse (1998, p. 207 [1975 p. 205]). Não podemos falar verdadeira e explicitamente de uma direita freudiana (com efeito, Marcuse refere-se a Jung quando fala da ala direita do freudismo): os que queriam apenas ser terapeutas e curar pessoas foram levados "naturalmente" a aceitar a sociedade capitalista como um horizonte inultrapassável e a impelir seus pacientes a se adaptarem ao mundo tal como existe. Nos Estados Unidos, isso aconteceu desde o início da difusão das ideias de Freud e espalhou-se por tantos outros países depois da Segunda Guerra Mundial. Fora do campo dos analistas de profissão, o surrealismo

Vamos examinar essa evolução a partir de um ângulo muito particular: as críticas que Christopher Lasch fez por volta de 1980 a Herbert Marcuse, autor de *Eros e civilização* (1955), e a Norman O. Brown, autor de *Vida contra morte* (1955). Esses autores criticavam os revisionistas neofreudianos (nomeadamente Erich Fromm) por sua crítica de alguns aspectos da obra freudiana. O que é notável nesse jogo de "bonecas russas" é que todos — exceto o próprio Freud — argumentaram em nome de uma forma de emancipação social e de crítica do capitalismo, mas cada um deles de modo diferente, ou mesmo opondo-se uns aos outros. Todos assumiram o ponto de vista de uma crítica de fundo do capitalismo consumista e acusaram seus predecessores de se limitarem a fazer uma pseudocrítica, ou uma crítica que se mantinha inscrita, sem o saberem, no quadro da sociedade que ela pretendia superar.[70]

O Instituto de Investigação Social de Frankfurt — habitualmente chamado de "Escola de Frankfurt" — esteve na origem, a partir do momento em que Max Horkheimer assumiu a direção, em 1931, do importante projeto de unir os instrumentos do materialismo marxista e a psicanálise. Com efeito, para os autores do instituto, a psicanálise é "materialista", mas em sentido bastante amplo, que vai além do viés econômico. Inicialmente, essa abordagem foi marcada, entre outros, pela figura de Erich Fromm, como mostram os *Studien über Autorität und Familie* [Estudos sobre a autoridade e a família], publicados em 1936. Os autores oriundos do instituto tentaram principalmente associar "caracteres" psicológicos — "tipos" — às

---

francês foi a primeira grande tentativa de utilizar os resultados da psicanálise com o objetivo de "mudar a vida".

[70] "Eu e o meu amigo Marcuse somos Rômulo e Remo na disputa para saber qual dos dois é o verdadeiro revolucionário", assim começava a réplica de Norman Brown à resenha — bastante crítica — feita por Marcuse em 1967 de seu livro *Love's Body* [O corpo do amor] (Brown, 1967, p. 83).

classes sociais criadas pelo capitalismo, mostrando, por exemplo, o caráter "anal" da classe burguesa, virado para a acumulação e a poupança. Para essa classe, tais comportamentos acumuladores não são neuroses, mas as bases de seu papel social, e levam-na à obediência cega, suscetível de se transformar em "personalidade autoritária", preconceituosa e ressentida, presa ideal da propaganda fascista.

Nos anos 1940, os membros do instituto, emigrados nos Estados Unidos, continuaram essas investigações com o grande estudo — meio teórico, meio empírico — sobre a "personalidade autoritária", publicado com um título epônimo em 1950. Contudo, o modo como os pensadores que constituíam à época o núcleo duro do instituto — ou seja, Horkheimer, Adorno e Marcuse — encaravam Freud tinha mudado muito. Erich Fromm, que a partir de 1937 entrara progressivamente em conflito com eles — sobretudo com Adorno—, tornara-se o alvo de seus ataques e via-se acusado de "revisionista neofreudiano".[71] O instituto, por sua vez, desejava encaminhar um retorno ao "verdadeiro" Freud, incluindo seus aspectos aparentemente mais difíceis de integrar em uma teoria crítica da sociedade capitalista.[72] Os últimos escritos de Freud, negligenciados pelos revisionistas, pareceram, pelo contrário, muito importantes aos olhos dos futuros autores de *Dialética do esclarecimento*, que procuravam compreender a ascensão do fascismo a partir da interiorização dos constrangimentos sociais e do caráter necessariamente violento de qualquer civilização.

---

[71] A expressão "revisionismo neofreudiano" utilizada por Adorno e Marcuse é obviamente depreciativa e alude ao "revisionismo" marxista do início do século XX (o de Bernstein). Os membros dessa corrente tendem a dizer que fazem parte da escola "culturalista" ou "interpessoal".
[72] Para um breve resumo da relação entre Fromm e o Instituto de Investigação Social, ver Adorno (2007 [2015]), Maiso (2012) e Rickert (1986). Por outro lado, podemos nos reportar às obras clássicas de Wiggershaus (1993 [2000]) e Jay (1989 [2008]) sobre a história da Escola de Frankfurt.

Por sua vez, os neofreudianos (sobretudo Fromm, Karen Horney e Harry Stack Sullivan) diminuíam a importância atribuída por Freud às pulsões, principalmente as sexuais; insistiam no papel da educação, dos fatores sociais e da cultura, e procuravam ligações com a antropologia e a sociologia. Sua teoria reduzia o peso da infância na história individual, bem como a importância do complexo de Édipo, contestando seu caráter universal. E negava ainda mais a existência da pulsão de morte. De modo geral, eles não admitiam no interior do homem a existência de conflitos insuperáveis. Para os neofreudianos, tratava-se de "humanizar" Freud, de libertá-lo da bagagem biologista, do pessimismo de suas últimas obras, do conceito desesperante de "pulsão de morte", para nele encontrarem, de preferência, as premissas da felicidade individual e da harmonia social.

Segundo eles, Freud enganava-se ao postular uma incompatibilidade entre as pulsões e a civilização, e bastaria abolir o excesso de repressão para se chegar a um equilíbrio individual e coletivo — uma espécie de social-democracia psíquica, um corolário do Estado de bem-estar social. Mas, pelo menos em Fromm, isso vai sempre acompanhado de uma visão muito crítica da sociedade capitalista, que parece deixar a porta aberta a uma autotransformação emancipadora da sociedade, em vez do pessimismo hobbesiano de Freud.[73] O que Fromm abandonara, por volta de 1941, era a teoria

---

[73] A crítica de Fromm apelava para as categorias de Marx. No entanto, era elaborada sobretudo em termos de "classe", de preferência analisando as formas de vida e de consciência fetichistas que dizem respeito a todos os membros da sociedade. É por isso que hoje ela parece bastante datada; para Fromm, os traços psicológicos correspondem estritamente à posição socioeconômica dos indivíduos. Isso representa também um limite das primeiras tentativas já mencionadas, feitas pelo Instituto de Investigação Social nos anos 1930, de utilizar conjuntamente as categorias de Freud e de Marx. Mesmo nesse plano, a visão de Marcuse parece hoje mais atual que a de Fromm.

freudiana da libido (Rickert, 1986, p. 361). Esta parecia-lhe incompatível com uma leitura marxista das origens socioeconômicas das características psíquicas das diferentes classes sociais. Se o caráter anal é típico da burguesia, por que explicá-lo com os rituais de limpeza da primeira infância, idênticos nas diferentes classes? Para Fromm, são as relações sociais correspondentes às condições socioeconômicas que formam diretamente o caráter a partir da infância, sem passar pelas fases da libido.

O primeiro ataque público contra Fromm foi lançado por Adorno em uma conferência pronunciada em 1946 na Sociedade Psicanalítica de São Francisco.[74] A bem dizer, ataca sobretudo Karen Horney, psicanalista alemã também imigrante nos Estados Unidos e durante algum tempo próxima de Fromm — mas as críticas de Adorno visam sobretudo este último. Ele antecipa, nessa intervenção, o essencial das críticas que serão feitas por Marcuse quase dez anos depois. Segundo Adorno, o atomismo de Freud exprime uma realidade social: a clivagem entre o indivíduo e a sociedade. Os revisionistas querem "tratar as relações humanas como se elas já fossem humanas", atribuindo assim "um brilho humano a uma realidade inumana", "indignados com Freud reacionário, enquanto seu pessimismo irreconciliável testemunha a verdade sobre as relações das quais ele não fala" (Adorno, 2007, p. 39 [2015, p. 63]).

A argumentação de Adorno, como mais tarde a de Marcuse, parece, à primeira vista, paradoxal: por que razão esses dois autores, que não se interessam essencialmente pelo valor clínico — terapêutico — da psicanálise, mas, sim, por sua possível contribuição para o projeto de progredir "para além da cultura patricentrista e aquisitiva (*acquisitive*)" (Marcuse,

---

74 Publicada em 1952 em alemão e em 2007 em francês. Repete observações bastante similares sobre a psicanálise nos parágrafos 36-40 de *Minima moralia*, publicado em 1951, mas escrito a partir do fim dos anos 1930.

1998, p. 209 [1975, p. 207]), acusam Fromm de "sociologismo" e defendem a teoria das pulsões de Freud, a qual considera as relações intersubjetivas — e, portanto, a sociedade — secundárias em relação a uma estrutura pulsional grandemente inata e que só existe no plano individual? A insistência dos "culturalistas" na importância do "meio" e nas relações interpessoais desde o início da vida individual parece muito mais próxima da teoria marxista. Com efeito, esta faz sobressair a dimensão social da existência, ao passo que a visão freudiana do homem parece próxima do liberalismo burguês, para o qual a única verdadeira realidade é o indivíduo e sua busca por felicidade, e que compartilha do ponto de vista abertamente proclamado por Margaret Thatcher: "*There is no such thing as society!*" [Não existe sociedade].

Para compreendermos a posição de Adorno e de Marcuse, é preciso introduzirmos aqui algumas especificidades. Este formulou o essencial de sua crítica a Fromm em um artigo de 1955, publicado no mesmo ano como posfácio a *Eros e civilização*. O artigo começa explicando as razões inicialmente honrosas do revisionismo neofreudiano:

> A concepção psicanalítica do homem, com a sua crença na imutabilidade básica da natureza humana, impôs-se como "reacionária"; a teoria freudiana parecia implicar que os ideais humanitários do socialismo eram humanamente inatingíveis. Então, as revisões da psicanálise começaram a ganhar impulso. (Marcuse, 1998, p. 207 [1975, p. 205])

Para Freud, até os "mais altos valores da civilização ocidental" pressupõem a alienação e o sofrimento. "As escolas neofreudianas proclamam esses mesmos valores como cura contra a escravidão e o sofrimento — como o triunfo sobre a repressão" (Marcuse, 1998, p. 208 [1975, p. 206]).

Os revisionistas priorizam as relações interindividuais entre adultos e, portanto, a realidade social, ao passo que Freud, "focalizando as vicissitudes dos instintos[75] primários, descobriu a sociedade na mais recôndita camada do gênero e do homem individual" (Marcuse, 1998, p. 209 [1975, p. 207]). Marcuse admite que Fromm, no início da carreira, tentava libertar a teoria de Freud da sua identificação com a sociedade atual. Em artigos da década de 1930, publicados na *Zeitschrift für Sozialforschung* [Revista de Pesquisa Social] do instituto, "o caráter histórico das modificações dos impulsos viciou a equação freudiana do princípio de realidade com as normas da cultura patricêntrico-aquisitiva" (Marcuse, 1998, p. 210 [1975, p. 208]). Mas, segundo Marcuse, Fromm não se manteve fiel aos seus primeiros escritos e, mesmo quando continuou, mais tarde, a denunciar o capitalismo, sua crítica permaneceu superficial, limitada à questão dos "valores" existentes no próprio quadro de uma sociedade não livre. Fromm não quis ver — diferentemente de Freud — que esses "altos valores" se concretizam à custa dos indivíduos e de sua felicidade libidinal (Marcuse, 1998, p. 225 [1975, p. 206]). Em suma, os revisionistas, ao eliminarem os conceitos mais explosivos de Freud, teriam cedido a um "desejo do positivo". Reconhecer o "direito à

---

[75] Na edição *standard* das obras de Freud em inglês traduz-se o termo alemão *Trieb* por "instinto"; desse modo, a tradução francesa de Marcuse e de outros autores anglófonos emprega esse termo, embora a palavra "pulsão" seja muito mais apropriada em francês e seja de fato utilizada com mais frequência. Não corrigimos aqui as traduções existentes, mas utilizaremos o termo "pulsão". [No Brasil, há também um longo debate sobre a tradução do conceito freudiano de *Trieb*. As traduções pautaram-se inicialmente pela edição *standard* americana, fazendo com que o termo "instinto" se tornasse corrente. No entanto, a influência da psicanálise francesa (e sobretudo lacaniana) contribuiu para a disseminação do termo "pulsão". A palavra "impulso" é uma alternativa utilizada em algumas traduções. No projeto recente de edição das obras completas, traduzidas por Paulo César de Souza e publicadas pela Companhia das Letras, que tomamos aqui por referência, *Trieb* é novamente traduzido por "instinto", a palavra "impulso" sendo indicada em momentos pontuais ou em derivações, como no uso de "impulsivo" para o adjetivo *triebhaft* — N.E.]

felicidade" aqui e agora, como queria Fromm, implicava, contudo, segundo Marcuse, defini-lo em termos compatíveis com esta sociedade — e, portanto, fazer desses valores forças igualmente repressivas. A metapsicologia de Freud contém um potencial crítico maior do que a sua terapêutica, a qual, necessariamente, leva em conta a realidade dada e a necessidade de curar os pacientes sem aguardar uma mudança de civilização.

Os revisionistas opõem uma leitura "sociológica" do psiquismo a uma visão centrada no indivíduo. Todavia, até Freud sustenta que o indivíduo depende do "destino geral", mas que esse destino geral se manifesta essencialmente na primeira infância. É aí que a "repressividade geral modela o indivíduo e universaliza até as suas mais pessoais características ou traços" (Marcuse, 1998, p. 219 [1975, p. 217]). Segundo Marcuse, os revisionistas superestimam as diferenças individuais: "As relações decisivas são, pois, aquelas que são as menos interpessoais de todas. Num mundo alienado, os espécimes do gênero confrontam-se mutuamente: pai e filho, macho e fêmea, depois, amo e servo, patrão e empregado" (Marcuse, 1998, p. 219 [1975, p. 217]). Marcuse afirma que é precisamente o Freud mais "duro", o mais "biologista", que contém mais verdade crítica sobre a sociedade capitalista:

> Em contraste, os conceitos "biologísticos" básicos de Freud ultrapassam a ideologia e seus reflexos: sua recusa em tratar uma sociedade coisificada como uma "rede em desenvolvimento de experiências e comportamentos interpessoais" [como fazem os neofreudianos "humanistas"], e um indivíduo alienado como uma "personalidade total", corresponde à realidade e contém a sua verdadeira noção. Se ele evita encarar a existência inumana como um aspecto negativo transitório da humanidade que progride, que caminha para a frente, é mais humano do que os críticos complacentes, tolerantes, que estigmatizam a "inumana" frieza de Freud. (Marcuse, 1998, p. 220 [1975, p. 217])

O conceito freudiano "estático" da sociedade, segundo Marcuse, está mais próximo da realidade do que o conceito "dinâmico" dos revisionistas, porque qualquer sociedade se fundamenta na repressão das pulsões. O programa mínimo de Freud consiste em limitar a infelicidade; crer que se possa fazer mais do que isso no estado presente da sociedade implica ter a respeito desta uma concepção muitíssimo angelical.

Os revisionistas querem desenvolver o "potencial" dos seus pacientes, mas, se a sociedade está tão alienada como diz Fromm, como seria possível criar nela pessoas responsáveis, produtivas e realizadas? Isso diz respeito a uma ética idealista, contrariamente à visão de Freud que, mesmo recorrendo à ironia, "evita designar a repressão por qualquer outro nome senão esse; os neofreudianos, por vezes, sublimam-na no seu oposto" (Marcuse, 1998, p. 224 [1975, p. 221]). Fromm critica efetivamente a sociedade de mercado e a concorrência, mas pensa que é possível, mesmo assim, realizar nessa sociedade "valores superiores" e fazer um "trabalho construtivo". Esquece também o fato de as pulsões eróticas estarem sempre enredadas, desta ou daquela maneira, nas pulsões destrutivas. Por sua vez, Freud sabe que na "nossa civilização" não há lugar para um amor que seja ao mesmo tempo terno e sensual. Mas, segundo os revisionistas, é possível encontrar uma solução harmoniosa. Para estes, os conflitos essenciais, como a repressão social, nem sequer são sociológicos, são banalmente morais. Desse modo, retomam a desvalorização das necessidades materiais e não acreditam em um conflito fundamental entre o princípio do prazer e o princípio da realidade: a natureza instintiva do homem pode encontrar uma felicidade socialmente reconhecida. Seu "humanismo", portanto, continua muito aquém da terrível lucidez de Freud, para quem a infelicidade fundamental da repressão nunca pode ser compensada pelas sublimações no "amor produtivo" e em outras pseudofelicidades.

Os revisionistas espiritualizaram a felicidade e a liberdade, podendo assim crer que a felicidade é possível até em uma sociedade repressiva. Em contrapartida, é o recurso ao biológico em Freud que desvenda a extensão da repressão e não permite as fáceis ilusões dos "culturalistas". Em vez de "acrescentar" uma dimensão sociológica à teoria de Freud, é preciso extrapolar o conteúdo sociológico e histórico dessas categorias aparentemente biológicas. O enfraquecimento do indivíduo tornou impossível a aplicação da psicologia aos acontecimentos sociais. É preciso agora "desenvolver a substância política e sociológica das noções psicológicas" (Marcuse, 1998, p. 9 [1975, p. 25]): a sociedade se encontra no indivíduo, muito mais do que o contrário. Uma psicologia autônoma deixa então de ser possível.[76]

Fromm não podia deixar de se surpreender com a virulência dessa polêmica levantada por um ex-companheiro de caminho. No contexto dos Estados Unidos da década de 1950, conformista e anticomunista, ele considerava, sem dúvida, que sua posição já era muito evidente, herética e subversiva. Além disso, opunha-se à redução, à época muito corrente nos Estados Unidos, da psicanálise à simples cura de uma neurose individual, lembrando que o indivíduo doente é mais propriamente consequência de uma sociedade doente e que os próprios princípios fundadores da sociedade norte-americana — como a concorrência — são patogênicos enquanto tais. Devia lhe parecer estranho que outro marxista lhe desse tal lição de radicalismo, reprovando-lhe ter feito exatamente o que afirmava sempre ter combatido: a adaptação da psicanálise a um contexto repressivo, retirando dela qualquer caráter autenticamente subversivo. E como podia um marxista *reprovar-lhe* o fato de ter enfatizado o papel das relações entre adultos e, portanto, da sociedade na estrutura psíquica dos indivíduos?

---

[76] Afirma com veemência o ensaio de Adorno (2015, p. 71-135), "Sobre a relação entre psicologia e sociologia", publicado pela primeira vez em 1955.

Fromm replicou com vivacidade na revista *Dissent*, precisamente a mesma que tinha publicado o ataque de Marcuse.[77] Seu texto começa lembrando que Marcuse amalgama as posições, muitas vezes divergentes, dos diferentes "revisionistas" e que lhe atribui indevidamente opiniões que são antes as de Horney ou de Sulliver (Fromm, 1955, p. 342) — muito menos sensíveis do que a dele à crítica social. A seguir, a crítica incide sobre o próprio Freud, sobre sua visão "darwiniana" do homem e sua incapacidade de aplicar a historicidade à sociedade. Ao rebaixar o amor ao desejo sexual, Freud não pode deixar de conceber um conflito irredutível na base de qualquer civilização. Isso posto, nenhuma sociedade poderia escapar à repressão dos instintos, e até do amor — seriam apenas possíveis algumas tímidas reformas no domínio da moral sexual, como o próprio Freud diz. Como isso poderia, pergunta Fromm, ser encarado como uma crítica radical da sociedade alienada?

O "materialismo" que Marcuse elogia em Freud — para o opor ao suposto "espiritualismo" dos revisionistas — não passaria, segundo Fromm, do materialismo fisiológico do século XIX, "burguês" e pré-marxiano. Pelo contrário, sustenta Fromm, é com base no materialismo de Marx, enquanto relação dialética entre a natureza e a cultura sob o signo da "práxis", que é possível conceber um ser humano que não se limite à satisfação de suas necessidades pulsionais. Em contrapartida, a procura de satisfação sexual ilimitada — que atribui a Marcuse — nada tem de radical: os nazistas, no seu tempo, e sobretudo a sociedade de consumo do pós-guerra, também a propuseram. Ela é prevista em *Admirável mundo novo*, de Aldous Huxley. Tal busca gera pessoas sem conflitos,

---

[77] Para uma crítica detalhada da interpretação marcusiana de Fromm, ver Rickert (1986).

felizes, que, para obedecer, não precisam ser obrigadas.[78] Fromm sublinha que sua concepção da felicidade e do amor é bem diferente da concepção dominante, mas que não é impossível — apenas muito difícil —aplicá-la em uma sociedade alienada. Fazê-lo equivaleria até, acrescenta ele, a uma forma de crítica social e de rebelião. A negligência do "fator humano", mais precisamente a atitude niilista para com o homem, era um dos defeitos do leninismo e do stalinismo. Concluindo: "A posição de Marcuse é um exemplo de niilismo humano disfarçado de radicalismo" (Fromm, 1955, p. 349).

Em sua réplica à resposta de Fromm, Marcuse afirma que nem Freud, nem ele próprio identificaram a satisfação sexual ilimitada e imediata com a felicidade. Mas reafirma também que qualquer sublimação contém uma parte de não liberdade e de repressão. As *implicações* da teoria de Freud — para além da sua permanência efetiva no horizonte de seu tempo — são muito mais anticapitalistas do que as tolices de Fromm sobre a participação dos operários na gestão empresarial. Não há materialismo do século XIX na metapsicologia freudiana, que antes se refere a Platão.

> O "niilismo", como denúncia de condições inumanas, pode ser uma atitude autenticamente humanista — como parte da "grande recusa" de uma pessoa em participar do jogo, de se comprometer com o ruim "positivo". Neste sentido, aceito que Fromm qualifique a minha posição como "niilismo humano". (Fromm & Marcuse, 1956, p. 81)

Em sua última resposta, Fromm cita ainda Freud para demonstrar, ao mesmo tempo que o critica, que, para este, a felicidade reside efetivamente em uma sexualidade não restrita — con-

---

[78] Essa crítica parece bastante justa, ainda mais nos nossos dias. Mas Marcuse não preconizava seguramente esse gênero de sexualidade liberta, que corresponde ao que ele chama de "dessublimação repressiva".

firmando assim que não diverge da leitura marcusiana de Freud, mas, sim, da concepção freudiana da sexualidade. Nem Fromm nem Marcuse citam o aforismo de Adorno em *Minima moralia*, publicado alguns anos antes na Alemanha — "Não há vida verdadeira na vida falsa" —, mas bem poderiam tê-lo feito.

Marcuse expôs sua própria leitura de Freud em *Eros e civilização*, publicado em 1955.[79] Essa leitura é inegavelmente incômoda para quem pensa que uma recuperação do pensamento de Freud, em uma perspectiva marxista — da qual, como se sabe, Marcuse se manteve muito mais próximo do que os outros autores do instituto —, só pode consistir em uma explicação das neuroses individuais pela repressão social, eliminando as "constantes antropológicas" tão presentes no pensamento do último Freud. No entanto, é exatamente o Freud metapsicológico que Marcuse revaloriza e, nomeadamente, o conceito de "pulsão de morte"[80] e a importância atribuída por Freud à pré-história da humanidade para explicar as sociedades presentes: a "horda primitiva" e a "morte do pai" estariam na origem de um sentimento de culpabilidade persistente que explicaria de maneira inclusiva os "Termidor", ou seja, os

---

[79] Quatro anos depois, o filólogo Norman O. Brown publica *Life against Death* [Vida contra morte]. Na introdução da obra, Brown lembra a proximidade de seu estudo com o de Marcuse. Além disso, durante a década de 1960, ambos foram com frequência comparados. É notável que os Estados Unidos da década de 1950, cujo espírito puritano e tacanho nos é descrito nos quadros de Edward Hopper ou no romance *Lolita*, de Nabokov, entre outros, tenham gerado ao mesmo tempo contestações tão radicais da cultura puritana em nome de uma espécie de erotismo cósmico.

[80] Marcuse não interpreta a pulsão de morte somente como desejo de destruição, mas também, e sobretudo, como forma extrema do princípio do prazer, como "princípio de nirvana" e como busca de uma calma absoluta e de um apaziguamento de todas as tensões. Para ele, não é a pulsão de morte que paralisa os esforços com a finalidade de um futuro melhor, como diz Karen Horney; são as condições sociais que impedem os instintos de vida de se desenvolver e de "subjugar" a agressão (Marcuse, 1998, p. 234 [1975, p. 231]).

retrocessos das revoluções ao estado anterior.[81] Para Marcuse, a grandeza de Freud reside precisamente na impiedosa insistência na existência da pulsão de morte e no fato de a satisfação não sublimada das pulsões libidinais ameaçar o edifício da civilização na sua forma atual. Freud não sugere aos homens que poderiam viver em harmonia com essa sociedade, apenas lhes propõe que limitem suas satisfações pulsionais — sem nunca negar que se trata de uma renúncia muito dolorosa — para não entrarem em um conflito devastador para o indivíduo.

Assim, a questão consiste em saber se é preciso aceitar a repressão e a sublimação, considerando-as o preço inevitável a pagar se quisermos preservar a civilização. A análise de Freud, diz Marcuse, é exata — com a condição, todavia, de não a situarmos em um plano ontológico. Essa análise aplica-se apenas à sociedade capitalista (ou a outras sociedades repressivas). A abolição do trabalho — a redução radical do tempo de trabalho e sua transformação em atividade libidinal —, que se tornou possível na sociedade capitalista do pós-guerra graças ao desenvolvimento das tecnologias que substituem o trabalho vivo, abre o caminho para uma mudança histórica da estrutura das pulsões e para sua reconciliação com a civilização. Nessa "utopia concreta", Narciso e Orfeu sucedem a Édipo.

Nenhuma intervenção terapêutica ou esforço moral podem harmonizar o indivíduo e a sociedade enquanto continuarem a existir o trabalho alienado e a repressão excessiva (que abordaremos em seguida). Os neofreudianos enganam-se quando sustentam que o princípio do prazer deve se manter subordinado, para todo o sempre, ao princípio da realidade, porque nada poderá impedir a dominação exercida pelo *ananke* (do grego, necessidade, falta, carência). Até aqui, admite Marcuse, as diferentes sociedades evoluíram, efetivamente,

---

[81] O poder do universal sobre os indivíduos surge com uma força particular nessas sobrevivências arcaicas presentes no âmago de cada indivíduo. Mas isso significa que mesmo Freud indicava uma origem *histórica* do inconsciente.

no quadro da insuficiência dos recursos extraídos da natureza. Por consequência, a vida consistiu na luta pela sobrevivência. Em tais condições, a repressão das pulsões e a restrição do trabalho foram, pelo menos em parte, uma condição para assegurar a sobrevivência do homem.

Mas o resultado dessa longa história de repressão e de alienação é ter criado os pressupostos da sua superação: graças às tecnologias, a sociedade está agora madura para viver com um mínimo de alienação e de repressão. Tudo o que ultrapassa esse mínimo inevitável constitui uma "sobrerrepressão", um excedente de repressão, sem outra função que não seja manter as estruturas atuais de dominação em proveito de uma minoria. Não tem, portanto, uma verdadeira justificativa, o que permite considerar que pode ser encarada uma mudança profunda da estrutura pulsional do homem, mesmo no curto prazo. A pulsão de morte pode ser muito reduzida se a sociedade permitir às forças construtivas do Eros ocupar o maior espaço possível na vida individual e coletiva. De certa maneira, Marcuse inverte a afirmação freudiana segundo a qual a estrutura pulsional, bastante fixa, estabelece limites estreitos a qualquer transformação social. Segundo ele, as pulsões, tanto agressivas como libidinais, continuam a ser pouco integráveis na sociedade capitalista e constituem um potencial de rebelião e de descontentamento — de mal-estar — que fará fracassar qualquer tentativa de criar uma sociedade "uniforme" ou "pacificada".

Eros e civilização é, hoje, encarado muitas vezes como um livro associado à atmosfera da década de 1960, quando suscitava intensas discussões em diversos países.[82] Todavia, não pode ser reduzido a um vade-mécum da "revolução sexual" ou identificado com os estudantes que nas manifestações gritavam "Marx-Mao-Marcuse". Com efeito, esse livro foi gerado em um

---

82 No entanto, Daniel Cohn-Bendit afirma em *Le Grand Bazar* [O grande bazar] que antes de 1968 não tinham sido vendidos nem quarenta exemplares da tradução francesa.

contexto profundamente diferente, como acabamos de lembrar, e continuou a alimentar debates até os nossos dias, como mostram as suas frequentes reedições. Do ponto de vista da crítica do fetichismo mercantil, várias objeções lhe podem ser feitas. Nota-se — como aliás em Adorno — que sua superação do marxismo tradicional é bastante importante em muitos aspectos, mas que isso não o impede de permanecer, em certos pontos, no quadro marxista tradicional. Critica o "trabalho alienado" (sem defini-lo), mas nunca atinge a categoria do trabalho abstrato e, portanto, tampouco o valor, o dinheiro e o fetichismo da mercadoria. A crítica da "mercadoria" remete menos para o produto do trabalho na sua dupla natureza (concreta e abstrata) do que para os objetos de consumo, muitas vezes considerados de uma maneira que diz respeito, mais propriamente, àquilo que Thorstein Veblen chamou de "consumo de prestígio". É uma característica compartilhada com quase todos os autores críticos da "mercadoria" nos anos 1960.

Marcuse, como em geral os marxistas tradicionais, continua nesse período a manifestar uma grande confiança no "progresso" e nos benefícios da tecnologia, com a condição de ser bem utilizada... Segue bem longe por esse caminho, considerando que a automatização da produção é uma condição *sine qua non* para o estabelecimento de uma sociedade erótica,[83] operando assim um curioso retorno à "missão civilizadora do capital". Segundo ele, a automatização ameaça a "dominação", que tentaria limitá-la. Além disso, Marcuse afirma seu acordo com Fromm quando este adianta que

> jamais o homem esteve tão próximo da realização de suas mais queridas esperanças quanto hoje. As nossas descobertas cientí-

---

[83] "Quanto mais completa for a alienação do trabalho, tanto maior é o potencial de liberdade; a automação total seria o ponto ótimo", porque a produção material "jamais pode constituir o domínio da liberdade e da gratificação" (Marcuse, 1998, p. 140 [1975, p. 144]).

ficas e realizações técnicas habilitam-nos a visualizar o dia em que a mesa será posta "para todos os que querem comer". (Marcuse, 1998, p. 231 [1975, p. 227])

Mas Marcuse acrescenta que nunca houve tantos obstáculos no caminho. Nunca a libertação esteve tão próxima, e só uma dominação de classe anacrônica e que perdeu qualquer função histórica continua a lhe oferecer oposição, coisa que está muito longe de uma crítica do fetichismo.

No pensamento de Marcuse, o progresso tecnológico continua a ser importante como pressuposto da libertação. Constitui um artifício da razão, uma inversão dialética: o princípio da realidade tem como resultado a transformação, superando o antagonismo com o princípio do prazer. Poderíamos ver nessa dialética otimista outra versão da concepção marxista tradicional, segundo a qual as forças produtivas criadas pela burguesia acabarão por inverter as relações de produção. Mas esse progresso técnico não é para Marcuse um *objetivo* em si mesmo, e o número de televisores ou de tratores — aludindo assim à União Soviética — não é o último critério da boa vida.[84] Sobre isso, Marcuse cita a belíssima frase de *Mon cœur mis à nu* [Meu coração nu], de Baudelaire: "A verdadeira civilização [...] não está no gás, no vapor ou nas plataformas giratórias. Está na diminuição dos vestígios do pecado original" (Marcuse, 1998, p. 138 [1975, p. 142]). Podemos por certo encontrar no pensamento de Marcuse as premissas de um pensamento ecológico, mas a confiança na tecnologia expressa em *Eros e civilização* não deixa de nos surpreender hoje pela ingenuidade — mesmo que ele a compartilhe com quase todos os pensadores do seu tempo e, em particular, com os pensadores "de esquerda".

---

[84] "A posse e a obtenção das necessidades da vida são pré-requisitos, e não o conteúdo de uma sociedade livre" (Marcuse, 1998, p. 171 [1975, p. 172]).

Esse elogio da tecnologia e de sua importância para abolir o trabalho apresenta notáveis semelhanças com as ideias desenvolvidas na mesma época pela Internacional Situacionista. Asger Jorn,[85] Constant e Pinot Gallizio, mas também o próprio Debord, declaram-se convictos de que a tecnologia tornou objetivamente caduco o modo de produção capitalista e de que ela deve permitir uma livre associação dos indivíduos já não baseada no trabalho. Segundo eles, se na sociedade do pós-guerra se tornou possível passar para uma civilização dos "lazeres" e do jogo, foi consequência direta da "vitória sobre a natureza", que comporta a possibilidade de abolir o trabalho e a economia.

Para os situacionistas, trabalho e economia só se mantêm vivos para proteger a dominação de classe, tratando-se agora de executar a sentença já enunciada pela história. A abertura recente dos arquivos de Debord deu acesso às suas fichas de leitura e às suas notas preparatórias para a elaboração de *A sociedade do espetáculo*, nas quais o autor enfatiza a semelhança entre as teorias de Marcuse e a própria teoria do espetáculo (Zacarias, 2018). Mas Debord não tardaria a operar, a partir de 1971, uma virada bastante clara para uma crítica cada vez mais pronunciada do papel das tecnologias.[86]

Marcuse atribui às tecnologias um papel indispensável para sair de uma condição histórica originária de pobreza, em que toda a vida humana girava unicamente em torno da reprodução. Onde os recursos disponíveis são raros, é o *ananke*

---

85 Ver, por exemplo, o artigo de Jorn (1958 [1997]) em que ele diz: "A automatização só pode desenvolver-se rapidamente a partir do momento em que seu objetivo se torne uma perspectiva contrária ao próprio estabelecimento, e caso se saiba realizar tal perspectiva geral em conformidade com o desenvolvimento da automatização". Para Jorn (1958 [1997, p. 32-3]), é preciso aproveitar as oportunidades que a automatização suscita: "Segundo o resultado, poder-se-á desembocar em um embrutecimento total da vida humana ou na possibilidade de descobrir em permanência novos desejos".

86 Já nos anos 1960, Debord manteve durante algum tempo uma relação de estima recíproca com Jacques Ellul.

que domina, e nenhuma emancipação é possível. As tecnologias, ao criarem a abundância, são, aos olhos de Marcuse, uma espécie de "mal necessário". Essa visão, segundo a qual o capitalismo teria sido uma etapa terrível, ainda que indispensável, para retirar a humanidade da miséria material, é, na verdade, rebatida por numerosas investigações históricas e antropológicas surgidas, em geral, um pouco mais tarde.[87] As sociedades pré-capitalistas nem sempre passavam dificuldades; a existência nessas sociedades era frequentemente menos difícil do que nas sociedades modernas. A própria hipótese de um infortúnio material originário, de uma falta de recursos que constituiria a condição de base da humanidade, é, mais propriamente, uma construção ideológica burguesa. Marcuse, como muitos marxistas, aceita sem questionar essa pressuposição do utilitarismo moderno.

Há outra característica que, hoje em dia, pode parecer ultrapassada em Marcuse: a supervalorização da sexualidade em geral e, em particular, da "sexualidade perversa polimorfa" como vetor de emancipação. O conceito de dessublimação repressiva pretendia denunciar a insuficiência de um simples incremento da "tolerância" nas sociedades do pós-guerra para com a sexualidade genital, "normal". Esse conceito designa, na recuperação do erotismo infantil e total, a verdadeira implicação da libertação. No entanto, vemos hoje que certa progressão da perversão polimorfa — que indubitavelmente ocorreu, embora em formas mercantilizadas e tornadas inofensivas *a priori* — não subverteu, obviamente, a sociedade. É difícil não reconhecer que a sexualidade, em si mesma, nada tem de revolucionária.[88] Ela não é incompatível com o tra-

---

[87] Para citar apenas uma: *Stone Age Economics* [Economia da Idade da Pedra], de Marshall Sahlins, publicada originalmente em inglês, em 1972.
[88] Alguém disse: "Nos anos 1960, a sexualidade parecia um tigre que bramia trancado em um armário. Mas, quando o armário finalmente se abriu, saiu um gatinho miando".

balho, ou apenas com o trabalho físico pesado, e o "terceiro espírito do capitalismo", tal como é analisado por Zygmunt Bauman, Luc Boltanski e Ève Chiapello ou Dany-Robert Dufour, libidiniza à sua maneira o trabalho e as relações humanas. A recuperação contemporânea da energia erótica pela valorização do valor e pelo devir-totalidade da forma-valor deveria mudar a apreciação retrospectiva de certos elementos da crítica social anterior. O que se apresentava como uma instância de libertação revela-se *a posteriori* como uma involuntária contribuição para a passagem ao próximo estágio do desenvolvimento capitalista. O mesmo ocorre com a crítica do autoritarismo, das estruturas edipianas e dos interditos, característica da década de 1960. Essa crítica era então tida como o *nec plus ultra* da contestação.

No momento presente, podemos dizer que esses rebeldes não fizeram mais do que aplicar a exortação de Nietzsche: "Aquilo que deve tombar tem ainda de ser empurrado". A identificação do âmago do capitalismo com estruturas de autoridade pessoal e com um superego "edipiano" era, pelo menos, unilateral — mas hoje em dia essa identificação permanece ainda em muitas mentes. Viu-se depois que o sistema mercantil pode muito bem funcionar com uma dose menor de autoritarismo — mesmo que este não possa desaparecer de todo — e com estruturas mais "líquidas" (Bauman). O verdadeiro autoritarismo é o do "sujeito automático": o valor e sua lógica fetichista.

Em seu tempo, Marcuse foi por vezes acusado de promover uma "utopia regressiva", segundo a qual as etapas menos "maduras" do desenvolvimento psíquico constituem a verdadeira dimensão humana que deve ser o mais valorizada possível. Embora essa objeção adotasse um tom naturalmente conservador e assumisse o ponto de vista de uma "condição adulta" difícil de distinguir da simples adaptação social, Marcuse acabou, ainda assim, mantendo-se distante dos discursos que lhe pareciam regressivos e recusando o "primitivismo radical" de Wilhelm Reich, devido à falta de "distinção essencial entre sublimação repressiva e não repressiva" (Marcuse, 1998, p. 208 [1975, p. 206]) e à concepção da libertação como algo de natureza essencialmente sexual. Para Marcuse, a "libertação" da libido deve ser acompanhada de sua "transformação", da transformação da sexualidade em Eros e de uma erotização de todo o corpo, bem como de uma erotização de todas as relações sociais, incluindo o trabalho, até o ponto em que "o próprio *ananke* se converte no campo primordial do desenvolvimento libidinal" (Marcuse, 1998, p. 186 [1975, p. 186]).

Em *Eros e civilização*, a valorização de Narciso é problemática.[89] Embora Marcuse tivesse em mente qualquer coisa muito diferente do narcisismo consumista dos nossos dias, sua interpretação de Orfeu é mais convincente do que a de Narciso, e seu elogio de Narciso se revelaria mais profético do que podia desejar. Ao mesmo tempo, porém — e isso faz parte da riqueza do seu pensamento —, Marcuse sublinhava, já em 1963, que a criança que nascesse em uma família "permissiva" seria depois menos capaz de se opor ao mundo tal como ele existe.[90] Previa a evolução rumo a uma "sociedade sem pais" (Marcuse, 1970, p. 259 [1997]), expressão de Marcuse que dará título a um livro publicado na Alemanha em 1969 e cujo autor, o analista Alexander Mitscherlich, era próximo da Escola de Frankfurt.[91]

---

[89] Entre outras coisas, Marcuse (1998, p. 199 [1975, p. 198]) pretendia valorizar a "narcísica" relação inicial com a mãe, em vez de celebrar o pai como salvador ante a ameaça de uma absorção esmagadora na matriz. Adorno, em sua conferência de 1946, considerava o narcisismo uma defesa do indivíduo perante uma sociedade repressiva: ele constitui a tentativa desesperada do indivíduo para compensar a injustiça sofrida na sociedade da troca universal. Além disso, o indivíduo deve dirigir para si mesmo as energias pulsionais quando as outras pessoas se tornam inacessíveis (Adorno, 2007, p. 3 [2015, p. 59-60]).
[90] Ver Marcuse (1970, p. 257 [1997]).
[91] Ver Mitscherlich (1981).

CHRISTOPHER LASCH, O NARCISISMO COMO CATEGORIA CRÍTICA

O conceito de narcisismo é introduzido no domínio da crítica social com o livro *A cultura do narcisismo*, de Lasch, publicado em 1979 nos Estados Unidos, cujas análises se prolongam em *O mínimo eu*, lançado em 1984.[92] Em sua obra, esse autor inclassificável apresenta uma leitura devastadora da sociedade norte-americana dos anos 1960-1980.[93] Hoje, frequentemente, é reconhecido por ter antecipado tendências que, quase quarenta anos mais tarde, podemos encontrar por toda parte. Sua crítica, muito fecunda e original, aplica-se a identificar no conjunto da sociedade, por meio de análises bastante pormenorizadas, os sinais de um narcisismo fundamental.[94] É particularmente notável o fato de a investigação de Lasch não se limitar aos comportamentos de "predação social" e de encontrar o narcisismo tanto na vontade de conquista técnica como em seu aparente contrário, o desejo de voltar para a natureza; tanto o encontra no virilismo como no feminismo, nas estruturas estatais como na contestação

---

[92] Da obra de Lasch, estudamos apenas esses dois livros. A edição francesa de *O mínimo eu*, publicada na coleção Climats da editora Flammarion — que trouxe a público outros livros de Lasch, prefaciados por um dos seus autores principais, Jean-Claude Michéa (que aliás negligencia o papel central da psicanálise na obra de Lasch) —, não é apenas muitas vezes incorreta, como omitiu, sem o indicar, todas as notas, afora as fontes das citações. Ora, essas notas são, muitas vezes, longos desenvolvimentos da maior importância e representam cerca de um quinto do original. [A edição brasileira não apresenta o problema da edição francesa apontado por Anselm Jappe — N.E.]
[93] Parecem-nos mais contestáveis outros aspectos de seu pensamento: o populismo, a ausência de qualquer crítica da economia política, a nostalgia dos Estados Unidos do século XIX, a apologia do esporte e, sobretudo, do trabalho.
[94] Em geral, os comentadores de Lasch prestam muito mais atenção ao seu lado descritivo do que às bases teóricas e à leitura de Freud. O autor suscitou pouco interesse entre os próprios psicanalistas, como em geral acontece no que diz respeito a qualquer perspectiva aberta por não analistas.

da década de 1960. O autor deve essa leitura original a uma concepção bastante ampla do narcisismo, como denegação da dependência da mãe e da separação original dessa figura. Procura ligar sua concepção do narcisismo à teoria de Freud, mais especificamente às últimas obras, religando a dimensão "sociológica" à psicanálise do indivíduo.

Em princípio, o próprio Lasch utilizou a noção de narcisismo de forma mais propriamente descritiva, para caracterizar os comportamentos sociais visíveis. No posfácio, acrescentado em 1990, Lasch precisa a sua análise:

> O conceito de narcisismo tinha implicações muito mais amplas do que eu inicialmente pensara. Minha primeira imersão na literatura clínica sobre o "narcisismo secundário" [...] convencera-me de que o conceito de narcisismo permitia descrever certo tipo de personalidade, um tipo que se difundira cada vez mais na nossa época. Minhas leituras seguintes mostraram-me também que esse conceito descrevia igualmente traços duradouros da condição humana. (Lasch, 2006, p. 297)[95]

A própria concepção do narcisismo encontra-se bem resumida neste parágrafo:

> Em sua forma patológica, o narcisismo se origina como uma defesa contra sentimentos de dependência impotente na primeira infância, que ele tenta opor ao "cego otimismo" e a ilusões grandiosas de autossuficiência pessoal. Desde que a sociedade moderna prolonga a experiência da dependência pela vida adulta, ela encoraja formas mais brandas de narcisismo em pessoas que, de outro modo, poderiam enfrentar os limites inexoráveis de sua própria liberdade e poder pessoais — limites inerentes à condição humana — ao

---

[95] Este posfácio não foi incluído na edição brasileira de 1983, publicada pela editora Imago. [N.E.]

> desenvolver a competência como trabalhadores e como pais. Contudo, ao mesmo tempo que a sociedade torna cada vez mais difícil o encontro da satisfação no amor e no trabalho, ela cerca o indivíduo de fantasias manufaturadas de gratificação total. O novo paternalismo prega não a abnegação, mas o egocentrismo. Favorece os impulsos narcisistas e desencoraja sua modificação proveniente do prazer de tornar-se autoconfiantes, ainda que num campo limitado, e que, sob condições favoráveis, acompanham a maturidade. Enquanto encoraja sonhos grandiosos de onipotência, além do mais, o novo paternalismo mina fantasias mais modestas, corrói a capacidade de tolher a descrença e, assim, torna cada vez menos acessíveis as gratificações substitutas inofensivas, notadamente a arte e o jogo, que ajudam a mitigar o senso de impotência e o medo de dependência que, de outro modo, se expressam em traços narcisistas. (Lasch, 2006, p. 285 [1983, p. 277])

Lasch repete com frequência que o narcísico não é necessariamente um egoísta, mas que ele não sabe definir as fronteiras entre o eu e o não eu.

Apesar de uma reivindicada filiação à Escola de Frankfurt e ao seu mais conhecido representante nos Estados Unidos, Lasch fez vívidas críticas a Marcuse. Temos de acompanhar com atenção seus argumentos bastante sutis quando aprova, no essencial, a crítica de Marcuse aos neofreudianos, ao mesmo tempo que rejeita, por seu turno, a particular revisão que Marcuse, bem como Norman O. Brown, operou a respeito de Freud. Lasch propôs a própria versão do retorno ao último Freud e censurou Marcuse por ter permanecido, contra a sua vontade, no interior da cultura do narcisismo.

Segundo Lasch, o narcisismo opera tanto na cultura *mainstream* como em suas pretensas contestações:

> As estratégias narcisistas de sobrevivência apresentam-se hoje como a libertação de condições repressoras do passado, dando, assim, origem a uma "revolução cultural", que reproduz os piores

aspectos da civilização em colapso que ela pretende criticar.
(Lasch, 2006, p. 24 [1983, p. 14])

Esse "radicalismo cultural" limita-se a criticar valores e modelos doravante ultrapassados pelo próprio desenvolvimento do capitalismo. Por isso, apresenta-se como um questionamento das estruturas autoritárias em nome do desenvolvimento do indivíduo e, por conseguinte, de um ataque do "pai" e do superego, sendo este último concebido como o agente principal da sociedade repressiva. Segundo essa cultura da libertação pessoal, o indivíduo, para ser livre, deve libertar-se do superego. Mas Lasch previne-nos contra essa ilusão: há superegos muito piores do que o "pai" clássico e seus prolongamentos sociais. O declínio da família não faz mais do que suscitar um superego arcaico e feroz no próprio interior do indivíduo "libertado". Para o autor,

> as condições mutantes da vida familiar levam não tanto a um "declínio do superego", mas a uma alteração dos seus conteúdos. O fracasso dos pais em servir como modelos de autodomínio disciplinado ou em reprimir o filho não significa que a criança cresça sem um superego. Pelo contrário, ele encoraja o desenvolvimento de um superego punitivo e severo, baseado, em grande parte, em imagens arcaicas dos pais, fundido com autoimagens grandiosas. Sob essas condições, o superego consiste em introjeções parentais, em vez de identificações. Ele mantém para o ego um padrão exaltado de fama e sucesso, condenando-o com selvagem ferocidade quando não preenche esse padrão. Daí as oscilações da autoestima tão frequentemente associadas ao narcisismo patológico. A fúria com a qual o superego pune os fracassos do ego sugere que ele extrai a maior parte da sua energia de impulsos agressivos do *id*, não misturados com a libido. A supersimplificação convencional, que relaciona o superego e o *id*, o "autodomínio" e a "autoindulgência", tratando-os como se fossem radicalmente opostos, ignora os aspectos irracionais do superego

e a aliança entre agressão e uma consciência punitiva. O declínio da autoridade parental e das sanções externas em geral, enquanto de muitas maneiras enfraquece o ego, paradoxalmente reforça os elementos agressivos e ditatoriais no superego e, assim, torna mais difícil do que nunca aos desejos instintivos encontrar saídas aceitáveis. [...] [A aliança entre o superego e Tanatos] dirige contra o ego uma torrente de críticas ferozes, impiedosas. (Lasch, 2006, p. 225-6 [1983, p. 219-20])

Essas observações parecem hoje ainda mais verdadeiras do que na época em que Lasch as formulou. Citando um fenômeno particularmente disseminado: na depressão vivida por quem não consegue "manter a forma" ou adaptar-se a outros critérios de beleza, afirma-se um superego feroz, sempre pronto a acabrunhar o ego com censuras e a atribuir-lhe toda a responsabilidade pelos insucessos na vida; um superego ainda mais insidioso e do qual é difícil fugir porque ele já não fala em nome de exigências exteriores (o dever, a pátria, a religião, a honra etc.), mas em nome da fruição do próprio indivíduo, que peca contra si mesmo ao não conseguir ter êxito na vida, algo que, segundo lhe asseguram, só depende dele mesmo. O indivíduo contemporâneo sente-se eternamente culpado por não satisfazer expectativas que, no quadro do capitalismo em declínio, são completamente irreais e para cuja satisfação lhe faltam todos os meios.[96] Assim, os cidadãos da sociedade contemporânea oscilam permanentemente entre sentimentos de onipotência e de impotência. É dessa situação que deriva a bem conhecida vontade de controlar — "gerir" — tudo que diz respeito à vida individual e à coletiva — é a "extensão do domínio da administração de empresas" a todas as esferas da existência, de que fala a socióloga Michela Marzano (2008).

---

[96] Essa situação é bem descrita, sem recorrer especificamente a categorias psicanalíticas, nos livros de Zygmunt Bauman.

Os movimentos de libertação que estavam em evidência nas décadas de 1960 e 1970 propunham-se, portanto, a lutar contra o superego, cuja suposta origem se encontrava na resolução do complexo de Édipo — após a criança (masculina) ter aceitado sua derrota e acabado por se identificar com o pai que lhe interdita o acesso à mãe. Esse teria se tornado o modelo de todas as interdições posteriores e de todas as estruturas de poder. A luta contra o pai castrador passava, portanto, pelo começo da luta contra todas as formas de repressão. O revitalizado freudomarxismo dessa época propunha unir, assim, a libertação pessoal e a revolução social.

Ora, Lasch rejeita essa perspectiva. Ele a recusa porque vê nela uma armadilha, uma outra forma de adesão ao narcisismo que está no âmago do capitalismo contemporâneo. Para efetuar sua crítica do "radicalismo cultural",[97] reivindica o último Freud.

> O superego representa o medo interiorizado de punição, no qual os impulsos agressivos são redirigidos contra o ego. O superego — em todo o caso, a parte primitiva e punitiva do superego — representa não tanto as coerções sociais interiorizadas, mas o medo de represálias, provocado por poderosos impulsos para destruir a própria fonte da vida. (Lasch, 2008, p. 173-4 [1986, p. 155])

O complexo de Édipo é "outra variação sobre os temas subjacentes da separação, da dependência, da inferioridade e da reunião", após o insucesso das primeiras fantasias de fusão face à realidade. Em *Inibição, sintoma e angústia* (1926), o próprio Freud evocou uma "camada creto-miceniana" subjacente ao conflito edipiano, ao dizer que "'a angústia devida

---

[97] Em Lasch, essa expressão significa uma espécie de "esquerda cultural", que inclui a "nova esquerda", o feminismo, o pensamento ecológico, o movimento de autoconsciência e outras formas de contestação surgidas por volta de 1968.

à separação da mãe protetora' é a fonte primeira de conflito mental" (Lasch, 2008, p. 174-5 [1986, p. 157]), incluindo o conflito edipiano. "Vem à luz agora que é a crescente percepção da criança relativamente à disparidade entre o seu desejo de reunião sexual com a mãe e a impossibilidade de realizá-lo que precipita o complexo de Édipo." A imaginação da criança ultrapassa suas capacidades físicas efetivas.

> A precocidade do desenvolvimento mental e emocional da criança, a precocidade de suas fantasias sexuais em comparação com suas capacidades físicas, é a chave não apenas para o complexo de Édipo, como também de todo o desenvolvimento posterior da criança. (Lasch, 2008, p. 175 [1986, p. 157])

Não são apenas as interdições paternas, mas também a falta de maturidade física, que impedem a realização dos desejos incestuosos da criança (de ambos os sexos). "A inveja do pênis encarna a 'tragédia das ilusões perdidas'", retomando a fórmula de Janine Chasseguet-Smirgel, psicanalista francesa que Lasch reivindica com frequência. Esta última chega a "argumentar que, como não podemos jamais nos reconciliar com o abandono das ilusões perdidas, continuamos a elaborar fantasias que negam qualquer conhecimento das diferenças sexuais" (Lasch, 2008, p. 176 [1986, p. 158]). Não se trata, é claro, de uma questão individual, mas de uma condição humana: "O nascimento prematuro e a dependência prolongada são os fatos dominantes da psicologia humana" (Lasch, 2008, p. 171 [1986, p. 153]). Segundo o autor:

> Se a designação da cultura contemporânea como uma cultura do narcisismo possui algum mérito, é porque tal cultura tende a favorecer as soluções regressivas no lugar das soluções "evolucionárias" (na expressão de Chasseguet-Smirgel) para o problema da separação. Três vertentes do desenvolvimento social e cultural apresentam-se como particularmente importantes no estímulo

a uma orientação narcisista da experiência: a emergência da assim chamada família igualitária; a crescente exposição da criança a outras agências socializadoras além da família; e o efeito geral da moderna cultura de massa, no sentido de romper as distinções entre ilusões e realidade. (Lasch, 2008, p. 188-9 [1986, p. 169-70])

O fato de a sociedade contemporânea impedir as "soluções evolucionárias" está no centro da crítica que Lasch lhe faz. Mas quais seriam essas soluções?

> Os fatos inelutáveis da separação e da morte somente são suportáveis porque o mundo tranquilizador dos objetos fabricados pelo homem e da cultura humana restaura o sentimento de vinculação original em uma nova base. Quando esse mundo começa a perder sua realidade, o medo da separação torna-se quase esmagador e a necessidade de ilusões passa a ser, consequentemente, mais intensa do que nunca. (Lasch, 2008, p. 197 [1986, p. 178])

A melhor resposta a essa necessidade de o indivíduo ser tranquilizado é, segundo Lasch, o "objeto transicional" de que fala o psicanalista e pediatra inglês Donald Winnicott, autor de *O brincar e a realidade* (1971). Esse objeto não é somente um substituto do seio, mas permite ir à conquista de um mundo exterior que é, ao mesmo tempo, reconhecido em sua autonomia. Torna, assim, possível sair da fusão. No final, a criança supera a necessidade de objetos transicionais, porque os fenômenos transicionais se difundiram por todo lado e ocuparam todo o terreno intermédio entre o interior e o exterior. Para Winnicott, lembra Lasch, o jogo e o seu desenvolvimento na arte não são, portanto, como para muitos psicanalistas, gratificações substitutivas: constituem mediações essenciais entre a separação afetiva e a união com as pessoas amadas.

Portanto, é o reino intermediário dos objetos fabricados pelo homem que ameaça desaparecer, nas sociedades baseadas na produção em massa e no consumo de massa. É certo que vivemos circundados por objetos feitos pelo homem, mas eles não servem mais para a medição efetiva entre o mundo interior e o mundo exterior. [...] O mundo das mercadorias tornou-se uma espécie de "segunda natureza", como salientaram vários pensadores marxistas, cuja receptividade ao controle e direção dos homens não é maior que a da natureza propriamente dita. Ele já não porta o caráter de um meio ambiente feito pelo homem. Simplesmente nos confronta, a um só tempo inesperado, sedutor e aterrorizante. Em vez de oferecer um "espaço potencial entre o indivíduo e o meio ambiente" (que é como Winnicott descreve o mundo dos objetos transicionais), ele esmaga o indivíduo. Despido de qualquer característica "transicional", o mundo das mercadorias situa-se como algo completamente separado do eu; não obstante, ele assume simultaneamente a aparência de um espelho do eu, um cortejo estonteante de imagens, onde podemos ver tudo o que desejarmos. Em lugar de estender uma ponte sobre o vazio entre o eu e o seu meio circundante, ele apaga a diferença entre estes. (Lasch, 2008, p. 199 [1986, p. 179-80])

A leitura da realidade social e a interpretação da psicanálise de Lasch é claramente distinta das de Marcuse. Lasch distingue três "partidos" na cultura norte-americana da década de 1970: o do superego (os conservadores), o do "eu" (os humanistas e os liberais culturais, mas também a velha esquerda) e o do "ideal do Eu" (o partido da "revolução cultural", que não é apenas contra o capitalismo, mas também contra o industrialismo). Situa Marcuse neste último campo, que designa também como o "partido de Narciso".

Segundo Lasch, que no último capítulo de *O mínimo eu*, intitulado "O assalto ideológico ao ego",[98] dedica algumas páginas muito densas a Marcuse e a Norman O. Brown, estes tinham bons motivos para atacar a forma anterior do radicalismo, a de Reich, Fromm, Horney e outros neofreudianos, que insistiam nas causalidades culturais e queriam libertar Freud da ciência mecânica e da cultura burguesa e patriarcal do século XIX. "O feminismo, o marxismo e a psicanálise pareciam convergir na revelação da família autoritária e da personalidade 'patricêntrica' (que experimenta o sofrimento como culpa e não como injustiça [...])" e se identifica com o agressor (Lasch, 2008, p. 233 [1986, p. 211]). No essencial, Lasch aprova as censuras que Marcuse e Brown fizeram aos neofreudianos,[99] mas exprime reservas acerca da centralidade do complexo de Édipo em Marcuse, que considera sua origem na "horda primitiva" um fato histórico. Segundo Lasch, Freud, em seus escritos sociológicos tardios, sobretudo em *Psicologia das massas e análise do eu* e em *Moisés e o monoteísmo*, baseia-se "em um modelo de conflito mental já descartado nos escritos mais estritamente psicológicos de sua última fase" (Lasch, 2008, p. 237 [1986, p. 214]). Nos escritos tardios centrados na psicologia do indivíduo, diz Lasch, Freud reconduz o essencial do conflito mental a um estágio anterior do desenvolvimento do indivíduo, em que não é o pai que impede a realização do desejo incestuoso, mas, sim, a própria fisiologia da criança. Esse estágio é marcado sobretudo pela angústia da primeira separação: antes de mais nada, a saída da condição intrauterina; depois, o fim do seu prolongamento durante os primeiros meses de vida. O resultado do complexo de Édipo, afirma Lasch, que neste ponto se considera em

---

[98] Lasch (2008, p. 232-45 [1986, p. 207-40]).
[99] Lasch critica Fromm por ter identificado o narcisismo, em *The Heart of Men* [O coração dos homens], com simples comportamentos antissociais e individualistas (Lasch, 2006, p. 62 [1983, p. 55]).

plena concordância com o último Freud, não é apenas a submissão ao princípio de realidade; com efeito, o agente da repressão não é somente "a realidade". "Todo o esquema conceitual que opõe prazer e realidade, equiparando o primeiro ao inconsciente e o último à adesão consciente à moral parental, deve dar lugar a um modelo mental diferente" (Lasch, 2008, p. 238 [1986, p. 215]). Em seu comentário ao ensaio de Marcuse "The obsolescence of the Freudian concept of man" [A obsolescência do conceito freudiano de homem] (1963), Lasch diz aprovar a tese central, segundo a qual caminhamos para uma "sociedade sem pais". Nesta última, é a própria sociedade que modela diretamente o eu, levando a "mudanças [que libertam] uma tremenda 'energia destrutiva', uma 'feroz' agressividade, 'liberada dos vínculos instintivos com o pai, como autoridade e consciência'" (Lasch, 2008, p. 238 [1986, p. 215]). No entanto, afirma Lasch,

> o que esses processos invalidam não é a "concepção freudiana de homem", mas uma teoria social "extrapolada" (para usar as palavras do próprio Marcuse) das extrapolações de Freud a partir de dados clínicos para a pré-história. Eles invalidam a ideia, já debilitada pela obra mais recente de Freud e por boa parte dos trabalhos subsequentemente produzidos pelos kleinianos, pelos teóricos das relações objetais e pelos psicólogos do ego, segundo a qual a repressão origina-se na sujeição do princípio do prazer à compulsão patriarcal ao trabalho. Todavia, Marcuse continua, mesmo em seus trabalhos posteriores, a condenar o "princípio de desempenho" como fonte primal da infelicidade e da alienação humanas. (Lasch, 2008, p. 238-9 [1986, p. 215-6])

Para Marcuse, o trabalho será sempre uma alienação; a libertação de Eros exige a abolição do trabalho graças à tecnologia. Marcuse, resume Lasch, nega qualquer intenção de defesa de um "regresso romântico para antes da tecnologia", ele insiste no potencial libertador da tecnologia industrial. [...] Unicamente a automação possibilita a Orfeu e a Narciso saírem do seu esconderijo. O triunfo da perversidade polimórfica depende da sua antítese: a racionalidade instrumental levada ao ponto da arregimentação total. Um exercício presumível de pensamento dialético [...]. A consecução das 'relações de trabalho libidinais', ao que parece, requer a organização da sociedade em um imenso exército industrial. (Lasch, 2008, p. 239 [1986, p. 216])

Aos olhos de Lasch, Marcuse tem muito mais em comum com Fromm e Reich do que ele pensa:

> Apesar da sua tentativa de confrontar o profundo pessimismo do trabalho final de Freud, a interpretação de Marcuse da teoria psicanalítica, tal como a dos neofreudianos, baseia-se quase inteiramente na obra inicial de Freud, na qual o sofrimento mental se origina da submissão do princípio do prazer a uma realidade opressiva, imposta externamente. Apesar de sua condenação à "filosofia do progresso moralista" dos neofreudianos, Marcuse partilha com eles a fé — parte do legado intelectual do movimento socialista do século XIX e do Iluminismo em geral — de que o progresso da razão e da tecnologia, uma vez liberto das coações capitalistas, tornará a vida, no final, prazerosa e indolor. (Lasch, [1986, p. 278])[100]

Lasch apresenta também uma análise bastante sutil da obra de Brown, considerando sua leitura de Freud superior à de Marcuse em muitos aspectos. Para Lasch, Brown é

---

100 Não traduzido na edição francesa. A citação aqui transcrita foi retirada da edição brasileira de 1986 traduzida do original em inglês. [N.E.]

um crítico mais agudo do revisionismo neofreudiano que Marcuse. Não é apenas a "ênfase revisionista na influência das 'condições sociais'" que está equivocada, como sustenta Marcuse. As teorias revisionistas da cultura fundamentam-se no equívoco de que a repressão se origina no controle paterno sobre a sexualidade infantil. (Lasch, 2008, p. 241 [1986, p. 218])

Se a teoria revisionista fosse verdadeira, seria possível suavizar a repressão por meio de uma reforma da educação ou da sociedade — tal como pretendem os neofreudianos, assim como também Marcuse de maneira mais radical. Brown reconhece melhor, segundo Lasch, a incompatibilidade entre as pulsões infantis e qualquer forma de cultura e, como Freud, recusa qualquer fácil consolação. Livra-se da noção segundo a qual o prazer sexual é o único objeto da repressão, e do seu corolário, segundo o qual a neurose teria origem em um conflito entre o prazer e a ética patriarcal do trabalho, entre Eros e moral civil. Explica que essas ideias derivam de teorias ingênuas sobre o progresso histórico, que o próprio Freud abandonara nos últimos trabalhos psicológicos.

Embora não possamos acompanhar detalhadamente aqui a análise laschiana sobre Brown, temos de retomar a sua conclusão. Para Lasch, o jogo e a arte permitem estabelecer uma relação não narcísica com o mundo; trata-se, primeiramente, de reconhecer a separação para, em seguida, oferecer uma compensação. A arte e o jogo não são, portanto, como para Marcuse e Brown, apenas uma gratificação substitutiva.

> Não obstante o seu descaso pela psicologia do ego, Brown, Marcuse e seus seguidores [...] caem na mesma estratégia [...] de eximir certas atividades privilegiadas da investigação psicanalítica [que] [...], para a esquerda freudiana, são a arte e o jogo. [...] Enquanto Freud insistia no parentesco subjacente entre arte e neurose, Brown, Marcuse e Dinnerstein procuram salvar a arte e a atividade lúdica da crítica psicanalítica às pretensões humanas, da mesma

forma que Hartmann busca salvar a percepção, a linguagem e a memória. A arte se assemelha à psicose regressiva mais profunda em sua tentativa de restaurar um sentimento de unidade com a mãe primal. O que distingue a arte da psicose ou da neurose é que ela também reconhece a realidade da separação. A arte rejeita o caminho fácil das ilusões. (Lasch, 2008, p. 252-3 [1986, p. 228])

Ainda que o resultado da obra de arte possa ser sereno, ela procede sempre da elaboração de um conflito entre união e separação. Assim, o papel da arte e do jogo é permitir ao homem suportar as renúncias que a cultura — seja ela qual for — lhe impõe:

> [A psicanálise] se recusa a dissolver a tensão entre instinto e cultura, que encara como a fonte do que há de melhor (e do que há de pior) na vida humana. Ela sustenta que a sociabilidade não apenas frustra como, ao mesmo tempo, satisfaz as necessidades pulsionais; que a cultura não somente assegura a sobrevivência das espécies humanas, mas também proporciona os prazeres genuínos associados à exploração e ao domínio do mundo natural; que a investigação, a descoberta e a invenção recorrem, elas próprias, a impulsos lúdicos; e que a cultura representa para o homem precisamente a vida "apropriada à sua espécie" (Lasch, 2008, p. 245 [1986, p. 221-2]).

Lasch afirma, portanto, que desferiu um golpe decisivo no que ele chama de "partido do ideal do Eu" — a esquerda de 1968, a esquerda da "revolução cultural" — no que diz respeito a um argumento essencial: o papel do superego. Contestando ainda os últimos escritos de Freud, Lasch afirma que o superego não é o representante do mundo exterior, mas o advogado do mundo interior. Não é apenas o resultado da interiorização de uma repressão vinda de fora (da sociedade por meio do pai).

Pelo contrário, o superego consiste nos próprios impulsos agressivos da pessoa, inicialmente dirigidos contra os seus pais ou substitutos dos pais, projetados neles, reinteriorizados como imagens agressivas e tirânicas de autoridade e finalmente redirigidos, nessa forma, contra o ego. As imagens da autoridade parental destrutiva e punitiva originam-se não nas proibições reais dos pais, mas no ódio inconsciente da infância, que desperta uma angústia insuportável e, desse modo, tem de ser redirigido contra o eu. [...] Seria possível dizer que a própria angústia de castração é meramente uma forma posterior da angústia da separação; que o arcaico e vindicativo superego deriva do medo da retaliação materna; e que, quando muito, a experiência edipiana tempera o superego punitivo da infância ao acrescentar-lhe um princípio mais impessoal de autoridade, mais "independente das suas origens emocionais", como afirma Freud, mais inclinado a apelar a normas éticas universais, e um pouco menos passível, portanto, de se associar às fantasias inconscientes de perseguição. (Lasch, 2008, p. 179-80 [1986, p. 160-2])

O superego edipiano está também mais ligado ao desejo de reparação, à gratidão para com a mãe, formando assim o primeiro núcleo da consciência moral.

Mas quais são as *causas históricas* desse aumento de poder do narcisismo? Um retorno generalizado a formas psíquicas pré-edipianas constitui uma verdadeira mutação antropológica e tem, necessariamente, causas muito importantes. Essa questão não é bem elucidada na obra de Lasch, tampouco nas dos outros autores aqui examinados.[101] A esse respeito, suas

---

[101] Slavoj Žižek também percebeu isso, à sua maneira, no prefácio à edição croata de *A cultura do narcisismo*, publicada em 1986: "Além do caráter intrinsecamente incompleto de seu aparelho conceitual analítico, o ponto fraco de Lasch está no fato de não apresentar uma definição teórica suficiente da virada ocorrida na realidade socioeconômica do capitalismo tardio, que corresponde à transição do 'homem organizacional' para o 'Narciso patológico'. No plano

explicações são um pouco superficiais; Lasch evoca, em particular, o declínio da pequena empresa (sobretudo familiar, lugar por excelência da formação do superego) em proveito das grandes empresas, a desintegração da família tradicional, a burocratização da existência (que reduz o cidadão a uma situação de dependência total, como um bebê alimentado pelas grandes instituições e sob a sua responsabilidade) e a superabundância da mercadoria. Como quase todos os observadores do seu tempo — e neste domínio é muito menos original do que noutros —, considera a substituição da concorrência pela gestão dos monopólios (estatais ou das grandes empresas) como resultado definitivo do desenvolvimento do capitalismo. Alguns anos depois, o triunfo do neoliberalismo demonstrou o contrário — e, sobretudo, permitiu constatar que foi a cultura neoliberal, e não os últimos avatares do fordismo-keynesianismo, que elevou o narcisismo à categoria de *forma mentis* universal. Nessa identificação da lógica profunda do capitalismo com a supressão da concorrência (e dos espaços residuais de liberdade a isso ligados) e com uma burocracia onipresente, Lasch limita-se a repetir, sem perceber, afirmações de Marcuse e de toda a Escola de Frankfurt.[102] Isso

do discurso, essa virada não é difícil de determinar: trata-se da transformação da sociedade capitalista burocrática das décadas de 1940 e 1950 em uma sociedade descrita como 'permissiva'. Comporta um processo 'pós-industrial' que foi descrito, nos termos da teoria da 'Terceira Onda', por autores como Toffler" (Žižek, 1986).

[102] Em sua conferência de 1946 sobre a psicanálise revista, Adorno faz essa surpreendente censura a Karen Horney: ela sublinharia a concorrência de forma excessiva. "Na época dos campos de concentração, a castração é mais característica da realidade social do que a concorrência" (Adorno, 2007, p. 33 [2015, p. 58]). Segundo Adorno, falar de "concorrência" é um eufemismo perante a violência onipresente. Com efeito, ele elaborara com Horkheimer, na mesma época, o conceito de sistemas neuróticos (*rackets*), que teriam substituído a esfera da circulação — um dos aspectos mais fracos do seu percurso teórico.

decorre, entre outras coisas, do fato de sua obra ter sido escrita no momento da passagem da era fordista-moderna para a era pós-moderna e de, por vezes, designar como "narcísicos" fenômenos que pertencem ao passado fordista-moderno (por exemplo, o Estado-providência e as suas características maternais). Não é, pois, nada surpreendente que o remédio que ele preconiza seja sobretudo o regresso a uma espécie de vida patriarcal como teria existido nos Estados Unidos no século XIX.

Para compreender a natureza da ligação entre narcisismo e modernidade capitalista, nem mesmo Adorno e Marcuse são para nós uma grande ajuda. Marcuse também explica as mudanças psíquicas e a "abolição tecnológica do indivíduo" com o fim da empresa individual, o reino dos "monopólios" e o "declínio do papel social da família". Anteriormente, segundo ele, podia haver, sobretudo na resolução do complexo de Édipo, uma verdadeira experiência pessoal que "deixava cicatrizes dolorosas" e permitia a constituição de uma "esfera de não conformismo privado". Mas, "sob o domínio dos monopólios econômicos, políticos e culturais, a formação do superego maduro parece, agora, saltar por cima do estágio de individualização: o átomo genérico torna-se diretamente um átomo social" (Marcuse, 1998, p. 90-1 [1975, p. 96]). A quase abolição da concorrência — que ele considera uma evidência — "estandardiza a individualidade" (Marcuse, 1998, p. 96 [1975, p. 101]).

HISTÓRIA ABREVIADA DO NARCISISMO

É evidente que o narcisismo sempre existiu. Em qualquer época histórica não faltam exemplos de "raiva narcísica". Alexandre, o Grande, matou seu melhor amigo, Clito, em um acesso de raiva, quando este o contrariou, arrependendo-se depois amargamente. Por volta de 1300, o poeta toscano Cecco Angiolieri, enraivecido com o pai, que se recusava a lhe dar dinheiro para satisfazer seus vícios, escreveu este famoso soneto, transcrito aqui a partir da tradução francesa de Léo Ferré:

> Se eu fosse o fogo, tocava fogo no mundo.
> Se eu fosse o vento, lançava-lhe a tempestade.
> Se eu fosse a água, afogava-o.
> Se eu fosse Deus, mandava-o para as profundezas.
>
> Se eu fosse o papa, seria muito fanfarrão
> Porque papava todos os cristãos.
> Se eu fosse imperador, sabes o que faria?
> Cortava a cabeça de todos.
>
> Se eu fosse a morte, iria a casa de meu pai.
> Se eu fosse a vida, iria embora da casa dele
> E o mesmo faria com a minha mãe.
> Se eu fosse como sou e como fui,
> Abarbatava as mulheres moças e formosas
> E deixava para os outros as velhas e as feias.

Mas por que razão o narcisismo se tornou, durante o século XX, a patologia dominante que destronou as neuroses "clássicas" tratadas por Freud?

O elo do perverso narcísico com a lógica capitalista é bastante evidente: exacerbação da concorrência, frieza, egoísmo, não só no trabalho mas também no quadro familiar, falta de empatia... Tudo isso é verdade no plano da psicologia social e dos comportamentos observáveis. No entanto, do nosso ponto de vista, a perversão narcísica — ou a quase equivalente "perturbação da personalidade narcísica" — é apenas o "fenômeno"; a "essência" é, por seu lado, constituída pelo narcisismo secundário enquanto economia da libido. Podemos também distinguir, por um lado, pessoas manifestamente atingidas pela perversão narcísica — que não lhes causa necessariamente sofrimento, porque não têm consciência disso — e, por outro, o narcisismo em sentido geral, como um componente, mais ou menos pronunciado, inerente à quase totalidade das psiques contemporâneas — da mesma maneira que se afirma frequentemente que somos todos mais ou menos neuróticos. Trata-se menos de uma demarcação clara entre narcísicos e não narcísicos do que de uma difusão de atitudes narcísicas em diferentes graus. Durante o século XX houve na sociedade um verdadeiro "aumento da taxa de narcisismo", e não propriamente um aumento do número de pessoas completamente narcísicas.

A "vitória" do narcisismo foi tão grande nas últimas décadas que acabou por anular a si mesma. Em 2012, a mídia anunciou que a classificação "perturbação da personalidade narcísica" desapareceria da quinta edição do *Diagnostic and Statistical Manual of Mental Disorders* [Manual diagnóstico e estatístico de transtornos mentais] (DSM), o manual da associação dos psiquiatras norte-americanos utilizado no mundo inteiro para classificar as perturbações mentais — tão conhecido quanto criticado por sua abordagem positivista e puramente descritiva. Pretensamente, os sintomas dessa perturbação já não deveriam ser considerados patológicos, ou então deveriam pertencer a outras perturbações. Ainda que o narcisismo tenha finalmente sido "salvo" na versão definitiva do manual publicada em 2013, a lição que disso podemos extrair é clara: com muita frequência, o narcisismo já não é encarado como uma doença porque está em todos os lados. É uma versão do provérbio inglês: quando demasiadas pessoas transgridem a proibição de pisar a grama, retira-se a placa que anuncia a proibição.

A busca das causas históricas do aumento do narcisismo deve igualmente levar em consideração outro elemento: ao remontar à primeira infância — à fase pré-edipiana —, remonta também a um estágio da vida exterior a qualquer lógica social. No conflito edipiano, o pai surge já como o representante de uma ordem social e "patriarcal" que faz respeitar as leis estabelecidas pela cultura a que a criança pertence. É o representante da "cultura" e das leis que vem perturbar a vida puramente "natural" que a criança e a mãe têm em sua simbiose; assim, obriga a criança a sair dessa naturalidade. As interpretações psicanalíticas que deslocam o teatro essencial dos conflitos para a fase pré-edipiana podem cair em uma visão ainda mais "biologista" do que aquela de que Freud muitas vezes é acusado. Quanto mais precoce é a fase em questão, mais se espera que as crianças se assemelhem, qualquer que seja o contexto socio-histórico, na medida em que elas são apenas, segundo se diz, "influenciadas" por necessidades fisiológicas. Todas as crianças mamam, chupam o dedo, querem mimos e se angustiam quando a mãe sai do seu campo de visão. Mas, por causa disso, deve-se seguir a escola culturalista, antes mencionada, que se baseia na antropologia comparada para examinar os diferentes modos de desmame e formas de primeira educação, para se tirar conclusões sobre os comportamentos prevalecentes nesta ou naquela cultura?

Na verdade, o afeiçoamento do recém-nascido passa por outros meios. Por um lado, são os adultos que transmitem à criança, desde o início, modalidades de estar no mundo. Um exemplo particularmente impressionante é a dificuldade que as crianças hoje em dia muitas vezes têm de *encontrar o olhar* da mãe, que deveria despertá-las para a vida e responder ao seu (saudável) narcisismo primário; o progenitor escondido atrás de óculos de sol e ocupado, falando no celular enquanto empurra o carrinho de bebê, repele a criança para uma solidão nociva, ainda mais se tal desatenção se repetir em outras atividades. Pode parecer inofensivo, mas a acumulação dessas atitudes tem como resultado um meio ambiente sensivelmente diferente daqueles que as crianças de outras épocas conheceram. Do mesmo modo, a precoce exposição das crianças ao mundo dos aparelhos tecnológicos tem seguramente um papel importante. Além disso, as mudanças resultantes das evoluções sociais — tais como a eventual ausência do pai ou da mãe, a socialização precoce (em uma creche) ou sucessivas recomposições das pessoas que rodeiam a criança — contribuem também para mudar a condição da primeira infância.

Mas não é bom imaginar que as dificuldades que surgem por volta da saída do narcisismo primário operam uma espécie de orientação definitiva e irrevogável para o resto da vida. São os fatores sociais que podem decidir se uma primeira recusa da criança no sentido de estabelecer verdadeiras relações objetais dará lugar ou não, depois, a uma estrutura permanente — suscitando comportamentos narcísicos, encorajando-os e valorizando-os, ou, pelo contrário, penalizando-os, como em geral acontecia nas culturas pré-modernas e protomodernas. Embora a formação do narcisismo secundário comece no momento em que a criança deve sair do narcisismo primário, o narcisismo secundário só se forma verdadeiramente se for consolidado em cada etapa da evolução psíquica.

O espírito de concorrência e a afirmação do eu isolado em detrimento dos seus elos sociais caracterizam toda a modernidade capitalista; não só a fase em que o narcisismo se tornou visível (essencialmente após a Segunda Guerra Mundial), mas também e sobretudo a "modernidade líquida" que se instalou depois de 1968. A patologia principal na época de Freud era a neurose obsessiva. Essa correspondia efetivamente aos traços dominantes do capitalismo "clássico". O trabalho e a acumulação constituíam a base do caráter social dominante no momento em que o capital tinha necessidade de toda a força de trabalho disponível e das reservas em dinheiro. Essa sociedade canalizava a energia libidinal para o trabalho e reprimia a sexualidade, sobretudo nas suas formas não ortodoxas. O excesso de inibição e de repressão fabricava personalidades empobrecidas pelo recalcaque de seus desejos. O professor que punia os alunos e o oficial subalterno que maltratava os recrutas eram então as figuras paradigmáticas do mundo social, tal como a mulher histérica ou "neurastênica", bloqueada em seus desejos. Na década de 1920, Wilhelm Reich descreveu a "couraça do caráter"; quanto a Erich Fromm, ele falou, como vimos, do "caráter anal" do tipo burguês: o indivíduo mantido em um estágio em que tudo gira à volta do "dar/reter" e cuja vida é dedicada à acumulação de objetos e de riquezas. A violência com que ele afasta seus outros desejos transforma-o em um ser rígido (a saber, na limpeza obsessiva de que resulta o culto da "pureza") e rancoroso.

As fases sucessivas da modernidade foram substituindo, pouco a pouco, a repressão do desejo pela solicitação permanente do desejo com objetivos mercantis. A acumulação anal deu lugar — não inteiramente, é claro — à avidez oral como comportamento socialmente valorizado. A regressão generalizada a modos de comportamentos orais — que remontam, portanto, à fase inicial da vida, a mais "arcaica" — faz parte de uma infantilização que constitui uma das características mais marcantes do capitalismo pós-moderno, de que trataremos no próximo capítulo. Em muitos aspectos, a organização narcísica da personalidade é o oposto da organização neurótica. O narcisismo está tão ligado ao capitalismo pós-moderno, líquido, flexível e "individualizado" — cuja expressão mais completa se encontra na "rede" — como a neurose obsessiva estava ligada ao capitalismo fordista, autoritário, repressivo e piramidal — cuja expressão característica se encontrava na linha de montagem.

Um dos fatores históricos que mais contribuíram para o aumento do narcisismo foi o desenvolvimento da tecnologia, especialmente sua aplicação em produtos e procedimentos da vida cotidiana a partir da década de 1950, com o incremento da "sociedade de consumo".[103] Com a tecnologia inscrita no cotidiano, os sujeitos experimentam constante-

---

[103] Ainda que essa expressão nada signifique, como notou Henri Lefebvre na década de 1960, propondo que se dissesse "sociedade burocrática de consumo dirigido".

mente um poder enorme que não é o resultado de um compromisso individual com a realidade, mas que apresenta todos os traços da magia: basta apertar um botão. A adesão individual ao sentimento de onipotência ocasionado pela tecnologia assume duas formas: o exercício pessoal desse poder — pisando em um acelerador, lavando a louça em uma máquina — ou a identificação com as realizações técnicas em grande escala — o entusiasmo com as missões espaciais ou com os progressos da medicina. O que está sempre em jogo é a luta contra os sentimentos de impotência que reativam a situação de impotência do lactente.

Pensemos, por exemplo, no aquecimento doméstico. Em um contexto camponês tradicional, as pessoas se aqueciam rachando lenha em frente à porta de casa. Isso podia ser cansativo e levar muito tempo, mas quem o fazia dependia apenas de si mesmo ou do seu meio social imediato. Atualmente, basta apertar um botão, o que coloca qualquer um na posição de um mago todo-poderoso a quem basta dizer "quero". Ao mesmo tempo, cada qual é colocado em crescente estado de dependência: basta que um potentado em algum lugar no mundo decida reduzir o fornecimento de energia fóssil, por motivos políticos ou econômicos, para as pessoas se verem sem aquecimento, sem compreenderem a razão nem poderem voltar ao aquecimento a lenha. É esse o resultado da "crescente integração do mundo", de que decorre também que possamos perder o trabalho porque a Bolsa de Tóquio caiu logo depois das eleições locais, por exemplo. A condição do homem narcísico depende, portanto, da dialética da onipotência e da impotência. A "complexidade" e a "interdependência generalizada" têm como resultado nunca dependermos de nós mesmos nem das nossas próprias forças, nem sequer para coisas tão banais como abrir uma porta (aperta-se um botão) ou falar com um vizinho do mesmo andar (envia-se a ele uma mensagem de texto). A capacidade de a pessoa se reproduzir biologicamente, outrora propriedade inalienável do "proletário", também está sendo retirada da humanidade, designadamente devido à "procriação medicamente assistida". Disso resulta uma grande sensação de degradação, ainda que seja, em geral, inconsciente. Em troca do conforto adquirido, aceitamos grandes dependências de tipo infantil, ou até certa impotência, e vemo-nos, por conseguinte, no "estado de angústia" do recém-nascido incapaz de sobreviver um só dia sem a ajuda de alguém. É a negação da dependência que cria formas de dependência historicamente inéditas; é a fantasia da onipotência que cria a impotência.

O PARADIGMA FETICHISTA-NARCÍSICO

Com base na crítica do valor e do fetichismo mercantil, conseguimos avaliar de uma forma nova a importância do narcisismo, podendo mesmo definir um *paradigma fetichista-narcísico*. Ao que parece, até aqui, ninguém tentou investigar a relação entre o narcisismo e a lógica do valor. No entanto, esse paradigma promete explicar um grande número de fenômenos aparentemente muito díspares do mundo contemporâneo.

O narcisismo secundário pode ser considerado uma autêntica *ausência de mundo*. O sujeito afetado por ele nunca aceitou, para além dos comportamentos aparentes, em um nível profundo, a separação entre o eu e o mundo. Não integrou o mundo em seu eu; o mundo existe para ele como um espaço de projeção e como uma concretização momentânea de suas fantasias. Não concebe relações entre iguais com as outras pessoas nem compreende a autonomia dos objetos. É por isso que tende a manipular os outros e a explorá-los — sobretudo com o objetivo de se sentir admirado —, ao mesmo tempo que não ama ninguém verdadeiramente e tende a passar de uma relação para outra. Desse ponto de vista, os "sites de encontros", uma espécie de vastos "supermercados das relações amorosas", são simultaneamente o testemunho e o impulso de um narcisismo inédito. No fim das contas, para o narcísico — ou, pelo menos, para o seu inconsciente —, todas as pessoas têm o mesmo préstimo e são intercambiáveis. Com efeito, elas não são apreendidas como seres autônomos, cada qual com a própria história, e que deveriam ser respeitadas para instaurar relações mutuamente enriquecedoras, mas, sim, como figurantes que devem interpretar um papel no cenário interior do narcísico. É por isso, como já dissemos, que o mundo interior do narcísico é tão pobre: ele não "investe" nada em suas relações e, por conseguinte, não extrai nada delas. Tem uma relação similar com os objetos: não se interessa por eles por causa das diferenças entre ambos e não quer conhecê-los, quer apenas utilizá-los, manipulá-los e dominá-los. Se os objetos mostrarem que são irredutíveis ao sujeito e que têm vida própria, o narcísico pode entrar em uma crise de raiva e despedaçar o objeto refratário, por exemplo uma máquina que não funciona ou uma gaveta que não se abre. Age exatamente como faz, ou gostaria de fazer, com os humanos que se furtam ao seu poder e goram suas expectativas, quer seja o parceiro amoroso ou um inferior hierárquico no trabalho (é sabido que são nos diversos níveis da gestão de empresas que se encontram "perversos narcísicos" por excelência; sondagens empíricas chegaram de fato a demonstrar que, entre os dirigentes de empresas, a porcentagem de narcísicos é muito elevada. Segundo parece, ser um perverso narcísico ajuda muito a fazer carreira).

Mostramos no primeiro capítulo que a filosofia de Descartes contém uma primeira formulação do narcisismo e do solipsismo constitutivos da forma-sujeito moderna. Esse discurso pode ser ampliado para a sociedade capitalista em geral, enquanto sociedade alicerçada no valor e no trabalho abstrato, na mercadoria e no dinheiro. Em vez de tentar estabelecer uma relação de causa e efeito, de base e superestrutura ou de realidade e reflexo, convém falar de *paralelismo* ou de *isomorfismo* entre estrutura narcísica do sujeito do valor e estrutura do valor — que, como tal, é uma "forma social total", e não um fator simplesmente "econômico". Se, como indicamos, retomando a fórmula de Marx, a forma-valor é a "forma de base" ou "célula germinal" de toda a sociedade capitalista, mas também um fato social total, retomando a fórmula de Marcel Mauss, isso significa também que o valor, como forma de síntese social, tem dois lados, um lado "objetivo" e um lado "subjetivo" — ainda que esses termos, devemos admiti-lo, sejam problemáticos. Não podemos atribuir a um desses lados qualquer prioridade em relação ao outro, nem cronológica nem causal.

O valor mercantil consiste igualmente em uma espécie de "aniquilação do mundo" (não falamos aqui de seus efeitos, mas de sua lógica de base). O valor conhece apenas quantidades, não conhece qualidades. A multiplicidade do mundo desaparece perante o idêntico-sistemático do valor das mercadorias produzido pelo lado abstrato do trabalho. E lembremos que esse lado implica o apagamento de qualquer particularidade própria dos trabalhos concretos, reduzidos a um simples gasto de energia humana calculada em tempo e destituídos de suas diferenças específicas. A única diferença entre dois trabalhos, do ponto de vista do lado abstrato, é a quantidade de valor — principalmente de mais-valor — que ambos geram. Não importa se o valor é produzido fabricando bombas ou brinquedos — e essa indiferença para com o "suporte" material do valor é uma lei estrutural que ultrapassa completamente as intenções dos atores. Assim, as mercadorias, nas quais se "cristaliza" o lado abstrato do trabalho, distinguem-se somente pela quantidade de valor indiferenciado que representam. Elas devem ter algum valor de uso e satisfazer alguma necessidade ou desejo — mas esses valores de uso são intercambiáveis. A lógica do valor consiste em uma gigantesca *reductio ad unum*, em um apagamento de todas as particularidades que formam o verdadeiro tecido da existência humana e natural. A lógica do valor gera uma *indiferença* estrutural para com os conteúdos da produção e o mundo em geral. O valor, produzido pelo trabalho abstrato, passa de um objeto para o outro. Passa de dinheiro para mercadoria, depois se torna dinheiro novamente, e assim por diante; passa de capital para salário, depois novamente para capital, e assim por diante. Uma "essência", uma "substância" invisível, passa de um objeto para o outro sem nunca se identificar com nenhum dos seus objetos.

Quando Marx descreve o fetichismo como um fenômeno *real*, e não como uma simples mistificação da consciência, ele visa este fato: o concreto perde o seu papel central na vida e vê-se reduzido apenas a uma etapa, um suporte no automovimento de uma abstração — embora esta última, no fim das contas, seja extraída do concreto. É uma verdadeira inversão ontológica. É um movimento que vai do mesmo para o mesmo, um movimento tautológico: neste processo, o capital aumenta para ser reinvestido, para aumentar de novo etc. O mundo real e material, a natureza, os indivíduos, suas necessidades e seus desejos só surgem nele como coeficientes de fricção e, frequentemente, como obstáculos que devem ser suplantados ou afastados para longe. A deliberada agressão ao mundo, às pessoas e à natureza, que caracteriza o capitalismo, não é resultado de uma decisão a favor do mal tomada pelos seus dirigentes — ainda que isso possa por vezes se acrescentar a eles —, ela própria é consequência da indiferença de base. Do ponto de vista do valor, o mundo e suas qualidades não existem, pura e simplesmente.

Essa resumida descrição da lógica do valor permite apreender sua semelhança com a lógica narcísica. O narcísico (secundário) reproduz essa lógica em sua relação com o mundo. A única realidade é seu eu, um eu que (quase) não tem qualidades próprias, porque não se enriqueceu nas relações objetais, nas relações com outrem. Ao mesmo tempo, esse eu tenta se estender ao mundo inteiro, englobá-lo e reduzi-lo a uma simples representação de si mesmo, uma representação cujas figuras são inessenciais, passageiras e intercambiáveis. O mundo exterior — a partir do próprio corpo orgânico — não tem mais consistência para o narcísico do que o valor de uso para o valor. Em ambos os casos não pode haver uma relação pacificada, apenas de dominação e de exploração, para alimentar um apetite voraz. Se ele é voraz, é por ser insaciável por natureza — e voltamos assim a Erisícton: o valor deve aumentar progredindo indefinidamente, porque seu objetivo não consiste em nada concreto. A sede pode ser saciada, uma pirâmide concluída, o mundo inteiro conquistado, mas o processo pelo qual aumentam o valor e o capital nunca chegará a um termo, a um equilíbrio, a uma situação estável de satisfação.

Do mesmo modo, o narcísico, como vimos, nunca está verdadeiramente satisfeito. Seu corpo e, por consequência, a satisfação genital são estranhos para ele. Vive em um mundo de projeções e de fantasias onde, como Tântalo, não consegue realmente "tocar" os outros. Ele pode vivenciar isso como uma forma de superioridade proveniente do desprendimento, como uma sequência de situações em que ele mais ganha do que dá. Todavia, a sensação de "vazio", que é uma das principais manifestações do narcisismo e um dos raros momentos em que o narcísico pode sofrer com a sua condição, mostra o insucesso final dessa estratégia. Daí decorre uma compulsão de repetição, porque ele, mesmo assim, espera chegar um dia à satisfação imaginada.

Se considerarmos que todos os valores mercantis são iguais, que não passam de diferentes quantidades da mesma substância fantasmagórica — o trabalho abstrato —, compreendemos melhor o papel do ilimitado e do tautológico na sociedade contemporânea. O fato de irmos apenas do mesmo para o mesmo em todos os lugares, sem encontrar alteridade, de tal maneira que tudo é igual a tudo, como mostram a demolição das fronteiras entre gerações e sexos, a manipulação genética e a procriação assistida, a possibilidade de a pessoa escolher o próprio corpo ou o mundo sem corpo e sem limites dos videogames, sem fronteiras entre o eu e o não eu: parece impossível estudar esses fenômenos sem considerar a lógica do valor e a do narcisismo.

Esse reducionismo é um dos traços mais característicos da sociedade mercantil avançada: por toda parte, a multiplicidade do mundo vê-se reduzida a uma única substância, e os objetos, em princípio irredutíveis uns aos outros, não passam, afinal, de porções maiores ou menores dessa substância sem qualidade. Os códigos de barras são exemplo disso: qualquer mercadoria pode ser identificada graças a uma única sucessão de barras, mais ou menos largas. Os flashcodes estendem esse procedimento a qualquer "objeto", material ou imaterial. Fazem parte do processo de "digitalização do mundo", cujo alcance real mal começamos a avaliar. No código binário há somente duas situações: 1 e 0, circuito fechado e circuito aberto. Sua combinação é suficiente para identificar cada *ens* no mundo, não apenas como gênero, mas também como objeto individual: os chips RFID (rádio-identificação) podem seguir a existência de cada pote de iogurte até seu consumo. O encontro entre a digitalização do mundo e a genética promete uma espécie de apoteose, que será também um apocalipse. O DNA pode ser lido como um código binário: ele é apenas — ou, mais propriamente, pode ser assim interpretado — a combinação de dois cromossomos, X e Y, que pretensamente explicam a multiplicidade da vida na Terra. É evidente que há um vínculo entre a digitalização do mundo nas últimas décadas e o enorme incremento das investigações genéticas e suas aplicações práticas. A "decifração", ou, mais propriamente, a decodificação dos genomas das espécies vivas, inclusive os seres humanos, avançou — mas não se sabe ao certo onde terá chegado — graças à informática que "lê" o genoma como se ele fosse um software — e é feita utilizando softwares específicos. Por outro lado, o desenvolvimento da informática obteve grandes vantagens, a partir de certo estágio, do estudo da genética interpretada como um maravilhoso "computador", ou software, de uma complexidade ainda não alcançada nas construções humanas. A bioinformática deu os seus frutos mais preocupantes com os organismos geneticamente modificados (OGM). Mas, em vez de falarmos aqui dos seus perigos bem conhecidos, queremos chamar a atenção para a base — ao mesmo tempo epistemológica e ontológica — dessas explosões tecnológicas de aspecto apocalíptico: a negação da multiplicidade do mundo, sua redução a uma massa indistinta cuja única função é estar à disposição do sujeito e transmitir-lhe um sentimento de onipotência.

Uma questão — uma objeção — pode surgir espontaneamente perante a enunciação do paradigma da constituição fetichista-narcísica. Essa questão diz respeito à natureza histórica do narcisismo. Desde o princípio, a sociedade capitalista se fundamenta no valor, no dinheiro e no trabalho abstrato. A partir do século XIV, pouco a pouco, o dinheiro se tornou a principal mediação social.[104] Foram transpostos um segundo limiar importante no século XVII com as revoluções científicas e, posteriormente, um terceiro no século XVIII, com a Revolução Industrial. Concentramos nossa atenção em Descartes porque sua filosofia corresponde ao momento histórico em que a mercadoria e, sobretudo, o dinheiro começaram verdadeiramente a modelar as relações cotidianas. Segundo a argumentação que desenvolvemos até aqui, é evidente que a sociedade capitalista (ou sociedade mercantil, ou sociedade do valor: esses termos são para nós equivalentes) foi sempre narcísica — não acidentalmente, mas na sua essência. Como explicar, então, que o predomínio do narcisismo como patologia social só tenha surgido após a Segunda Guerra Mundial? Por que razão, durante um período tão longo — séculos, se considerarmos o *incipit* cartesiano, ou, pelo menos, um século e meio, se falarmos do capitalismo plenamente desenvolvido, o da burguesia no poder —, foi a neurose obsessiva que predominou, impondo-se o caráter anal, o eu retraído em face do coletivo, o superego

---

[104] Ver Kurz (2012 [2014]).

institucional, o padre e o mestre que batem nos dedos dos pupilos, a fábrica-caserna, a moral da austeridade e do autossacrifício? São fatores muito pouco narcísicos! E, também, por que razão Freud não julgou necessário atribuir uma importância central ao narcisismo? Por que motivo apenas em 1970 passou a manifestar-se por esse fenômeno um interesse muito acentuado, tanto entre pesquisadores como entre o grande público?

A resposta é que devemos distinguir entre o "núcleo" conceitual de um fenômeno histórico e seu desdobramento concreto na realidade empírica. A distinção entre um "Marx exotérico" e um "Marx esotérico" reside no seguinte fato: Marx identificara, por trás da fachada colorida da realidade capitalista, fatores "abstratos" em ação, como o valor. Em "última análise", demonstrava ele, é a acumulação de trabalho abstrato sob a forma de valor e, a seguir, sob a forma de dinheiro, que explica os fenômenos visíveis e dirige sua evolução. No entanto, podemos hoje reconhecer, retrospectivamente, que essa análise do Marx "esotérico" dizia respeito ao núcleo ainda meio oculto dessa formação social. Esse núcleo estava, em grande medida, coberto por uma realidade social que continuava a ter muitos traços das sociedades pré-capitalistas. Essas duas tendências podiam até, por vezes, desenvolver-se em direções opostas. Durante muito tempo, o fenômeno pôde ocultar a essência ou se apresentar como o seu contrário. Assim, do ponto de vista da lógica "pura" do valor, o vendedor da força de trabalho é um vendedor como qualquer outro e tem direito a fazer tudo para obter o melhor preço para sua mercadoria. Contribui para a acumulação do capital como portador vivo do capital variável. Tem, portanto, uma "dignidade" equivalente à do capitalista, portador vivo do capital fixo. Contudo, as condições efetivas da reprodução do capital, ainda amplamente marcadas por elementos feudais, levavam ao fato de que, na época de Marx, os operários continuassem a ser amplamente sujeitos de um direito menor, que suas associações e greves fossem reprimidas e que suas aspirações de realização enquanto sujeitos mercantis fossem consideradas ilegítimas em comparação à mesma aspiração expressa por outras camadas sociais. Era inevitável que o próprio Marx não conseguisse distinguir entre a "essência" do capitalismo enquanto tal e as formas de compromisso existentes em sua época entre a lógica pura e a sobrevivência de outras formas de síntese social — especialmente quando atribuía à luta de classes a função de superar o sistema mercantil enquanto tal. No século subsequente à sua morte, assistiu-se à "integração" gradual do proletariado e ao triunfo da "lógica pura" do valor. Dizendo com uma imagem: tinha-se chegado à compreensão de que o operário que não se levanta, de boné na mão, quando o patrão entra, mas que o trata por "você", também pode muito bem criar mais-valor. Em um plano mais estrutural, vimos nas últimas décadas que um mais-valor criado por uma "multidão" de trabalhadores autônomos, sem patrão nem exploração individual, vale tanto no mercado como um mais-valor produzido na Índia em um contexto *à la* Dickens. Com efeito, o movimento operário abandonou seu "radicalismo" inicial desde que os representantes do capital se mostraram dispostos a compromissos, renunciando a certas formas de dominação muitas vezes irracionais do ponto de vista do próprio capital e que, mais propriamente, eram o resultado de uma mentalidade ultrapassada.

A história do capitalismo é, portanto, a história do processo por meio do qual ele acabou progressivamente por "coincidir com o seu conceito", para dizer em termos hegelianos. Esse "conceito" — que não se pode observar empiricamente, mas apenas discernir via análise — acabou se tornando cada vez mais visível e se livrando das escórias herdadas das formações sociais anteriores. Ao mesmo tempo, essa afirmação da "pura" forma abstrata do valor não é um triunfo definitivo, mas indica o início de sua crise definitiva. Com efeito, essas formas puras, que implicam a subordinação de qualquer conteúdo concreto à acumulação de uma forma vazia e abstrata, são incompatíveis com a continuação da "vida na Terra" — tais formas só podiam reger a sociedade, bem ou mal, quando ainda tinham uma "substância" residual oriunda das formas pré-capitalistas. Sua vitória total é também a sua derrota.

O "sujeito automático", o valor que se autovaloriza enquanto sujeito, já se encontra fundamentado com a própria existência do trabalho abstrato, do valor e do dinheiro enquanto formas de síntese social. Existe *in nuce* há mais de meio milênio. Por sua natureza profunda, o capitalismo não é um regime de dominação exercido por pessoas — "os capitalistas", "os burgueses" —, mas um regime de dominação anônima e impessoal, exercido por "funcionários" da valorização, os "oficiais e os oficiais subalternos do capital", como diz Marx, "pessoas na medida em que elas constituem a personificação de categorias econômicas, as portadoras de determinadas relações e interesses de classe" (Marx, 1993, p. 6 [2017, p. 80]). Trata-se, nas palavras de Marx, do "fetichismo da mercadoria". Durante séculos, porém, essa estrutura fetichista anônima permaneceu quase invisível em relação à superfície onde se movem pessoas de carne e osso. Ora, o papel dessas pessoas evoluiu de forma constante, diminuindo ao longo do século XX, durante o qual se estabeleceu o reinado do "sujeito automático" (a relação capitalista enquanto tal) — ainda que muitas pessoas continuem a não querer compreendê-lo e a atribuir todos os males do mundo ao "um por cento", como outrora às "duzentas famílias". Examinaremos no epílogo as consequências dessa mutação — ou, mais precisamente, desse "devir visível" — para a "democracia direta" e outras perspectivas de emancipação.

A neurose clássica era o resultado da relação com uma figura de autoridade em que se misturam o medo e a afeição, pulsões libidinais e pulsões agressivas — situação que gera um superego personalizado. O narcisismo, ao contrário, é a forma psíquica que corresponde ao sujeito automático. Tal como o sujeito automático precisou de um período de incubação muito longo para surgir em sua forma "pura", embora embrionário desde o início, o narcisismo levou muito tempo para tornar-se socialmente *in actu* aquilo que era já *in potentia*. O dinheiro, em sua potência impessoal de igualização, foi sempre um vetor do espírito narcísico. Como sabemos, a abordagem de Marx não se baseia, de modo algum, no exame da psicologia dos atores econômicos. No entanto, no capítulo final — intitulado "Dinheiro" — de *Manuscritos econômico-filosóficos*, que Marx escreveu aos 26 anos durante sua estada em Paris, ele analisa o dinheiro — nomeadamente por meio de uma interpretação de certos passos do *Fausto*, de Goethe, e do *Timão de Atenas*, de Shakespeare — como o médium narcísico por excelência (obviamente, sem empregar esse termo). O dinheiro dá ao indivíduo um poder absoluto e todas as qualidades, transforma a impotência em onipotência, apaga as qualidades específicas dos objetos e das pessoas.[105]

RETORNAR À NATUREZA, VENCER A NATUREZA OU VENCER A REGRESSÃO CAPITALISTA?

Já dissemos que, durante muito tempo, a direita falou de "natureza", sobretudo de "natureza humana", e a esquerda, de "cultura". Para a direita, essa natureza estabelece limites muito estreitos à possibilidade de se transformar a vida; para a esquerda, quase tudo é fruto da sociedade e da educação, podendo, por isso, ser modificado. É o eterno debate entre Hobbes e Rousseau: será o homem um animal incorrigível, que se deve simplesmente prender para reduzir os danos, coisa que legitima o Estado e as outras instituições repressivas, ou será ele "bom" ou, pelo menos, "neutro" por natureza, sendo apenas a sociedade que o corrompe, designadamente desde o surgimento da propriedade privada? Como sabemos, cada

---

[105] Essas páginas deslumbrantes devem ser lidas na íntegra (Marx, 1972, p. 119-23 [2004, p. 157-61]).

uma dessas duas hipóteses levou historicamente à violência e até ao totalitarismo; a abordagem hobbesiana justifica todas as violações à liberdade individual para lutar contra a má natureza humana presente em cada um de nós, ao passo que a abordagem rousseauniana pode desaguar na tentativa de fazer coincidir forçosamente o indivíduo "realmente existente" com sua suposta verdadeira natureza, obscurecida pela sociedade, pretendendo criar um "homem novo" e eliminando na pancada todos os vestígios da sociedade corrupta. A primeira posição — a da imutabilidade dos fundamentos da existência humana — implica que se renuncie para sempre à esperança de uma mudança e se eleve o moderno sujeito burguês à categoria de simples ser humano — coisa que numerosas investigações antropológicas contestam, sobretudo as que trataram da temática da "dádiva". A segunda posição, a da plasticidade desta natureza e da possibilidade de modificar o homem, é muitíssimas vezes refutada pela experiência e acaba, assim, dando argumentos aos adversários.

Ambas as posições persistem nos nossos dias. Será a posição da esquerda necessariamente emancipadora? Não será ela, desta ou daquela maneira, compatível com os projetos tecnocientíficos de refundição do mundo, desprezando quaisquer limites, como vemos em aplicação tanto no consumo exagerado como na crise ecológica? A infinita plasticidade do ser humano não continua a habitar o imaginário contemporâneo "de esquerda", em particular no seu entusiasmo pelas técnicas de procriação assistida? A tecnofilia, seja qual for sua justificação ideológica, reforça necessariamente o narcisismo.

Tertium datur?[106] Haverá outra abordagem que não se limite a um simples "nem-nem" e à afirmação banal de que a "natureza humana" é, sem dúvida, ligeiramente modificável,

---

106 A expressão em latim remete à lei do terceiro excluído. Em lógica, o fato de que, dada uma proposição, ou ela é verdadeira, ou sua negação é verdadeira. Não existiria um meio-termo conciliatório. [N.E.]

mas não em demasia? Essa abordagem poderia consistir no exame das soluções que as diversas culturas humanas deram a problemas tão difundidos nos mais diversos contextos culturais e sociais que podem ser considerados partes de uma espécie de "condição humana" (expressão, seja como for, preferível a "natureza humana"). A partir desses pressupostos, abrem-se perspectivas bastante interessantes: já não se trata de decidir se o homem é "por natureza" um "tirano voraz, devasso, duro e cobiçoso", egoísta e avarento, se busca o poder e a riqueza, se quer dominar o próximo e ser servido por outrem.[107] Para manter uma perspectiva de emancipação depois dos naufrágios dessa aspiração ao longo do século XX, talvez não seja necessário insistir na suposição de que todos os aspectos desagradáveis que podemos constatar nos seres humanos são fruto de uma má organização social que, por fim, poderemos retirar como uma camada de mofo em um pote de geleia. Admitir que, mesmo no decurso de revoluções, os homens muitas vezes não se tornaram prodígios de virtude não necessariamente deve nos levar a afirmar, com resignação ou com entusiasmo, que Hobbes tinha razão, para chegar, em nome do "realismo", ou à depressão ou à paz com o mundo tal como ele existe. Não é necessário conceber a história humana como uma "queda", subsequente a um equilíbrio

---

[107] O que dizer perante a impressão de que o capitalismo consumista e high-tech corresponde a uma profunda aspiração dos seres humanos, tendo em conta que ele é com frequência (mas nem sempre) acolhido de braços abertos nas sociedades "pós-comunistas" ou nas florestas virgens, como se há muito tempo ali aguardassem sua chegada? Como explicar que uma supressão da Coca-Cola desencadearia seguramente um protesto mundial, mesmo entre os que denunciam sem parar o "imperialismo americano" e os "cruzados ocidentais"? Como explicar que vemos facilmente crianças de três anos preferirem espontaneamente brincar com um tablet a brincar com outras crianças? Vontade não nos falta de qualificar todos esses fenômenos como "regressão", mas será que podemos falar — outro eterno dilema — de "regressão" sem idealizar assim as sociedades anteriores, "tradicionais"?

original que se imporia restaurar, nem tampouco nos alegrarmos com o "fim da história", alcançado com a difusão universal da democracia de mercado que, por fim, teria renunciado a todas as ilusões perigosas e potencialmente totalitárias de poder conter o "egoísmo natural" do homem. Podemos então convir, sem por isso sermos "reacionários", que certas características da nossa natureza biológica — a "primeira natureza" —, tal como as limitações que qualquer cultura impõe às pulsões agressivas e libidinais, se encontram em qualquer lugar e em qualquer época, em qualquer cultura e sociedade. Desse modo, as estruturas do parentesco podem variar — em certas culturas, a autoridade masculina encarna-se no irmão da mãe, não no pai biológico (o que os etnólogos chamam de "avunculato"). No entanto, a angústia que deriva da separação da primeira figura materna, tal como qualquer forma de "castração", seja ela qual for — a interdição do desejo polimorfo —, exercida pelo meio social imediato, faz parte, até que se prove o contrário, de uma condição humana universal. Isso é ainda mais válido levando em consideração fatores como o nascimento prematuro do pequeno humano em comparação ao dos outros animais. As consequências de tais coisas parecem tão inevitáveis como universais, a exemplo da persistência da primeira figura portadora de interdito na forma de um superego em que se incorporam a experiência individual e a estrutura social.

Poderíamos afrontar essa temática examinando as diferenças notáveis entre a vida psíquica nas diferentes culturas. Será universal o complexo de Édipo? Os japoneses têm um inconsciente? Jacques Lacan duvidava disso. Saberão os samoanos o que é a neurose resultante da repressão sexual? Na década de 1930, a antropóloga Margaret Mead declarou que não. A esquizofrenia existiria como doença em toda parte? A etnopsiquiatria e a etnopsicanálise desenvolvidas por Géza Róheim, Georges Devereux e outros autores puseram isso em questão, propondo abordagens úteis à nossa demonstração. Essas abordagens estudam a maneira como as culturas existentes no mundo tratam de modo diferente as patologias psíquicas e dão exemplos da conduta adotada perante elas, tais como transformar o psicótico em xamã ou exorcizar os medos coletivos por meio de rituais apropriados. Essa corrente também propôs investigações sobre a formação do "eu" nas culturas não ocidentais,[108] que devem ser levadas em conta para um exame mais amplo do "sujeito" — sobretudo se quisermos demonstrar que este último é uma construção histórica.[109]

Uma das primeiras tentativas empreendidas nessa direção foi a do antropólogo Pierre Clastres (1974 [2017]), que analisou como certas sociedades "primitivas" impedem a formação de um poder separado. Segundo Clastres, o desejo de um indivíduo se tornar "chefe" pode existir em todas as sociedades, mas algumas, receando o estabelecimento de estruturas de poder duradouras, procuraram se precaver contra isso e, certas vezes, conseguiram. Entre os povos originários da América, as tribos amazônicas se opuseram às sociedades andinas, que criaram vastos impérios e sociedades muito hierarquizadas. Uma das estratégias mais frequentes para canalizar a ambição de certos indivíduos foi atribuir-lhes um "prestígio" sem poder efetivo, impossível de acumular e sempre revogável. Em algumas culturas ameríndias, aquele que dispunha de uma riqueza

---

[108] Ver, por exemplo, os livros dos psicanalistas suíços Paul Parin e Fritz Morgenthaler, em particular *Les Blancs pensent trop* [Pessoas brancas pensam demais] (1966).

[109] A esse respeito, devemos citar o importante livro de Rudolf Wolfgang Müller, *Geld und Geist. Zur Entstehungsgeschichte von Identitätsbewußtsein und Rationalität seit der Antike* [O dinheiro e o espírito: contribuição para a história da consciência de identidade e racionalidade desde a Antiguidade] (1977), infelizmente não traduzido e que aliás não teve continuidade na obra do próprio autor. Nessa publicação, Müller retoma as ideias de Alfred Sohn-Rethel (ver minha introdução em Sohn-Rethel, 2010) e associa o surgimento da forma-sujeito ao surgimento da forma-dinheiro entre os gregos.

mais importante adquiria desse modo o direito... de gastá-la, para oferecer grandes festas à comunidade e, portanto, obter a gratidão dos outros (Sahlins, 1976, p. 185 ss.).

Essa abordagem mereceria ser retomada em bases muito mais amplas. Como reagem as diferentes culturas a fenômenos que não decorrem da patologia individual no que diz respeito à "normalidade" no grupo, mas que, embora apresentando as aparências da normalidade, são considerados indesejáveis? Retomando a tese de Lasch, se a angústia original da separação faz parte da história de cada indivíduo em qualquer contexto socio-histórico e não pode ser relacionada com uma repressão proveniente do exterior (como acontece com a entronização do superego por meio da ameaça de castração, segundo os freudomarxistas), e se, portanto, nenhuma reforma da educação, ou da cultura em geral, poderá algum dia assegurar uma infância sem choques nem angústias, disso não decorre que essa angústia deva ter sempre as mesmas respostas. No decurso da evolução, a humanidade elaborou modos muito diferentes de afrontá-la, e as soluções não são todas equivalentes. Afrontar o trauma, reconhecer a separação e aceitar soluções substitutivas — os "objetos transicionais", do brinquedo e do objeto artesanal à arte, mas também à amizade e ao amor — não são a mesma coisa que negar a separação e passar a vida agarrados a fantasias que permitem manter as ilusões primitivas de onipotência (incluindo a fantasia da união com o progenitor do sexo oposto e de ter um filho com ele, da negação da realidade da castração e da diferença dos sexos etc.). A jornada do indivíduo, nesse sentido, não depende apenas das circunstâncias individuais. O meio ambiente pode levá-lo em uma direção ou favorecer outra. Mas esse meio ambiente não se reduz ao meio familiar — como pretende a psicanálise "clássica" — nem apenas à classe social, como Fromm teria dito em princípio. Há também uma influência notável — ou mesmo determinante — daquilo que aqui chamamos de "princípio de síntese social" ou "*a priori* sociais".

Já evocamos o perigo de privilegiar as "soluções regressivas em detrimento das soluções evolucionistas" no que tange ao problema da separação, abordado por Lasch ao se referir a Janine Chasseguet-Smirgel. Vale a pena retomarmos essa ideia. Embora Lasch se mantenha afastado de qualquer discurso formulado em termos de crítica da economia política, mesmo quando examina o papel da "mercadoria" — que identifica com a sua forma "concreta", o objeto de consumo produzido à escala industrial —, ele compreende bem os efeitos psicológicos do consumo de mercadorias:

> A completa dependência do consumidor diante desses sistemas intrincados e extremamente sofisticados de amparo à vida, e, de modo mais geral, diante dos bens e serviços fornecidos externamente, recria alguns dos sentimentos infantis de desproteção. Se a cultura burguesa do século XIX reforçava os padrões anais de comportamento — estocagem de dinheiro e de mantimentos, controle das funções fisiológicas, controle do afeto —, a cultura do consumo de massa no século XX recria os padrões orais enraizados em uma fase ainda mais anterior do desenvolvimento emocional, quando a criança era completamente dependente do seio materno. O consumidor percebe o mundo circundante como uma espécie de extensão do seio, alternadamente gratificadora ou frustrante. [Nem a realidade nem o ego se apresentam sólidos e duradouros.] [...] Em parte, porque a propaganda que cerca as mercadorias as apresenta tão sedutoramente como a satisfação dos desejos, em parte, também, porque a produção de mercadorias, por sua própria natureza, substitui o mundo dos objetos duráveis com produtos destinados à imediata obsolescência, o consumidor enfrenta o mundo como um reflexo de seus anseios e temores. (Lasch, 2008, p. 28-9 [1986, p. 25])[110]

---

110 É notável que isso tenha sido escrito quinze a vinte anos antes de *A corrosão do caráter*, de Richard Sennett (2004 [2009]), e de *Modernidade líquida*, de Zygmunt Bauman (2007 [2001]).

A produção e o consumo de mercadorias estandardizadas, isentas de qualquer controle dos indivíduos, constituem assim o contrário desses "objetos transicionais" — os produtos de um trabalho "sensato", oriundo do jogo — que representam para Lasch, como vimos, a única maneira possível de estabelecer uma relação "amigável" com o mundo e de reduzir o peso da "condição humana".[111] Por mais imprecisa que possa ser a concepção que Lasch tem do capitalismo, e por mais discutíveis que sejam as suas referências positivas (trabalho, comunidade, família e até religião), ele desenvolve aqui um argumento muito forte: o capitalismo levou a uma verdadeira regressão antropológica. Destruiu os meios, modestos, mas eficazes, com os quais a humanidade procurava, havia muito, dominar as contradições da vida. O capitalismo destruiu-os com o único fim de vender mercadorias.

Para Lasch, o conflito entre pulsões e civilização não é redutível às circunstâncias históricas, pois está enraizado na própria estrutura das pulsões, como a que se manifesta já no recém-nascido. O que muda historicamente e pode constituir um objeto de crítica são as respostas — regressivas ou evolutivas — dadas pelas diferentes civilizações à angústia de origem. Lasch condena a sociedade mercantil — sem a nomear assim — porque ela impõe respostas particularmente regressivas a esse problema. É aqui que sua crítica da sociedade de consumo encontra por fim a de Marcuse, liberta de algumas ilusões. Em todo o caso, essa crítica continua a parecer particularmente apropriada à nossa época, caracterizada pela captação do desejo pela mercadoria.

Nessa perspectiva, podemos qualificar como uma regressão em grande escala a instalação de um mundo de mercadorias estandardizadas e de rápida usura com o qual o sujeito não

---

111 É possível estabelecer um paralelo com a distinção que Ivan Illich criara, anos antes, entre "objetos conviviais" e "objetos industriais".

pode estabelecer relações duradouras e pessoais. Já não há um meio ambiente em que o sujeito possa se reconhecer e que ele possa reconhecer como resultado do seu encontro com o mundo ("a forma de uma cidade muda mais depressa que o coração de qualquer mortal..."). Como dissemos, as tecnologias e as mercadorias favorecem uma relação mágica e onipotente com o mundo e contribuem para reter o indivíduo em um estágio precoce da sua evolução.

Um discurso similar se aplica às experiências fusionais, que, essencialmente, não são narcísicas e também não deixam de ser. A busca das experiências fusionais, enquanto retorno à unidade primária, existe também em numerosos contextos não necessariamente narcísicos. A dança e a música, o álcool ou outras drogas, a busca mística ou a adoração de um ideal, o Carnaval e a multidão, sem falar do amor, são, evidentemente, experiências universais. O que caracteriza a sociedade narcísica é a importância dada à busca de uma fusão momentânea e seus traços específicos. Assim, a música clássica consiste em uma alternância de momentos de separação — de tensão — e de harmonia, de união feliz. É por isso que Lasch pode dizer que a arte, enquanto objeto transicional, é suscetível de acalmar a angústia de separação que nos persegue durante toda a vida; a separação não é nela negada ou ocultada, é antes reconhecida, para depois ser superada — em certos momentos. A experiência da música clássica é inteiramente diferente da de um concerto de rock, de uma festa rave ou de uma love parade acompanhada de techno, que decorrem, mais propriamente, da relação que se possa ter com as drogas pesadas.

A educação do paladar das crianças pequenas é outro exemplo de soluções "regressivas" ou "evolutivas" dadas pelas diferentes culturas àquilo que constitui um ponto de partida do processo individual de humanização. Espontaneamente, as crianças pequenas só gostam do sabor adocicado; rejeitam a acidez e, ainda mais, o amargor, mas aceitam sem dificuldades, passado algum tempo, o sabor salgado. Se os adultos não as obrigarem a saborear alimentos amargos, elas nunca tomarão a iniciativa de experimentá-los; mas é perfeitamente possível deixá-las nesta condição inicial, o que atualmente acontece com mais frequência. Uma vasta indústria multinacional, da fast-food aos produtores de bebidas açucaradas e de biscoitos, mobiliza meios enormes para manter os "consumidores" nesse estado de privação sensorial. Mas, para além do aspecto estritamente econômico, isso faz parte de uma infantilização geral ligada ao narcisismo, de que falaremos no próximo capítulo. Aqui, como em outros aspectos, uma solução "evolutiva" deve admitir uma insuficiência inicial do ser humano e levá-lo a uma superação dessa condição, ainda que haja algumas resistências. Se quisermos passar furtivamente ao lado dessas encruzilhadas entre o "caminho largo do vício e a vereda estreita da virtude", arriscamo-nos a perder o acesso a porções inteiras da riqueza humana elaborada ao longo de numerosas gerações e, neste caso específico, a não atingir a plenitude da experiência gustativa.[112]

Como vemos, não se trata, de modo algum, de propor um retorno à natureza, como queria Rousseau, nem de fazer o elogio incondicional da infância, que durante tanto tempo esteve na moda. O ser humano não nasce perfeito para depois ser pervertido pela sociedade. As restrições que esta impõe ao indivíduo ao longo da sua evolução não são sempre simples emanações de um incontornável "princípio da realidade", contra as quais só poderiam respingar "utopistas", "imaturos", "fanáticos" ou "ideólogos abstratos". Boa parte dessas restrições serve para fazer perdurar as sociedades fetichistas que as criaram. Não teria sentido nenhum opor a elas uma "liberdade" inteiramente abstrata, sobretudo quando se trata da infância. O problema reside menos no fato de serem restrições enquanto

---

[112] Terá a humanidade, em seu conjunto, se enfastiado dos seus esforços milenares para se tornar adulta e quererá, por fim, descontrair-se cedendo ao canto de sereia do infantilismo?

tais do que no fato de essas restrições impedirem, para além do que é necessário, o acesso dos indivíduos à plenitude da vida como tornou possível a evolução social e cultural. No entanto, as soluções dadas variam muito, ainda que todas as culturas que existem ou existiram nos pareçam, de uma ou de outra forma, mais repressivas do que o "necessário", como no que diz respeito ao tratamento dado às mulheres, por exemplo. Mas isso não significa que tais soluções se perdem na noite obscura, nem que possamos identificar um "progresso" que resultou em uma ampliação gradual das liberdades e que nos situaria hoje no cume da história — e tampouco no epílogo de uma regressão contínua desde certa idade de ouro do passado.

Seria interessante estabelecer uma classificação das culturas e das sociedades humanas segundo as soluções que estas dão aos limites da condição humana, tais como a angústia de separação, os desejos incestuosos e as pulsões destrutivas. A sociedade mercantil figuraria talvez nessa classificação como a sociedade mais "regressiva", a que mais contribuiu para impedir a maturação dos indivíduos, a que renunciou a grande parte das conquistas das sociedades anteriores. Isso permitiria fundamentar a afirmação segundo a qual o capitalismo decorre de uma "ruptura antropológica", de uma "regressão generalizada", de uma "descivilização", de uma "barbarização" ou de uma "antropogênese às avessas". Entre os elementos constitutivos da "condição humana" com os quais cada cultura tem de transigir, encontra-se, em primeiro lugar, aquilo que podemos chamar de "agressividade", "pulsão destrutiva" ou "pulsão de morte". A agressividade foi uma das questões principais do debate entre a esquerda e a direita sobre as liberdades possíveis e as obrigações necessárias. Nesse campo, as frentes de batalha tendiam a ser particularmente claras. Para a direita, a tendência para a agressividade faz parte da natureza mais profunda e mais "animal" do homem e justifica, por si só, a existência de instituições cujo objetivo é canalizar e limitar o que jamais se pode suprimir. Para a esquerda, a agressividade é somente consequência de circunstâncias que, no plano individual e coletivo, produzem tensão e frustração — podendo existir, naturalmente, posições intermediárias. A guerra, que, segundo Hobbes, Carl Schmitt ou Samuel Huntington, é uma invariante antropológica, explica-se para a esquerda pela avidez e a rapacidade das classes dominantes. A abordagem que aqui propomos não procura saber, no entanto, se as sociedades "engendram" necessariamente a agressão e a destruição, mas como as "gerem". Vimos que a "ausência de mundo" que caracteriza o valor corresponde ao mundo vazio do narcísico; do mesmo modo, veremos que a expansão da "pulsão de morte" no mundo contemporâneo é igualmente uma consequência da forma-sujeito e, sobretudo, de sua implosão final.

O atomismo social, ou seja, a separação radical entre os membros da sociedade, causado pelo trabalho abstrato enquanto princípio de síntese social, dá lugar às fantasias de fusão total que caracterizam o narcísico. Esse isolamento é obviamente um produto da história, não uma constante biológica. O que engendra as formas contemporâneas de decomposição individual e coletiva não é, pois, como muitas vezes se pensa, uma falta de subjetividade, ou seja, um acesso insuficiente ao estatuto de sujeito; é antes um excesso da forma-sujeito. A constituição fetichista-narcísica é contraditória em si mesma e, por consequência, dinâmica; tende para uma saída catastrófica procurando aniquilar o que foi projetado de fora; com efeito, ela é animada por uma "pulsão de morte". A razão moderna tem sempre o seu reverso oculto e "irracional"; como dissemos, Sade é a face oculta de Kant.

Há uma ligação entre dois processos que se desenrolam em paralelo: a dissolução do sujeito no narcisismo (e, ao mesmo tempo, sua constituição por meio desse mesmo narcisismo), que desde o seu "nascimento" no século XVII constituía o núcleo do sujeito, e a diminuição do valor criado por causa da substituição do trabalho vivo pelas tecnologias. Essas duas trajetórias entraram em sua fase aguda há cerca de meio século. Há uma identidade do sujeito moderno e do valor em nível mais profundo, o das *formas de base* que preordenam qualquer conteúdo concreto. Esses verdadeiros *a priori* compõem-se do mesmo vazio, da mesma indiferença ao mundo, da mesma autorreferencialidade: essa identidade desemboca finalmente na aniquilação do mundo e do eu. É a última palavra do sujeito e do valor. Os modos de vida pré-capitalistas estavam, sem dúvida, longe de ser perfeitos, mas, pelo menos, não eram portadores dessas características.

— CAPÍTULO 3 —

O pensamento contemporâneo perante o fetichismo

Embora correndo o risco de esquematismo, podemos distinguir duas fases na "história psíquica" do capitalismo dos últimos 250 anos: a primeira "edipiana" e a segunda "narcísica". A fase "edipiana", marcada por estruturas autoritárias e por um superego muito visível e "masculino", foi uma continuação direta de certas estruturas pré-modernas. A fase "narcísica" teve início, de forma limitada, na década de 1920, embora suas premissas se encontrem na cultura artística boêmia, nomeadamente francesa, da segunda metade do século XIX, da qual Baudelaire é o paradigma, e, antes disso, entre os românticos. Foi travada pela ascensão dos totalitarismos e começou a se impor nos países ocidentais mais amplamente após a Segunda Guerra Mundial, dando em seguida um verdadeiro salto qualitativo depois de 1968. Como dissemos, essa vitória do narcisismo é o devir visível da essência oculta, do núcleo da sociedade mercantil, que remonta, pelo menos, à época de Descartes.

UMA PERDA DOS LIMITES?

Evidentemente, a "camada geológica" narcísica não se limitou a substituir ou afastar a camada edipiana, tanto mais que cada psique individual — como Freud não se cansava de repetir, recorrendo à imagem de Roma e dos seus compósitos construtores —, tal como a mentalidade coletiva, é um mosaico de elementos que datam de diferentes épocas, encavalados e sobrepostos, amalgamados e opostos nas mais variadas combinações. Seria um completo equívoco imaginar que simplesmente ultrapassamos a fase autoritária — quer seja para disso se lamentar, como faz o reacionário, quer seja para com isso se congratular, como faz o progressista otimista. Todavia, o erro oposto é muito mais frequente e consiste em identificar o sistema capitalista com as estruturas edipianas, como se nada de essencial distinguisse a situação atual daquela do século XIX. No pensamento dito "pós-moderno", as formas narcísicas são muitas vezes assumidas erradamente como instâncias de libertação. Com efeito, se identificarmos o capitalismo com uma única das suas fases — a fase rígida, piramidal, abertamente autoritária —, arriscamo-nos a não compreender grande coisa referente à fase "líquida", como a chama Zygmunt Bauman em oposição à fase "sólida" precedente. A vida pós-moderna consiste em fazer da felicidade individual o objetivo da sociedade. Já não se pede ao indivíduo que se sacrifique pelos interesses do coletivo, sendo de fato a satisfação dos desejos, e não o cumprimento do dever, que se propõe como regra geral da vida. Disso decorrem relações mais distendidas e menos hierárquicas entre as classes sociais, entre os idosos e os jovens, os homens e as mulheres, os brancos e os não brancos: a mobilidade social, a possibilidade de cada um "escolher" o seu destino independentemente das suas origens (sociais, geográficas, sexuais etc.), em vez de um cenário preestabelecido e recebido no nascimento; a liberdade sexual, estendida até as "minorias sexuais"; a educação respeitosa com a personalidade das crianças, tanto em família como na escola; a possibilidade de as mulheres fazerem as mesmas escolhas que os homens.

Os espíritos críticos retorquirão de imediato que isso "é apenas" uma "aparência", que não passa, no melhor dos casos, de algo parcialmente verdadeiro. É preciso continuar a lutar para se chegar a uma igualdade real e ao exercício de uma democracia verdadeiramente inscrita na vida cotidiana, porque esses avanços, na melhor das hipóteses, só se concretizaram parcialmente: estão constantemente ameaçados de interdição; as forças reacionárias estão sempre à espreita para anular essas conquistas e voltar à sociedade de outrora. É certo que não faltam exemplos que podem confirmar essa visão. De fato, a sociedade "líquida" é uma *tendência* muito forte, mas que não ocupa a totalidade do campo social. É verdade que mesmo os reacionários dos nossos dias são necessariamente pós-modernos e "líquidos" e que até os neofascistas já não marcham em passo de ganso. Mas tudo isso não basta para explicar por qual razão a visão maniqueísta de uma luta entre progresso e reação, trevas e Luzes, acaba por propiciar, ainda que nem sempre o deseje, as mais recentes formas de dominação da sociedade capitalista, que são também as mais insidiosas.

Desde o fim da década de 1990, alguns autores — psicanalistas ou não — que se referem ao pensamento de Jacques Lacan conduziram um estudo da forma-sujeito correspondente à realidade "líquida" por meio das categorias da psicanálise. A crítica que esses autores opõem ao "delírio ocidental" é uma das tentativas importantes para compreendermos as evoluções mais recentes da forma-sujeito, sobretudo na sua dimensão cotidiana.[113] Seu exame das formas de subjetividade que se instalaram com o neoliberalismo — esses autores falam, com efeito, de (neo)liberalismo, em vez de capitalismo, como veremos mais precisamente — baseia-se na constatação de uma *abolição de todos os limites*. Um dos primeiros livros dessa tendência, publicado em 1997 por Jean-Pierre Lebrun, tem,

---

[113] Sua abordagem apresenta algumas afinidades com a crítica elaborada na mesma época por Jean-Claude Michéa, que já examinamos em "*Common decency* ou corporatisme?" [*Common decency* ou corporativismo?] (Jappe, 2011 [2013]).

aliás, como título *Um mundo sem limite*. O psicanalista Charles Melman lembra em *O homem sem gravidade* (2005 [2003]), seu livro de entrevistas com Jean-Pierre Lebrun, que, durante dois séculos, Hilbert, Gödel, Marx e Freud se dedicaram a assinalar os *limites*. Mas que "o século que aí vem será o da sua retirada: fim dos impossíveis" e que os iniciadores dessa reviravolta foram "Foucault, Althusser, Barthes, Deleuze, que proclamaram o direito já não à felicidade, mas ao prazer". O filósofo Dany-Robert Dufour anunciou que um dos dez mandamentos da economia psíquica na época do liberalismo triunfante proclama o seguinte: "Libertarás as tuas pulsões e irás em busca de um gozo sem limites! (Coisa que resulta na destruição de uma economia do desejo e na sua substituição por uma economia do gozo)".[114]

Em uma série de livros publicados sucessivamente depois de 2000, Dufour examinou, com inegável talento, as origens, a história e o presente da economia psíquica do mercado ilimitado. Declara concordar com Melman e Lebrun ao afirmar que a passagem da economia do desejo para a economia do gozo é um eco "na economia psíquica das modificações surgidas na economia mercantil com a extensão do liberalismo" (Dufour, 2007, p. 304 [2008, p. 258]). Esses autores constatam que o inconsciente se modificou muito desde a época de Freud e que suas formas atuais — por eles consideradas muito negativas — são uma consequência das mudanças ocorridas em outras esferas, nomeadamente a passagem para a economia liberal.[115] Dufour traça as numerosas etapas da instalação do espírito liberal, concedendo um "lugar de honra"

---

[114] Assim o resume o próprio Dufour em entrevista publicada pelo Instituto Europeu de Psicanálise e Trabalho Social (Psychasoc). Disponível em: http://www.psychasoc.com/Kiosque/Le-Divin-Marche.

[115] Os três autores que examinamos aqui — Dufour, Lebrun e Melman — não concordam em tudo; além disso, os dois últimos especializam-se mais no campo clínico. Todavia, pelas necessidades do nosso propósito, levamos em conta o

a Bernard Mandeville e seu *A fábula das abelhas* (1714). Segundo este autor, o liberalismo consiste na abolição de tudo o que limita, a partir da infância, as pulsões e as paixões espontâneas do ser humano; apresenta-se como uma libertação do indivíduo e, desse ponto de vista, parece ter ganhado por completo a partida nas últimas décadas. Na realidade, essa libertação, segundo Dufour, tinha outro objetivo: transformar os sujeitos autônomos em consumidores dóceis, em rebanho de "egogregários",[116] fáceis de governar e prontos para engolir tudo o que a indústria lhes propõe. A "autonomia" do sujeito anterior teria sido fruto de uma interiorização da necessidade de este se remeter para um grande "Outro", necessidade que remontaria, em última análise, à *neotenia*:[117]

> O homem é um animal que chega inacabado ao mundo, não finalizado e, portanto, privado de objetos que nos outros animais são prescritos pelo código genético. A natureza, sem dúvida, flui no homem e leva-o com muito vigor rumo... a algo que ele desconhece. (Dufour, 2014, p. 169)

É por isso que o homem teria, por essência, necessidade de um grande Sujeito, ainda que sua figura possa mudar historica-

---

que eles têm em comum, por isso os chamamos simplesmente de "neolacanianos", sem querer definir uma escola ou qualquer coisa do gênero.

[116] Em vez de falar de "narcisismo" ou de "individualismo", Dufour prefere os termos "egoísmo" e, sobretudo, "egoísmo gregário". Censura Christopher Lasch por esquecer que a sociedade atual tem *falta* de narcisismo primário, de amor-próprio. Ver Dufour (2007, p. 24 [2008, p. 21]).

[117] É bastante curioso que o conceito de neotenia já tenha sido utilizado em 1963 pelo sociólogo Georges Lapassade (1963 [1975]), em *A entrada na vida*, com um propósito diametralmente oposto ao de Dufour. Ao passo que, para este último, a neotenia explica a necessidade de o pequeno ser humano ser guiado e "completado" por um adulto durante muito tempo, Lapassade via nisso a justificação de uma revolta juvenil permanente contra os perigos da esclerose social.

mente: totem, physis, deus, rei, povo, raça, nação, proletariado... Se um ídolo não servir mais, mata-se e cria-se outro, mesmo quando a pessoa se considera ateia (Dufour, 2007, p. 99 [2008, p. 84]). Na antiga ordem patriarcal e religiosa, esse Outro que permite acessar o estatuto de sujeito era uma figura exterior; mais tarde, Kant e Freud transferiram o "pai", e a autoridade em geral, durante muito tempo sinônimos de submissão, para o interior do indivíduo, criando assim um "sujeito forte". Segundo Kant, é a figura do soberano que "permite submeter o homem às leis da humanidade (que o homem não traz em si, mas que ele deve elaborar)" (Dufour, 2007, p. 100 [2008, p. 84]), com a condição de o soberano acabar por permitir que o sujeito prescinda dele (Dufour, 2007, p. 188 [2008, p. 158]).

O transcendentalismo de Kant e a psicanálise freudiana seriam, portanto, os grandes adversários do liberalismo. Na verdade, a psicanálise concorda com o liberalismo ao afirmar que a pulsão é por natureza egoísta e busca apenas a própria satisfação; mas Freud sabia também que "sobre essa pulsão liberada é preciso operar uma subtração do gozo, e isto desde a formação do indivíduo, caso contrário, depois, é tarde demais" — convicção que seria proveniente da sua formação kantiana (Dufour, 2007, p. 309 [2008, p. 262]). Dufour lembra que, segundo Freud, o imperativo categórico de Kant era o herdeiro direto do complexo de Édipo, acrescentando assim à moral kantiana o dispositivo inconsciente que conduz o sujeito à consciência. Com efeito, para poder funcionar, a ficção paterna — da qual há diversas variantes na história — deve permanecer inconsciente e não ser reconhecida como ficção (Dufour, 2007, p. 318 [2008, p. 270]). Caso contrário, nenhuma coesão social será possível.

Por meio da educação e da autoeducação, o homem se torna senhor de si mesmo. Aprende, de fato, a dominar suas paixões e a aceitar os limites — os primeiros dos quais são sempre a renúncia à mãe e a aceitação das diferenças de sexo e idade, bem como da proibição do incesto que daí resulta. Toda a cultura humana se alicerça nessa aceitação. O liberalismo de mercado fez estilhaçar essas construções seculares ou milenares com o único fim de vender mais mercadorias: o *desejo* — que tantas vezes se contenta com um substituto (a neurose é um, a sublimação é outro) ou com uma representação geral, com uma metáfora — é substituído pela *fruição direta*. Desse modo, é hoje proclamado um direito universal e ilimitado à fruição, que se manifesta no consumo frenético de mercadorias e na perda completa de autonomia das próprias pulsões. Dufour constata que "a exploração desmedida da pulsão, nomeadamente com fins mercantis, destrói o sujeito que está em sua origem", notando que entre as consequências mais visíveis do liberalismo se encontra a difusão maciça de pornografia.[118] Essa é a condição ideal para uma nova forma de tirania. A abolição da figura do soberano e da própria ideia de educação, combinada com a rejeição de qualquer regra em nome da liberdade, foi ardentemente defendida por Michel Foucault, Roland Barthes, Gilles Deleuze e Pierre Bourdieu: "A burrada das filosofias pós-modernas [...] foi acreditar que o pequeno sujeito poderia perfeitamente ter escapado sozinho, se, no entanto, as instituições e os grandes Significantes despóticos não tivessem tentado aliená-lo" (Dufour, 2007, p. 187 [2008, p. 157]). O verdadeiro objetivo da escola deveria ser, segundo Dufour, permitir que os jovens controlem suas paixões (no sentido etimológico da palavra). Na Antiguidade, a música, a dança, a poesia e a gramática ensinavam o autocontrole e a harmonia, para transformar a paixão (na qual o sujeito se mantém "passivo") e o grito em expressão, a desmesura em mesura (Dufour, 2007, p. 191 [2008, p. 160]).

Dufour adere inteiramente à tese — que é também a nossa — segundo a qual é apenas aparente o abandono do imaginário

---

118 *Le Divin Marché* [O divino mercado], a começar pelo próprio título, é um paralelismo entre o que diz o "divino marquês", Sade, e a lógica capitalista que faz eco das considerações que desenvolvemos no primeiro capítulo.

religioso operado pela modernidade, porque esse abandono foi sucedido pelo surgimento de uma nova divindade: o Mercado.[119] No entanto, o Mercado nunca poderá verdadeiramente substituir a religião; ele só funciona no presente e "não fornece na ficção aquilo que falta na realidade dos homens". Deixa os "pequenos sujeitos" deslindarem-se com a sua "necessidade de origem". O Mercado "já não vem completar a natureza no que esta não realizou", ao passo que a neurose clássica "implica a estrutura de alienação ao Outro figurando a origem" (Dufour, 2007, p. 191 [2008, p. 160]). Para sair verdadeiramente da religião, seria preciso sair do "liberalismo total", que crê em um espírito oculto velando pela harmonização espontânea dos interesses e vícios privados, e "reinjetar uma dose de regulação [...] em todas as grandes economias humanas" (Dufour, 2007, p. 337 [2008, p. 285]). Em páginas bastante instrutivas, Dufour lembra que Adam Smith era também teólogo e que ele pretendia estabelecer o mercado livre e a "mão invisível" como uma nova forma de providência. Para Adam Smith, que foi buscar em Mandeville o essencial da sua argumentação — sem os aspectos mais provocadores deste último —, era possível que o indivíduo se subtraísse a qualquer moral (Dufour, 2007, p. 103 [2008, p. 86]). Kant e Smith propunham que se aplicasse a lição de Newton na vida social (Dufour, 2007, p. 134 [2008, p. 112-3]), tendo o "interesse egoísta" desempenhado na obra de Smith o mesmo papel que a "atração" na teologia científica de Newton. Para Smith, contudo, era preciso *desregular* o máximo possível para que o desígnio divino se realizasse, ao passo que, para Kant, era preciso *regular*. Toda a modernidade fundava-se em um equilíbrio entre essas duas tendências, mas a desregulação moral, política e econômica passou a invadir todas as esferas da vida. Não se trata

---

119 Não estamos saindo da religião e da transcendência, mas, sim, do transcendental de Kant e de Freud, ou seja, da razão e das Luzes (Dufour, 2007, p. 118 [2008, p. 99]).

apenas da "desregulação econômica": Dufour vê em Foucault um profeta da desregulação graças ao seu elogio da loucura, o que explicaria por que este último é também apreciado pela direita (Dufour, 2007, p. 127 [2008, p. 107]).[120] Do mesmo modo, o sujeito "esquizo" de Deleuze é o sujeito ideal do mercado, tal como o hacker ou o *raider* (predador de empresas) (Dufour, 2007, p. 109 [2008, p. 91]). Destituindo os "significantes despóticos" de Deleuze, foi, afinal, o mercado que se impôs como soberano. Segundo Dufour, Deleuze vai para além do liberalismo; como para o autor de *O anti-Édipo* qualquer identidade é paranoica, é preciso inventar novidades de forma incessante. E isso, observa Dufour, corresponde perfeitamente ao novo espírito do capitalismo, que não gosta dos sujeitos senhores de si mesmos (Dufour, 2007, p. 171-2 [2008, p. 143-4]). Deleuze queria ir mais depressa que o próprio capitalismo, introduzindo a linguagem da economia na análise dos processos simbólicos (Dufour, 2007, p. 175 [2008, p. 146]). Seu elogio do "nomadismo" e da "máquina" foi plenamente recuperado pelas mais recentes estratégias de marketing.[121]

Apesar das intenções alardeadas por esses autores, há de fato, segundo Dufour, o risco de aumentar a barbárie capitalista devido ao "desabamento pós-moderno das duas referências simbólicas fundadoras pelas quais se regrava a nodulação edipiana, identificada por Freud, como a estar no cerne do processo civilizacional" (Dufour, 2007, p. 85 [2008, p. 71-2]). Podemos constatá-lo, prossegue Dufour, no aumento do incesto

---

120 Dufour cita François Ewald e Blandine Kriegel como intérpretes "de direita" de Foucault.
121 Até Slavoj Žižek (2008, p. 19 [2008, p. 56]), em geral admirador de Deleuze, disse: "Imitação impessoal dos afetos, [...] comunicação das intensidades afetivas aquém do nível de sentido, [...] explosão dos limites da subjetividade autolimitada e junção direta do homem à máquina, [...] necessidade de nos reinventarmos constantemente, de nos abrirmos a uma multidão de desejos que nos empurram até os nossos limites. *Com efeito, vários elementos justificam que se qualifique Deleuze como ideólogo do novo capitalismo*" (apud Ouellet, 2011, p. 10).

e da violação de crianças, que exprime a negação da diferença geracional. Antes, havia desejos interditos — classicamente, o desejo pela mãe — aos quais, por conseguinte, se impunha renunciar. Não éramos incitados por certa psicanálise — de tipo deleuziano, diz Dufour — a encarar a realização de tais desejos e a querer escapar ao nó edipiano — por exemplo, mudando de sexo *realmente*.[122] Isso, todavia, ainda não permite fazer filhos. Foi criado, então, um *mercado de crianças*, permitindo que o capitalismo, mais uma vez, levasse a melhor.

Também para Charles Melman o inconsciente do "homem liberal" é diferente do de Freud. O "liberalismo psíquico" faz reluzir a possibilidade de as pessoas terem vidas múltiplas, de usufruírem prazeres plurais, de explorarem todas as situações — mesmo no que diz respeito a identidades sexuais. Isso comporta, "por vezes, evidentemente, efeitos de desrealização. Não é a poligamia, é a polissubjetividade", na qual o sujeito procura ter, simultânea ou sucessivamente, "vários percursos totalmente diferentes do ponto de vista subjetivo" (Melman, 2005, p. 117). A nova economia psíquica não nos torna adultos emancipando-nos do pai, torna-nos bebês, inteiramente dependentes de satisfação. A nova economia psíquica é a ideologia do mercado. É "anônima, não tem nenhum responsável e é isso que se revela desconcertante" (Melman, 2005, p. 224). O discurso de Melman se apresenta como uma crítica radical da mercantilização:

> O processo não depende de ninguém, ou seja, de nenhuma ideologia. Depende unicamente dos povos cuja expansão econômica, acelerada, magnífica, mundializada, precisa, para se alimentar, ver quebrar as timidezes, os pudores, as barreiras morais, os interditos.

---

[122] Melman (2005, p. 202), por sua vez, observa que o direito — que se propõe "seguir a evolução dos costumes" — recusa agora reconhecer a diferença sexual e quer impor em toda a parte uma igualdade perfeita. Desse modo, a sociedade prolonga a negação infantil da diferença sexual.

E isso para criar populações de consumidores, ávidas de um prazer perfeito, sem limites e viciantes. Encontramo-nos doravante em estado de dependência perante os objetos. (Melman, 2005, p. 69-70)

Tal como Dufour, Melman (2005, p. 24) constata uma dessimbolização geral; já não se trata, como anteriormente, de uma "abordagem organizada pela representação, mas, sim, de ir ao próprio objeto" — a expectativa consiste em satisfações de objeto, não em representações (Melman, 2005, p. 34). O que une a nova economia psíquica e a economia pura e simples é "tratar-se aqui, por assim dizer, de uma nova relação com o objeto, da qual decorre que este vale, não pelo que representa, por aquilo de que é representante, mas pelo que é" (Melman, 2005, p. 68).[123] As publicidades que tornam explícitas as fantasias impedem que se fantasie, e a literatura que renuncia à metáfora a favor de uma linguagem supostamente direta impede que se imagine. Mesmo o poder político se afunda na barbárie quando deixa de ser simbólico e "procura apenas defender e proteger a sua existência enquanto poder" (Melman, 2005, p. 80).

EVOCAR A AUTORIDADE PARA ESCAPAR AO MERCADO?

Essas análises parecem nos revelar alguns aspectos da subjetividade contemporânea que poucas pessoas querem ver, especialmente aqueles que não entram no esquema estabelecido do progresso e da reação. Exprime-se nelas uma resoluta oposição à Teoria Francesa e ao panteão onde agora estão instalados os eternos Foucault, Deleuze, Althusser, Barthes etc., que são tidos frequentemente como o *nec plus ultra* da contestação

---

[123] É, por conseguinte, uma crítica invertida em relação à crítica do espetáculo, segundo a qual a representação substituiu a realidade.

intelectual. É evidente que Dufour, Melman e Lebrun não se mostram complacentes perante um público desejoso de ver certas atitudes — por exemplo, o fascínio por formas não ortodoxas de sexualidade e de filiação — reconhecidas como novas fronteiras de uma civilização emancipada em vias de realização.

Mas surgem rapidamente alguns limites em seu discurso. Em primeiro lugar, como entre quase todos os autores contemporâneos, sua crítica ao "capitalismo" limita-se unicamente ao neoliberalismo, mesmo quando o chamam de "hipercapitalismo" ou "capitalismo pós-moderno". De forma implícita ou explícita, as "derivas" de um capitalismo "insalubre" que se teria instalado depois de 1970 são opostas ao capitalismo mais "sólido" do passado. Desse modo, Dufour lamenta a passagem do "capitalismo dos empreendedores" ao dos acionistas e, portanto, a "financeirização" da economia (Melman, 2005, p. 146). Julga ver nisso a "tirania sem tiranos" de que falava Hannah Arendt (Melman, 2005, p. 150), como se tal tirania não tivesse existido antes. Sua crítica das grandes instituições financeiras internacionais, como o FMI, ou suas ilusões a respeito da democracia, dos cidadãos ou da economia "participativa" (Dufour, 2014, p. 160) — quer seja na fábrica ou pelas redes (Dufour, 2014, p. 228) —, ou ainda suas declarações sobre a "melhor divisão do trabalho" (Dufour, 2014, p. 312), mostram-se muito pouco originais.

A nostalgia do capitalismo pretensamente "salubre" da ordem keynesiana-fordista está hoje muito difundida, sobretudo na França. Entre os neolacanianos está acompanhada da nostalgia do "sujeito forte" e das "realidades sólidas", tais como o trabalho, a escola "republicana" e a família. A nova economia psíquica surge assim como uma espécie de simetria psíquica da financeirização.[124] Em contrapartida, não se

---

[124] Lebrun (2011, p. 16-7) considera que "é precisamente aqui que *a subjetividade da nossa época* vincula aquilo que Freud chamava de pré-edipiano — agora

estabelece aqui nenhum elo com as estruturas fundamentais do capitalismo (o valor e o trabalho abstrato). Lamenta-se o *declínio* do sujeito, em vez de se fazer sua crítica. Kant é apresentado como a figura que opôs a "dignidade" ao "preço" das coisas e que, por isso, deu ao indivíduo a força de resistir à sedução permanente exercida pelo consumo. Omitiu-se o seu papel de chantre do espírito abstrato e puramente formal que caracteriza a sociedade mercantil. A interiorização das normas sociais, em que Dufour vê o grande mérito de Kant, tem um lado reverso que ele negligencia por completo: essas normas não são neutras, não representam "a cultura" enquanto tal, perante a qual só existiria a barbárie. Pelo contrário, essas normas específicas defendidas por Kant são elas próprias, como vimos, veículos possíveis da barbárie, sobretudo em sua promoção de "leis" sem conteúdo às quais deveríamos obedecer sem questionar.

Grande parte dos fenômenos sociais e psicológicos descritos por Dufour, Melman, Lebrun e outros autores já existia muito antes da era neoliberal, apesar de esta tê-los exacerbado. A fratura civilizacional não se situa em um passado recente, entre o capitalismo sólido e a sua triste degeneração — coisa que faria cair o capitalismo clássico e todas as suas categorias de base do lado da "civilização". Essa fratura ocorreu alguns séculos antes. O "hipercapitalismo" contemporâneo, assentado nas finanças e na mercantilização extrema de todos os aspectos da vida, limitou-se a desenvolver por completo e ao extremo o que os seus estágios anteriores já continham. A lógica capitalista foi sempre incompatível com a dimensão humana.

A nostalgia do sujeito perdido tem pelo menos duas consequências problemáticas; por um lado, uma apreciação positiva das formas históricas desse sujeito perdido, como a

estendido aos dois sexos — ao neoliberalismo", antes mesmo de falar da "subjetividade neoliberal, a que interioriza psiquicamente o modelo do mercado".

religião e o patriarcado. Apesar das asserções contrárias, esses autores são tentados a fazer o elogio da autoridade, dos estágios anteriores do capitalismo e das estruturas edipianas. Lebrun se vê obrigado a perguntar a Melman, em seu livro de entrevistas: "Como você responde à crítica feita aos psicanalistas, e sobretudo à obra de Lacan, segundo a qual, a pretexto de apelar às leis da linguagem ou à ordem simbólica, preconizaria um regresso ao patriarcado?" (Melman, 2005, p. 92). Melman nega sentir qualquer nostalgia da antiga ordem patriarcal e religiosa: "A única forma de se ser humano é ter em conta o determinismo que as leis da linguagem nos impõem. De maneira nenhuma para celebrá-las, as venerar, ou para enveredarmos pelo ceticismo ou pela resignação", mas para ver o que é possível fazer com elas depois de as termos identificado (Melman, 2005, p. 135). Apesar de afirmar não querer voltar atrás, Melman considera a religião um mal menor, perguntando a si mesmo se será possível, "para muitos, continuar a respeitar a dívida que permite a subjetivação, as consequências dessa relação com o Outro, sem acreditar em um céu habitado" (Melman, 2005, p. 80). O "céu vazio" seria de fato a causa da fraqueza dos indivíduos perante as sereias do consumo — do "objeto", como o chama Melman. O próprio Lebrun lembra, no prefácio à reedição de 2011 de seu livro *Um mundo sem limite*, que convém distinguir melhor do que ele fizera quinze anos antes o "declínio da função paterna" e o "declínio da função patriarcal" (Lebrun, 2011, p. 11). Dufour propõe a mesma questão: "Como se livrar da ideologia patriarcal sem quebrar ao mesmo tempo a função paterna" (Dufour, 2007, p. 325 [2008, p. 275]). E responde-lhe sugerindo que se revalorize o sujeito kantiano-freudiano. A resistência do neurótico — incluindo a depressão —, a recusa de renunciar aos sintomas, são as melhores resistências ao liberalismo. Os neuróticos levam o sujeito a procurar satisfações diferentes das pulsionais e, por isso, a enveredar pelo caminho da "civilização" em relação aos desejos insatisfeitos, interditados pelo "nome do pai" —

tratando-se, pois, para o sujeito, de um trabalho de sublimação. É uma conclusão próxima à de Lasch.

A inquietação desses autores perante a perda da autoridade — ainda que se pretendam contrários a qualquer autoritarismo[125] — leva-os a visões muito unilaterais sobre as liberdades contemporâneas. Assumem também como adquiridas as aparências de liberdade. Hoje em dia, diz Melman (2005, p. 35), "cada qual pode publicamente saciar todas as suas paixões e, além disso, exigir que sejam socialmente reconhecidas, aceitas ou mesmo legalizadas, incluindo as mudanças de sexo". "Já não se pode negar a ninguém a legitimidade da sua satisfação, nem ao transexual nem à mulher idosa que quer ter um filho" (Melman, 2005, p. 141). Melman se esquece que isso só se aplica — na melhor das hipóteses — na esfera familiar e sexual. E que, por exemplo, não é de modo algum considerada socialmente a exigência de alguém viver sem qualquer receio permanente por sua sobrevivência material, ou de ter documentos quando nasceu fora das fronteiras do país onde reside. A crítica formulada a respeito do fato de que qualquer desejo pode, hoje, publicamente pretender ser satisfeito não faz uma distinção entre reivindicações justificadas — por pertencerem à ordem daquilo que a sociedade fez e que, por isso, pode desfazer — e reivindicações discutíveis — por tocarem numa esfera que pode ser considerada "natural". Essa crítica se mostra indiferente ao fato de que a respeito de determinadas coisas há mais limites do que nunca, mais muros, mais barreiras eletrônicas, mais interdições, mais "medidas de segurança", mais estados de emergência.

Por outro lado, a nostalgia de um sujeito perdido, e que teria sido perdido muito recentemente, gera uma incoerência curiosa: ao mesmo tempo que insistem, muitas vezes com razão, na

---

[125] Melman (2005, p. 47) sustenta que o direito de cada qual à plena satisfação dos seus desejos não torna o sujeito mais forte, mas mais fraco, ao privá-lo de qualquer posição "de onde podia fazer oposição".

"revolução antropológica em curso",[126] Dufour e Melman explicam esse acontecimento de grande alcance com fatores meramente contingentes.[127] Se é verdade que a nossa forma de inconsciente remonta ao surgimento da neotenia ou, pelo menos, à Antiguidade romana, como pensa Melman, e se, por conseguinte, ela é multimilenar, é curioso que uma ruptura de tamanha importância possa ser consequência da financeirização recente ou das perturbações ocorridas nas últimas décadas nos sistemas de educação. Lebrun, por sua vez, atribui a nova economia psíquica à "conjunção do desenvolvimento das tecnociências, da evolução da democracia e do impulso do liberalismo econômico" (Melman, 2005, p. 10),[128] o qual terá começado, segundo ele, com a queda do Muro de Berlim.

Embora a palavra "economia" surja com bastante frequência entre os neolacanianos — principalmente na expressão "economia psíquica" ou "nova economia psíquica" —, isso acontece, como também em Freud, de forma amplamente metafórica. Na sua perspectiva, a economia em sentido restrito dissolve-se em uma "economia simbólica" de contornos muito vagos e que mais propriamente se ancoraria em uma ontologia da linguagem. No final, o verdadeiro motor das mudanças residiria sempre nas estruturas familiares (que continuam, obviamente, no centro da visão psicanalítica do mundo). Limitar é a função do pai, e aquilo que os neolacanianos con-

---

126 Segundo Melman, é preciso "pensar uma mudança de grande amplitude com incalculáveis consequências antropológicas", que mostra a ligação entre uma economia liberal desenfreada e uma subjetividade que se julga liberta de qualquer dívida para com as gerações anteriores — ou seja, "'produzindo' um sujeito que julga poder fazer tábua rasa do seu passado". Cita a seguir Marcel Gauchet, que em 1998 dizia, em *La Religion dans la démocratie* [A religião na democracia]: "Estamos assistindo a uma verdadeira interiorização do modelo de mercado — um acontecimento de incalculáveis consequências antropológicas que ainda mal começamos a pressentir" (Melman, 2005, p. 13).
127 Já tivemos de fazer a mesma censura a Christopher Lasch.
128 Introdução de Jean-Pierre Lebrun.

sideram um "regresso contemporâneo ao matriarcado"[129] — por exemplo, na família monoparental — constitui, a seu ver, uma exortação a permanecer no "ilimitado" do regime materno inicial.[130] A perda dos limites, então, seria devida, de certa maneira, ao papel preponderante das mães na sociedade contemporânea e à pretensão à igualdade dos sexos. No entanto, o consumo desenfreado desempenharia igualmente um papel nessa perda dos limites:

> Já não há um piloto no avião em que todos embarcamos; no seu lugar, no assento — será isso tranquilizador? —, o objeto. Depois do Deus de figura animal e posteriormente humana, foi o objeto que lhe sucedeu; em nossa atual terceira fase, é ele que está investido da autoridade. (Melman, 2005, p. 265)

Esse objeto promete um prazer ilimitado, um "gozo suplementar", "sendo a droga, o caso mais notável", acrescenta Melman. Poderíamos pensar que se trata aqui do "sujeito automático", mas esse "objeto", na realidade, não passa da simples mercadoria de consumo cobiçada pelos sujeitos. Seu papel de portador de um valor produzido pelo trabalho abstrato mantém-se completamente fora dessas considerações. Dufour inscreve-se também na linhagem dos críticos da "proletarização do consumidor", que abarcaria, segundo ele, Guy Debord, Jean Baudrillard, Christopher Lasch, George Ritzer e Bernard Stiegler. Não é, pois, surpreendente que alardeie uma nostalgia do "verdadeiro trabalho" (artesanal, controlado pelo operário, pleno de sentido) e da "verdadeira moeda", não assentada na especulação.

---

[129] Se o matriarcado existiu ou não historicamente, não é uma questão discutida por eles. Mais especificamente, falam de um matriarcado ligado à infância inicial.
[130] Ver também Schneider (2003).

Conceber a existência de diversas "economias humanas"[131] permite a Dufour reconhecer que as mudanças que nelas se sucedem contribuem para uma redefinição do inconsciente.[132] Consequentemente, censura os psicanalistas por acreditarem excessivamente na "extraterritorialidade" do inconsciente e se esquecerem de que este se encontra submetido às variações históricas. Podemos nos perguntar, entretanto, se as recentes mudanças na economia psíquica mostram um afastamento perigoso em relação à "essência" do homem descrita por Freud e — segundo esses autores — por Lacan, ou se, pelo contrário, tais mudanças demonstram que as concepções da psicanálise clássica se referiam apenas a uma breve fase da história psíquica do homem. Para os lacanianos, há uma lei eterna, a da linguagem. Porém, admite Melman, essa lei evolui e não assume necessariamente a forma do complexo de Édipo. O inconsciente "clássico", em que o pai interdita o desejo e, desse modo, faz com que o desejo seja introduzido, não passaria assim de *uma* das formas possíveis dessa interdição, dessa "queda" que o "funcionamento próprio da corrente da linguagem inclui" e que, por isso, é o destino de qualquer "ser falante" (Melman, 2005, p. 167). Formas diferentes de inconsciente existiram no passado ou em outras culturas, e existirão outras no futuro.

O discurso de Dufour, que é também o discurso de grande parte da psicanálise, baseia-se em um pressuposto central: as imperfeições do ser humano não resultam apenas de uma ordem social defeituosa, mas sobretudo do caráter naturalmente ilimitado das suas pulsões e paixões, isto é, nos domínios da

---

[131] Dany-Robert Dufour (2007, p. 299 [2008, p. 253-4]) cita seis: "a economia mercantil, a economia política, a economia do vivo, a economia simbólica, a economia semiológica e a economia psíquica".
[132] O autor encontra assim um dos conceitos-chave de Marcuse (mas sem citá-lo), bem como a ideia de distinguir entre uma parte de repressão inevitável (para manter a cultura) e uma parte de repressão excessiva evitável (por servir apenas à manutenção de uma forma específica de dominação social).

libido e da agressividade. Thomas Hobbes é verdadeiramente o pai da ideologia burguesa, mesmo em sua afirmação de que os desejos são por natureza infinitos.[133] A necessidade de educar os "pequenos sujeitos" — os indivíduos reais, na terminologia de Dufour — é obviamente uma consequência disso. Hobbes atribui um lugar importante à "pleonexia",[134] ou seja, à avidez, à insaciabilidade, ao desejo de ter sempre mais e, principalmente, de ter mais do que os outros. Mas será ela "natural", de tal modo que a cultura deva servir como barreira necessária à avidez do homem? É uma grandíssima questão que atravessa também o nosso livro. Sem que postulemos uma "inocência originária" do homem, podemos sugerir, mesmo assim, que a força muito grande das pulsões — que nos parece uma evidência — talvez seja ela própria uma condição especificamente moderna. A observação de algumas sociedades "primárias" sugere, antes, que a busca de riqueza material e de satisfação sexual é nelas muito menos compulsiva do que nas sociedades mais "evoluídas". Em sua *Política* (livro I, cap. 2, 1253a31-39), Aristóteles (1965, p. 34) dizia que o homem, "sem a virtude, é o ser mais perverso e mais feroz, porque só sente os arrebatamentos brutais do amor e do desejo". A concepção ocidental do homem é amplamente fundamentada nessa suposição — mas poderia também ser interpretada como uma característica distintiva do Ocidente, o que explicaria sua enorme agressividade e seu desejo de conquista.

O recurso à categoria psicológica e ética da "avidez" apresenta também outro limite: quando Dufour escreve, por exemplo,

---

[133] "A felicidade é uma contínua marcha em direção ao desejo, de um objeto para o outro; a apreensão do primeiro não é mais que o caminho que leva ao segundo. [...] Coloco assim em primeiro lugar, como inclinação geral de toda a humanidade, o desejo perpétuo e sem tréguas de adquirir poder e mais poder, desejo que só cessa com a morte" (Hobbes, 1971, p. 95-6, *apud* Caillé, 2007, p. 259 [2002]).

[134] Que dá também o título a um livro recente de Dufour (2015).

que "o aumento indefinido da riqueza [é] a única verdadeira visada do capitalismo" (Dufour, 2007, p. 177 [2008, p. 149]), não distingue entre riqueza abstrata e riqueza concreta.[135] Como dissemos, na sociedade mercantil, a riqueza concreta é totalmente secundária em relação à quantidade de tempo abstrato que representa. A bulimia do sujeito capitalista não deriva de suas paixões naturais insaciáveis. Montaigne menciona uma personagem da Antiguidade, Feraulez, protegido do rei persa Ciro, que "havia passado pelas duas fortunas e achado que o acréscimo de posses não era acréscimo de apetite para beber, comer, dormir e abraçar a sua mulher" (Montaigne, 1962, p. 68),[136] julgando, por conseguinte, que "no trono mais elevado do mundo ainda estamos, porém, sentados sobre nosso traseiro" (Montaigne, 1962, p. 1.096 [2010, p. 580]). Qualquer desejo concreto encontra seus limites na capacidade limitada do nosso corpo para assimilar o que lhe dá prazer. Nas representações ingênuas tradicionais, os reis e os heróis comem fartamente ou têm haréns à sua disposição. Mas a possibilidade de alguém ultrapassar os outros nesses domínios continua a ser muito restrita. A tristeza dos reis que já não sabem o que fazer com o seu poder[137] nem como usufruir dele é igualmente objeto de

---

[135] Do mesmo modo, a denúncia dufouriana da degradação do trabalho operada pelo capitalismo — sobretudo em Dufour (2014) — se apresenta com bastante justiça (também referente à cegueira dos marxistas perante a desumanização gerada, entre outras coisas, pelo taylorismo), mas não reconhece a ligação entre a dupla natureza do trabalho e a perda de controle do operário sobre sua produção.

[136] A fonte de Montaigne é Xenofonte, *Cyropédie* [Ciropédia], VII, 3.

[137] "O demônio do nosso tempo se parece com o rei africano da história. Era um rei muito gordo, cabeludo e que tinha mais de cem côvados de altura; um dia subiu à mais alta torre, com doze mulheres, doze cantores e 24 odres de vinho. Toda a cidade estremeceu com as danças e os cânticos, e os casebres mais miseráveis caíram por terra. A princípio o rei dançou também, mas ficou cansado e foi sentar-se em uma pedra, rindo; cansado de rir, começou a bocejar e, para passar o tempo, lançou do alto da torre as doze mulheres, em

lendas, como a de Cleópatra dissolvendo suas pérolas em vinagre ou a de Calígula acariciando a nuca das amantes ao anunciar-lhes que em breve seriam decapitadas.

Em sua genealogia lógica e histórica do dinheiro, Marx tinha mostrado que o entesouramento, forma prevalente da acumulação de riqueza nas sociedades pré-capitalistas, era uma primeira manifestação, embora muito imperfeita, da natureza do dinheiro. Ela já contém *in nuce* a ilimitação:

> O impulso para o entesouramento é desmedido por natureza. Seja qualitativamente, seja segundo sua forma, o dinheiro é desprovido de limites, quer dizer, ele é o representante universal da riqueza material, pois pode ser imediatamente convertido em qualquer mercadoria. Ao mesmo tempo, porém, toda quantia efetiva de dinheiro é quantitativamente limitada, sendo, por isso, apenas um meio de compra de eficácia limitada. Tal contradição entre a limitação quantitativa e a ilimitação qualitativa do dinheiro empurra constantemente o entesourador de volta ao trabalho de Sísifo da acumulação. Com ele ocorre o mesmo que com o conquistador do mundo, que, com cada novo país, conquista apenas mais uma fronteira a ser transposta. (Marx, 1993, p. 150 [2017, p. 206])[138]

É justamente o *desprendimento* do dinheiro em relação a todas as necessidades naturais que o torna ilimitado:

> Todas as demais mercadorias, ou bem são amalgamadas na qualidade de valores de uso — e então o amontoamento é deter-

---

seguida os cantores e, por fim, os odres vazios. Mas seu coração não se sentia ainda aliviado, e então o rei pôs-se a chorar a dor inconsolável dos reis" (Kazantzákis, 1961, p. 335 [1967, p. 320]).

[138] Marx discorreu longamente sobre essa questão em *Contribuição para a crítica da economia política* (Marx, 1977, p. 96-8 [2008, p. 161-3]). Ver também Jappe (2003, p. 139-40 [2006, p. 131-2]).

minado pela particularidade de seu valor de uso: a acumulação de cereais exige, por exemplo, disposições preparatórias especiais; se junto ovelhas, torno-me pastor; o açambarcamento de escravos e de terras implica relações de dominância e sujeição, o aprovisionamento da riqueza particular exige processos especiais, distintos do simples ato da acumulação, e desenvolve aspectos particulares da individualidade. [...] O ouro e a prata não constituem dinheiro por causa da atividade especial do indivíduo que os amontoa, mas porque são cristalização do processo de circulação, que se efetua sem a cooperação do indivíduo. Todo seu trabalho consiste em colocá-los de lado, amontoando tostão a tostão, numa atividade sem conteúdo, que, aplicada às demais mercadorias, as depreciaria.

Nosso entesourador aparece como mártir do valor de troca, como santo asceta, encarapitado sobre o capital, de sua coluna de metal. Somente se preocupa com a riqueza sob a forma social e por isso a enterra e a esconde da sociedade. Procura a mercadoria sob a forma em que pode sempre circular: por isso, a retira da circulação. Entusiasma-se pelo valor de troca, e por isso não troca. A forma fluida da riqueza e sua petrificação, o elixir da vida e a pedra filosofal mesclam-se numa louca alquimia. Como quer satisfazer todas as necessidades sociais, apenas concede o necessário à sua natureza. Como quer fixar a riqueza em sua corporificação metálica, aquela se volatiliza para ele até não ser mais que um puro fantasma cerebral. (Marx, 1977, p. 135 [2008, p. 170-1])

Só quando o dinheiro se torna "dinheiro enquanto dinheiro", pronto para ser reinvestido em um ciclo ampliado de produção, por meio da criação de mais-valor obtido com sobretrabalho não remunerado, é que o dinheiro começa a "coincidir com o seu conceito" e a desenvolver todo o seu potencial. Como dissemos, o ilimitado só se torna verdadeiramente ilimitado quando a multiplicação do valor a partir da multiplicação do trabalho abstrato se torna o princípio de síntese da sociedade. O abstrato, o puro algarismo, não tem limite para o seu crescimento. Por conseguinte, isso constitui mais ou menos o contrário de uma "pleonexia" natural. Tal como o narcisismo é a forma psíquica correspondente à sociedade fetichista mercantil, o "mundo sem limites" é efetivamente uma característica maior da nossa época, embora, por outro lado, origine, por ricochete, a multiplicação de fronteiras e de muros. Como no caso do narcisismo, não se trata de um elemento eterno da vida humana nem de uma reação puramente contemporânea às mudanças econômicas e políticas recentes. Foi o núcleo do regime mercantil que acabou por eliminar todas as sobrevivências dos antigos regimes — e, sobretudo, os limites que determinavam ou respeitavam.

DO IDEALISMO E DO MATERIALISMO

A incapacidade dos neolacanianos em compreender as *causas* dos fenômenos que descrevem é seu ponto fraco. Ou atribuem a maior revolução antropológica, ocorrida há milênios, a uma fase específica do capitalismo que dura apenas trinta ou quarenta anos, ou atribuem a responsabilidade disso a alguns intelectuais (sem se interrogar sobre os motivos da sua audiência), ou então, procurando raízes mais longínquas, atribuem as mudanças na esfera da produção a mudanças na esfera simbólica (em particular, filosófica). Desse modo, Dufour dedica páginas, amiúde notáveis, a Pascal e Descartes, à Lógica de Port-Royal, a Mandeville e a Adam Smith, a Kant e a Sade. São, em grande parte, os autores que examinamos neste livro, e as nossas conclusões, por vezes, assemelham-se. No entanto, a ideia concebida por Dufour sobre a origem do capitalismo a partir do espírito da metafísica, ou seja, como secularização da religião, é completamente diferente da nossa. Descartes, por exemplo, surge no nosso livro como *testemunha* de uma mudança que se operou na esfera das trocas cotidianas, principalmente no trabalho e na circulação do dinheiro. Ainda que nossa abordagem se afaste do "materialismo histórico", este é sempre uma forma de materialismo para o qual o essencial reside nos atos inconscientes ou semiconscientes realizados todos os dias, inúmeras vezes. A explicação de Dufour continua, afinal, "idealista", no sentido banal do termo — um defeito que partilha com Serge Latouche, cujas análises sobre a origem da economia são interessantes em muitos aspectos; com Louis Dumont e suas análises sobre a gênese e o desenvolvimento da ideologia econômica; ou com Cornelius Castoriadis e seu estudo sobre a instituição imaginária da sociedade (Castoriadis, 1975 [1982]). Para eles, a modernidade, o utilitarismo e o economicismo são essencialmente uma questão de imaginário e de ideologia, e não de história *real*, dessa história real do capitalismo que começou com a introdução das armas de fogo no fim da Idade Média e prolongou-se ao longo da concorrência entre os detentores de capital e logo tornou-se um princípio social geral. Isso mostra que o "novo imaginário" a que apelam, embora seja com certeza necessário, não é suficiente. Voltamos sempre à história do filósofo que pensa ser suficiente que uma pessoa se liberte da *ideia* da gravidade para não se afogar.

Essa dificuldade em descrever as causas dos fenômenos é claramente uma consequência da ausência quase total de referência à crítica da economia política e às suas categorias.[139] Apesar da intenção de Dufour de "dizer tudo", de denunciar a "fragmentação dos saberes" (Dufour, 2007, p. 13 [2008, p. 13]), e

---

[139] A esse propósito, citamos a velha frase: "O que falta a todos estes cavalheiros é a dialética", como dizia Friedrich Engels em carta de 1890 ao socialista alemão Conrad Schmidt, a propósito de certos autores desse tempo. A frase foi retomada na capa do n. 8 da revista *La Révolution surréaliste* [A revolução surrealista] e depois, de forma modificada, em uma obra de Man Ray e em um artigo de Guy Debord na revista *Potlatch*.

apesar das suas referências ao conceito de "transdução",[140] ele compartilha, como os outros autores aqui abordados, com o pensamento pós-moderno — tão eloquentemente criticado por todo o resto — do horror perante qualquer explicação "unilateral", sobretudo quando se trata daquilo que chamam "a economia". Estes autores não conseguem distinguir "a economia" da crítica da economia política. Quando Dufour fala do perigo de reduzir as diferentes economias humanas unicamente à economia mercantil, parece identificar um eventual reducionismo abusivo na teoria com a redução *real* operada pela sociedade mercantil — diferença que já mencionamos várias vezes. Escreve Dufour:

> O uso da economia neste campo linguístico, estético e simbólico correspondia a repetir o erro que a economia comete ao abordar a questão das trocas de bens entre os homens. Ela postula sujeitos racionais que estão defendendo os seus interesses e nunca se interroga sobre a produção desses sujeitos, isto é, sobre a economia simbólica que remete a uma economia das pessoas irredutível à economia dos bens. (Dufour, 2007, p. 213 [2008, p. 179])

Atribuir a todos os sujeitos, por princípio, a busca de um interesse racional e consciente é seguramente um erro que o marxismo partilha com as abordagens utilitaristas e liberais; mas é preciso reconhecer que o "economicismo realmente existente" tenta de fato impor tais comportamentos a todos os sujeitos e não constitui uma pura ilusão.

Apesar de suas repetidas referências a Marx,[141] Dufour subestima a contribuição deste último para poder definir o

---

140 Extraído do filósofo Gilbert Simondon, o conceito indica a possibilidade de as lógicas de certas ordens da realidade influenciarem as outras ordens.
141 Que desde o princípio têm limites em termos de entendimento: Dufour (2007, p. 295 [2008, p. 250]) faz uma citação errônea de *O capital* sobre o "sujeito automático", que cita como "substância automática". Do mesmo modo, não tem

"pano de fundo comum" das diferentes desregulações que ele descreve com tanta eficácia, comprazendo-se na oposição banal e falsa entre um jovem Marx humanista, crítico da alienação, e um velho Marx economista, unicamente preocupado com a exploração econômica.[142] Segundo Dufour, a crítica do valor afirma que "a força produtiva de trabalho já não seria o trabalho, mas, sim, as novas formas de cognição e de automatização permitidas pela informática" (Dufour, 2014, p. 143), citando o "Fragmento sobre as máquinas" contido nos *Grundrisse* de Marx. Aqui, Dufour atribui erradamente à crítica do valor a posição dos pós-operaístas, como Toni Negri, e aos defensores do "capitalismo cognitivo" congregados em torno da revista *Multitudes* — que se situam, na realidade, nos antípodas da crítica do valor.[143] A crítica do valor não propõe,

---

sentido falar da "parte do trabalho abstrato diminuindo na produção da riqueza em proporção com o aumento produzido pela ciência e pela tecnologia" (Dufour, 2014, p. 144): é o trabalho *vivo* que diminui, não o trabalho abstrato. O trabalho abstrato, como repetidamente lembramos, não pode, como outro lado do trabalho, diminuir nem aumentar. Em outro momento, o discurso de Dufour sobre as diferentes "economias" leva-o a fazer resumos inconsistentes que se baseiam apenas na analogia. Afirma, assim, que a queda tendencial da taxa de lucro é respondida pelo capitalismo com a proletarização dos consumidores e com uma "queda tendencial da taxa de subjetividade" (Dufour, 2007, p. 328 [2008, p. 278]).
142 Ele próprio (Dufour, 2014, p. 175) cita um trecho de *Salário, preço e lucro* (1865) — obra que obviamente faz parte da fase "economicista" de Marx — em que há a denúncia da redução do operário a um "animal de carga" quando não dispõe de nenhum ócio. Apesar disso, Dufour afirma que, desde 1847, Marx estava "disposto a admitir o trabalho alienado, presumindo que este pudesse ser posto a serviço da revolução" (Dufour, 2014, p. 179).
143 A confusão aumenta quando Dufour escreve o seguinte: "Esta crítica do valor deu lugar a outra corrente desenvolvida na França por André Gorz, no fim de sua vida, depois por Hardt e Negri, e depois por alguns autores da revista *Multitudes*" (Dufour, 2014, p. 147). As teorias de Negri e de *Multitudes* (perante as quais Dufour confessa sua grande perplexidade) têm origens inteiramente independentes da crítica do valor; André Gorz, após ter estado próximo da corrente de Negri, aproximou-se muito da crítica do valor nos últimos anos de vida (ver Jappe, 2013, p. 161-70).

de modo algum, um "esquema de emancipação [que] atribui uma importância particular às tecnociências (que se tornaram as principais produtoras da riqueza)" (Dufour, 2014, p. 146). Ela considera — ao contrário do otimismo beato dos pós-operaístas cognitivos, segundo os quais já estamos deslizando suavemente para uma sociedade do pós-valor — que o papel muito aumentado do "intelecto geral" na produção de mercadorias *diminui* o valor destas últimas, reforçando assim a crise desse modo de produção.[144]

Escreve Dufour (2014, p. 144) que "a proposição oriunda da crítica do valor é forte e [que] só podemos estar de acordo com ela", mas partilha um equívoco bastante corrente quando afirma, em seguida, que a crítica do valor pensa que "o capitalismo vai desmoronar por si mesmo" (Dufour, 2014, p. 145) ou, ainda pior, que seria necessário, segundo essa crítica, aguardar o pleno desenvolvimento do capitalismo, até nos lugares mais afastados do mundo, antes de se poder pensar na sua abolição — e, finalmente, que tudo isso exprime uma forma de "otimismo" excessivo. É necessário desfazer esse equívoco. Embora o capitalismo já tenha sobrevivido a várias crises, isso não significa que sobrevive "nutrindo-se com as próprias fraquezas" (Dufour, 2014, p. 146) ou que "encontra nas crises o meio de se regenerar pela conquista de novos mercados" (Dufour, 2014, p. 186). Há uma grande diferença entre as crises cíclicas da fase de crescimento do capitalismo e os limites absolutos que atingiu há algumas décadas e que resultam da diminuição da massa de valor produzida pelo trabalho vivo em seu conjunto.

Perante a negação pós-moderna das bases naturais da existência humana e as tentativas de considerá-las como simples "construções", o discurso de Dufour é salutar; por outro lado, suas semelhanças com o discurso reacionário clássico podem certamente irritar. O filósofo francês Maine

---

[144] Ver Jappe & Kurz (2003).

de Biran, em 1816, na Câmara dos Deputados, em defesa dos princípios da Restauração, já dizia o seguinte:

> Se quisermos restituir ao povo os hábitos morais análogos à sua posição, dando-lhe a conhecer e a estimar seus deveres, em vez de continuarmos a entretê-lo com direitos quiméricos; se os brandos sentimentos da família, as relações de vizinhança, os gostos simples e moderados são os primeiros bens do homem em todas as condições e as únicas compensações das dores que tão frequentemente oprimem as classes mais baixas, evitemos manchar estes bens. (Maine de Biran, 1999, p. 469)

Semelhante discurso pode, portanto, tender para uma defesa do "realismo" mais banal e de todos os constrangimentos que seria necessário admitir. A alternativa ao narcisismo não pode ser a aceitação das realidades existentes e o apagamento do indivíduo perante aquilo que está vigente, em uma adesão unilateral ao princípio de realidade em detrimento do princípio de prazer.[145] Se considerarmos que qualquer tentativa para mudar radicalmente as condições de vida na sociedade decorre do narcisismo e das fantasias de onipotência, chegamos à equação liberal: utopia = totalitarismo. Não se pode qualificar como "narcísica" toda busca de absoluto, nem como fantasias de onipotência todas as grandes ambições e projetos grandiosos do passado e do presente, de tal maneira que só a ladainha cotidiana e o reformismo "realista" se furtariam ao narcisismo. A exortação que Freud fez aos homens no sentido de se contentarem com a "infelicidade corrente" que a família e o trabalho representam não pode ser a última palavra — embora ela exprima mais verdade sobre a sociedade burguesa do que todas as receitas de felicidade, mesmo temperadas com molho

---

[145] Boltanski e Chiapello (1999, p. 597 [2009, p. 496]) evocam o papel do lacanismo no sentido de libertar os quadros (em nome do "realismo") dos constrangimentos morais que limitavam as possibilidades de lucro.

psicanalítico. Voltamos sempre à questão: que fazer hoje em dia do superego, fruto do complexo de Édipo? Será positivo o seu declínio, significará ele uma forma de maior liberdade individual, o fim do patriarcado ou mesmo do trabalho? Ou terá ele levado a uma nova forma de fetichismo, ainda mais difícil de compreender, de nomear e de combater, por estar bem instalada no interior dos indivíduos e parecer concordar com o seu desejo de "prazer"?

NOVAS FORMAS, VELHAS INFELICIDADES?

O novo espírito do capitalismo, dos sociólogos Luc Boltanski e Ève Chiapello, publicado em 1999, tornou-se rápida e merecidamente um texto de referência. Sua tese de fundo é clara e bem argumentada. O espírito "clássico" do capitalismo, baseado na pequena empresa patriarcal e burguesa, é o que Max Weber descreveu no início do século XX. O segundo espírito do capitalismo atingiu seu apogeu entre 1930 e 1960, tendo em seu centro as grandes organizações. O terceiro espírito iniciou-se após 1968 e perdura até os nossos dias. O que caracteriza esses diferentes "espíritos" não são apenas fatores sociais, econômicos ou tecnológicos, são também sistemas de *justificação*. A justificação não consiste unicamente em uma ideologia, mas também, e principalmente, na motivação cotidiana dos atores e nos parâmetros que calculam a "grandeza" relativa desses atores. Esse aspecto é muito importante, porque, como de pronto admitem os autores, "o capitalismo, sob muitos aspectos, é um sistema absurdo" (Boltanski & Chiapello, 1999, p. 41 [2009, p. 38]),[146] devendo, portanto,

---

[146] Os autores inscrevem-se na crítica do ilimitado: "Essa dissociação entre capital e formas materiais de riqueza lhe confere um caráter realmente abstrato que vai contribuir para perpetuar a acumulação. Uma vez que o enri-

recorrer a numerosas justificações para levar os atores para um jogo em que suas possibilidades de êxito são fracas. Max Weber desenvolvera a ideia segundo a qual "as pessoas precisam de poderosas razões morais para aliar-se ao capitalismo" (Boltanski & Chiapello, 1999, p. 43 [2009, p. 40]), tamanha a maneira como ele se mostra contrário às tradições. O salário, apenas por si mesmo, não leva as pessoas a se atirarem de fato no trabalho, e a simples obrigação também não é suficiente. O capitalismo moderno pede uma adesão ativa. Requer especialmente mobilizar a energia do pessoal superior — os quadros e os gestores —, apresentando-se a eles não apenas como um ganha-pão, mas também como uma possibilidade de liberdade e de autorrealização.

Boltanski e Chiapello distinguem na sociedade contemporânea seis "cidades" (ou "lógicas") que remontam a diferentes épocas históricas e formam a totalidade das "justificações" que podem motivar os atores sociais: a *inspirada* (o santo, o artista); a *doméstica* (posição hierárquica em uma corrente de dependências pessoais); a *da fama* (opinião de outrem); a *cívica* (em que o "grande" é o representante de um coletivo cuja vontade geral ele exprime); a *mercantil* (propor mercadorias desejadas); a *industrial* (eficácia, capacidades profissionais). O primeiro espírito do capitalismo consistia acima de tudo em um compromisso entre cidade doméstica e cidade mercantil; o segundo espírito era o compromisso entre cidade industrial e cidade cívica. O "terceiro espírito" caracteriza-se

quecimento é avaliado em termos contábeis, sendo o lucro acumulado num período calculado como a diferença entre dois balanços de duas épocas diferentes, não existe nenhum limite, nenhuma saciedade possível, como ocorre, ao contrário, quando a riqueza é orientada para necessidades de consumo, inclusive o luxo" (Boltanski & Chiapello, 1999, p. 38 [2009, p. 35]). Em nota, os autores acrescentam: "Conforme observa Georg Simmel, só o dinheiro nunca decepciona, contanto que não seja destinado ao gasto, mas à acumulação como um fim em si".

pela "cidade por projetos", em que a grandeza se baseia na atividade de "mediador" e o equivalente geral é a "atividade", que ultrapassa as oposições entre trabalho e não trabalho, trabalho estável e instável, assalariado e não assalariado (Boltanski & Chiapello, 1999, p. 165 [2009, p. 141]). Cada cidade faz pesar obrigações específicas sobre a acumulação e impõe limites reais, que não são somente destinados a ocultar a realidade das forças econômicas.

O que é verdadeiramente interessante e inovador na abordagem de Boltanski e Chiapello, apesar da fraqueza teórica de sua concepção do capitalismo,[147] é a atenção que prestam à recuperação das críticas dirigidas a cada "espírito" do capitalismo que depois foram aplicadas para construir o espírito seguinte, transformando a resposta às antigas fraquezas em novos pontos fortes:

> A noção de espírito do capitalismo também nos possibilita associar numa mesma dinâmica a evolução do capitalismo e as críticas que lhe são feitas. Em nosso construto, atribuiremos à crítica um papel de impulsor das mudanças do espírito do capitalismo. (Boltanski & Chiapello, 1999, p. 69 [2009, p. 61])

O capitalismo deve, portanto, recorrer a motivações extraeconômicas, que de fato podem ter sido inicialmente motivações antieconômicas:

> Para manter seu poder de mobilização, o capitalismo, portanto, deve obter recursos fora de si mesmo, nas crenças que, em determinado momento, têm importante poder de persuasão, nas

---

[147] Referem-se, por exemplo, à distinção, introduzida por Karl Polanyi e Fernand Braudel, entre o *mercado*, que seria uma categoria histórica muito vasta e sujeita a numerosas regulações, e o *capitalismo*, que seria o caso específico e recente de um mercado *não regulado*. Por razões evidentes, parece-nos impossível falar de um "mercado" antes do capitalismo e da autonomização do dinheiro.

ideologias marcantes, inclusive nas que lhe são hostis, inseridas no contexto cultural em que ele evolui. O espírito que sustenta o processo de acumulação, em dado momento da história, está assim impregnado pelas produções culturais que lhe são contemporâneas e foram desenvolvidas para fins que, na maioria das vezes, diferem completamente dos que visam a justificar o capitalismo (Boltanski & Chiapello, 1999, p. 69 [2009, p. 53]).

Se o capitalismo é tão robusto, é "porque ele encontrou em seus críticos mesmos os caminhos para a sua sobrevivência. [...] Foi, provavelmente, essa capacidade surpreendente de sobrevivência graças à assimilação de parte da crítica que contribuiu para desarmar as forças anticapitalistas". Há uma consequência paradoxal: a fragilidade que surge precisamente quando os concorrentes reais desapareceram e o capitalismo parece triunfante — como agora acontece (Boltanksi & Chiapello, 1999, p. 69 [2009, p. 61-2]).

A crítica pode ter três efeitos principais: deslegitimar os espíritos anteriores, ajudar o capitalismo a incorporar uma parte dos valores dos seus contestadores e levá-lo a tornar-se mais ilegível. Para a crítica, as consequências são desoladoras:

> A não ser que se saia totalmente do regime capitalista, o único destino possível da crítica radical [...] é ser ela utilizada como fonte de ideias e legitimidade para se sair do âmbito excessivamente normatizado e, para certos atores, excessivamente custoso, herdado de um estado anterior do capitalismo. (Boltanski & Chiapello, 1999, p. 79 [2009, p. 70])

A crítica e o capitalismo voltam sempre ao embate, e muitas vezes as mudanças obtidas pela crítica criam novos problemas que suscitam um outro tipo de crítica.

Por outro lado, Boltanski e Chiapello introduzem uma distinção, que teve certo sucesso, entre "crítica social" e "crítica artística". Desde o começo, a indignação contra o capitalismo teve por base quatro grandes origens: o desencanto e a inautenticidade; a opressão pelo mercado e a condição salarial; a miséria e as desigualdades; o oportunismo e o egoísmo. A crítica artística provém, sobretudo, das duas primeiras; a crítica social, das duas últimas. Esses dois tipos de crítica nem sempre foram concordantes, a primeira acusando com frequência os artistas de imoralismo e egoísmo, e os artistas acusando a crítica social de conformismo e estreiteza de espírito. As relações entre o Partido Comunista Francês e as vanguardas artísticas foram uma ilustração disso. Cada crítica pode, aliás, apresentar-se como a mais radical, e cada uma tem um lado modernista e um lado antimodernista.

Depois de 1968, perante a impossibilidade de impedir os protestos dos trabalhadores por aumentos de salários e concessões aos sindicatos, os gestores optaram por outra estratégia: acolher as solicitações de autonomia pessoal que tinham se difundido sobretudo nas camadas médias e superiores dos assalariados.[148]

> Parece-nos, assim, bem evidente que a nova gestão empresarial pretende responder às demandas de autenticidade e liberdade, feitas historicamente em conjunto por aquilo que denominamos "crítica estética", deixando de lado as questões do egoísmo e das desigualdades tradicionalmente associadas na "crítica social".
>
> O novo questionamento das formas até então dominantes de controle hierárquico e a concessão de maior margem de liberdade são apresentados [...] como resposta às demandas de autonomia provindas de assalariados mais qualificados [...], que, formados num ambiente familiar e escolar mais permissivo, têm dificuldade para suportar a disciplina da empresa [...]. (Boltanski & Chiapello, 1999, p. 149 [2009, p. 129-30])

---

[148] Boltanski e Chiapello mostram-no por meio de uma leitura detalhada das revistas de gestão dessa época.

Foi um êxito: não só o número das jornadas de greve se dividiu por oito entre 1972 e 1992 (Boltanski & Chiapello, 1999, p. 244 [2009, p. 199]), como as concessões ao tipo de reivindicações (autenticidade, liberdade) que tradicionalmente emanavam dos meios artísticos — e que, depois de 1968, se tornaram um fenômeno de massa — deram um novo fôlego às modalidades de acumulação e às justificações que as acompanhavam.

Assim, por exemplo, as qualidades que, nesse novo espírito, são penhores de sucesso — autonomia, espontaneidade, mobilidade, capacidade rizomática, polivalência [...], comunicabilidade, abertura para os outros e para as novidades, disponibilidade, criatividade, intuição visionária, sensibilidade para as diferenças, capacidade de dar atenção à vivência alheia, aceitação de múltiplas experiências, atração pelo informal e busca de contatos interpessoais — são diretamente extraídas do repertório de maio de 68. (Boltanski & Chiapello, 1999, p. 150 [2009, p. 130])[149]

Essas qualidades passam a ser aplicadas, então, a serviço da causa oposta. A crítica à hierarquia e à vigilância é assim desligada da crítica à alienação mercantil. A crítica à inautenticidade é igualmente recuperada com a convivialidade, oposta ao formalismo burocrático que tenta erradicar tudo o que não é racional.

Todavia, muitos críticos declarados do capitalismo não compreenderam, ou não quiseram compreender, essa mudança; para eles, eram apenas concessões feitas a contragosto por uma dominação que, essencialmente, continuava a ser a do século XIX e que continuava a ter tendência para "quebrar"

---

[149] Os autores citam a esse propósito passos de *A arte de viver para as novas gerações*, de Raoul Vaneigem, que "poderiam figurar no *corpus* da nova gestão empresarial" (Boltanski & Chiapello, 1999, p. 152 [2009, p. 569-70]).

as "conquistas" sociais e societais.¹⁵⁰ Boltanski e Chiapello (1999, p. 419 [2009, p. 347]) fazem um retrato eficaz desse contexto:

> A maioria dos intelectuais fez de conta que nada estava acontecendo e continuou [...] a considerar transgressoras posições morais e estéticas doravante incorporadas a bens comerciais oferecidos sem restrição ao grande público. A espécie de mal-estar, que essa má-fé mais ou menos consciente não podia deixar de provocar, encontrou um derivativo na crítica à mídia e à midiatização como desrealização e falsificação de um mundo no qual eles permaneciam como únicos guardiões da autenticidade.

A crítica artística viu-se então enfraquecida pelo apagamento da oposição entre os intelectuais e os artistas (os representantes do idealismo) e as elites econômicas (os representantes do realismo). O artista contemporâneo tornou-se uma microempresa, ao passo que o gestor de empresas passou a se apresentar, por sua vez, como um "criativo" que anda de projeto em projeto. Depois de autores como Bourdieu, Derrida e Deleuze terem negado a própria concepção de um sujeito que se encontre perante a alternativa existencial entre autenticidade e inautenticidade, deixava de haver qualquer possível ponto de vista exterior para denunciar o "espetáculo" (Boltanski & Chiapello, 1999, p. 549-51 [2009, p. 454, 459]). As diferentes críticas do conceito de autenticidade desvalorizaram a rejeição "artística" dos bens de consumo, do conforto e da mediocridade cotidiana e libertaram muitos intelectuais do desprezo pelo dinheiro. Certa sociologia da arte, ao afirmar que o artista é apenas um trabalhador como os demais, contribuiu para a perda de "aura" da arte (Boltanski & Chiapello, 1999, p. 567 [2009, p. 647]).

---

150 Já evocamos a obstinação difusa de considerar o capitalismo pós-moderno como se continuasse a se tratar das formas antigas (Jappe, 2011 [2013]).

Boltanski e Chiapello (1999, p. 521 [2009, p. 434]) dão ênfase ao deslocamento progressivo do sentido da mágica palavra "libertação":

> Os dois sentidos de "libertação" de que se vale o capitalismo em sua cooptação [são os seguintes:] *obtenção de liberdade* em relação a uma situação de *opressão* sofrida por um *povo*, ou [...] *emancipação* em relação a qualquer forma de *determinação* capaz de limitar a autodefinição e a autorrealização dos *indivíduos*.

O primeiro termo evoca a alienação própria de um grupo, por exemplo, os operários; o segundo é mais característico da crítica artística e dá conta das alienações específicas que derivam de qualquer forma de necessidade, de enraizamento ou de inscrição em uma nação, um ofício, um sexo etc. (de que decorre, por exemplo, a luta contra os "estereótipos"). Nessa redefinição da liberdade, teve um papel importante a herança das vanguardas artísticas e sua busca por uma vida não burguesa:

> As reivindicações de autonomia e autorrealização assumem aí a forma que lhes foi dada pelos artistas parisienses da segunda metade do século XIX, artistas que fizeram da *incerteza* um estilo de vida e um valor: poderem dispor de *várias vidas* e, correlativamente, de uma *pluralidade de identidades*, o que também supõe a possibilidade de libertar-se de qualquer *dotação* e a rejeição de qualquer *dívida original*, seja lá de que natureza for. (Boltanski & Chiapello, 1999, p. 522 [2009, p. 434-5]).

As atividades artísticas e literárias tinham ficado à margem do capitalismo por causa da indistinção entre atividade profissional e pessoal, divisão que nos outros se revelou fundamental para a venda da força de trabalho ou para os diplomas.

Em nossos dias, pelo contrário, generalizaram-se os traços característicos da vida de artista no século XIX — "indistinção entre tempo de trabalho e tempo fora do trabalho, entre amizades pessoais e relações profissionais, entre o trabalho e a pessoa daquele que o realiza". Tais traços engendram também angústias próprias do "mundo conexionista" (Boltanski & Chiapello, 1999, p. 506 [2009, p. 421]). Com efeito, no mundo conexionista, que Boltanski e Chiapello designam também como "cidade por projetos" e a cuja análise dedicam muitas páginas, a incapacidade de estabelecer relações duradouras de família, de amizade ou de trabalho é vivida como um insucesso pessoal e leva a uma autodesvalorização que torna mais difícil a formação de novas ligações. "Cada ser [...] existe em maior ou menor grau segundo o número e o valor das conexões que passam por ele" (Boltanski & Chiapello, 1999, p. 188 [2009, p. 160]). O mundo conexionista cria novos sofrimentos e, portanto, suscita novas críticas. Tal como a emergência do segundo espírito do capitalismo teve parcialmente em conta as críticas feitas ao primeiro espírito (mais segurança para os assalariados quer dizer também mais liberdade), depois de 1968 afirmou-se que essa liberdade se tinha tornado uma nova opressão (a burocracia, as regras). O terceiro espírito incorporou essa crítica. Será hoje possível demonstrar "de novo que as promessas não foram cumpridas e que surgiram novas formas de opressão?" (Boltanski & Chiapello, 1999, p. 515 [2009, p. 429]). O aumento das restrições, do ritmo de trabalho e das responsabilidades é uma não liberdade, tal como o controle recíproco dos operários nas equipes, o "controle pelo mercado e o controle informático em tempo real, mas à distância" (Boltanski & Chiapello, 1999, p. 520 [2009, p. 433]). No mundo conexionista, dizem-nos Boltanski e Chiapello (1999, p. 639 [2009, p. 532]), a crítica deve propor um novo tipo de justiça. A "cidade por projetos" não "possibilita realizar ações destinadas a limitar a extensão da mercantilização. No entanto, aí se situam talvez as únicas visões críticas que o capitalismo não pode cooptar, porque, de algum modo, é de sua essência a íntima relação com a mercadoria". Segundo eles, caso o capitalismo "não volte a dar razões de esperança a todos aqueles cujo empenho é necessário ao funcionamento do sistema como um todo" (Boltanski & Chiapello, 1999, p. 28 [2009, p. 28]), ele poderá se encaminhar para uma crise mortal. Seria sempre, portanto, o déficit de consentimento que poria o capitalismo em crise.

NOVOS DISCURSOS DAS MISÉRIAS DESTE TEMPO

Se nos referimos detalhadamente ao *Novo espírito do capitalismo* é porque esse livro, embora muito afastado da crítica do valor, tanto pelas bases teóricas como pelas consequências políticas (que permanecem em uma perspectiva "reformista--republicana"), tem a vantagem de tentar uma análise global da situação presente. Não podemos dizer a mesma coisa da maioria das descrições recentes, mesmo críticas, das mutações sociais. As modificações da forma-sujeito e, designadamente, a transformação das antigas instâncias de libertação em subjetividades mercantis, foram observadas com frequência. Mas o que falta, em geral, é a identificação de uma realidade mais profunda e mais dificilmente avaliável: o fetichismo da mercadoria, consequência do trabalho abstrato. Ou seja, o interesse dessas abordagens reside justamente na descrição dos fenômenos, e não na interpretação que deles apresentam.

Continua a ser sempre motivo de espanto a transformação do que era subversivo em auxiliar da nova tirania. Por exemplo, na escola repressiva norte-americana da década de 1950, descrita no filme *Sociedade dos poetas mortos*, de Peter Weir (1989), o *carpe diem* — "Viva a sua vida", em vez de sacrificá-la aos valores supostamente "superiores" — que o professor inconformista tenta transmitir aos seus alunos era efetivamente subversivo. Hoje em dia poderia tratar-se de um slogan da Nike — e talvez até já o seja. Do mesmo modo, o poema "Les oiseaux de passage" [Os pássaros de passagem] (1876), de Jean Richepin, musicado por Georges Brassens, poderia, sem dúvida, ser cantado hoje em coro em qualquer aeroporto pelos neonômades yuppies, vencedores da mundialização e menosprezadores da mediocridade burguesa. Todos os dias surgem novos exemplos desse tipo de deslocamento. Basta observar a utilização que a publicidade faz das palavras "revolução", "rebelde", "evasão", "subversão" ou "vida verdadeira".

As formas recentes de colonização do imaginário foram descritas pormenorizadamente em Sem logo: a tirania das marcas em um planeta vendido (2001 [2002]), de Naomi Klein,[151] best-seller internacional. O papel específico desempenhado pela contracultura e o espírito cool e "jovem" da década de 1960 constitui o objeto de um livro de Thomas Frank (Frank, 1997). Todavia, um dos autores que melhor criticaram a exploração do imaginário com objetivos mercantis é Annie Le Brun. Segundo a autora:

> É este o niilismo que a razão tecnicista subentende, jogando justamente com a forma transicional, o buraco entre causa e efeito, para impedir que concebamos o que estamos fazendo. Disso resulta um verdadeiro desarranjo da imaginação, que está na origem do fenômeno de *desmetaforização generalizada*, através do qual, com a ajuda do narcisismo, a maior parte das pessoas gosta hoje em dia de se encontrar. De tal modo que, incessantemente reiterada como evitamento de outrem, essa desmetaforização apressa um desmoronamento da representação que a época se esforça por camuflar por meio da sua estética do Mesmo, que se propaga como arte da reciclagem, quando não se trata de pleonasmo. (Le Brun, 2011, p. 241)

---

[151] Nas páginas seguintes são mencionados vários estudos. Foram escolhidos por serem, a nosso ver, aqueles com os quais é possível um diálogo crítico.

Le Brun é também autora da seguinte frase, verdadeiramente notável: "Não podemos duvidar de que a devastação da floresta natural é paralela à devastação da floresta mental" (Le Brun, 2011, p. 73). A "desmetaforização" evocada por Annie Le Brun refere-se, evidentemente, à importância da metáfora em qualquer poesia, nomeadamente nos surrealistas, aos quais ela diz pertencer. Para estes, a criação ou a descoberta de metáforas espantosas devia levar a um desmoronamento das relações entre as coisas, até na realidade. A metáfora tem sempre de ser reinventada ou transformada por quem recorre a ela — não apenas na poesia escrita, mas também na vida cotidiana. Assim, ela representa uma verdadeira forma de liberdade. Isso a distingue do "símbolo", cujo estiolamento tanto preocupa Dany-Robert Dufour e outros neolacanianos. A "dessimbolização" é hoje tão visível quanto a desmetaforização. No entanto, o símbolo mantém, necessariamente, um caráter autoritário: os símbolos já estão sempre presentes e falam em nome de uma força superior. Não se prestam à inventividade individual, exigem respeito. São a emanação de um Grande Sujeito, inacessível ao "pequeno sujeito". O desmantelamento dos Grandes Sujeitos (se de fato aconteceu...) pode efetivamente conduzir à barbárie, se surgir na tormenta de um capitalismo em crise, substituindo o mau pelo pior. Mas se a única alternativa fosse um retorno à adoração dos símbolos, então todos os esforços libertadores, como os empreendidos pelos surrealistas, teriam sido em vão.

O empobrecimento do imaginário consiste, em parte, no que poderíamos qualificar como *desaparecimento da infância*. É certo que a infância nunca foi um éden de inocência, como alguns gostam de imaginar, e não é menos verdade que nunca antes na história a infância foi terreno tão amplo de uma exploração econômica desavergonhada. A diminuição do trabalho infantil nos países "desenvolvidos" não pode esconder o fato de que hoje as crianças ganham seu direito à vida *servindo* maciçamente à marcha da economia. Esse é um fato evidente. É preciso reconhecer que os danos infligidos à psique das crianças não são menos graves do que os infligidos aos seus corpos submetidos a trabalhos físicos pesados. A estandardização do imaginário pelos videogames, para citar apenas esse exemplo particularmente flagrante, empobrece o ser humano em formação, tanto quanto carregar tijolos durante o dia todo deforma o corpo. O excesso de imagens é já, por si só, um atentado à eclosão do potencial humano: há um abismo entre conteúdos transmitidos por palavras, com o eventual apoio de algumas imagens, em narrativas e livros, e imagens hiper-realistas que impedem a formação de um imaginário pessoal. Essa diferença conta muito mais, sem dúvida, do que saber se os conteúdos são ou não "violentos". Crescer com sanidade em um mundo onde existe uma Baby TV (lançada em 2003 pelo grupo Fox) corresponde a um desafio bem difícil. De resto, o tipo de dependência criado pelas imagens eletrônicas parece bastante similar aos efeitos das drogas pesadas, e salvar um filho dos efeitos da exposição permanente aos aparelhos eletrônicos pode se revelar tão difícil quanto mantê-lo afastado das drogas e das gangues quando se vive em um lugar onde ambas abundam. Hoje em dia, falar de "infância roubada" não se refere unicamente aos maus-tratos e à miséria que as mídias gostam de transformar em seu "mel".

Ao mesmo tempo, temos de constatar a *infantilização dos adultos*. O estatuto da infância mudou radicalmente. Durante muito tempo, a infância representou o *outro* da sociedade capitalista, o seu contrário: o jogo em vez do trabalho, a despesa em vez da poupança, o imediato em vez da espera, o prazer em vez da renúncia, a desordem feliz em vez da construção paciente, o desejo em vez da ascese, a emoção em vez da fria racionalidade, a tagarelice espontânea em vez da linguagem estruturada, a sedução em vez do esforço, o rabisco entusiasta em vez da perspectiva construída. As crianças eram educadas brutalmente para os valores da sociedade; "permanecer criança" era incompatível com uma participação na vida coletiva. "A humanidade teve de se submeter a terríveis provações até que se formasse o eu, o caráter idêntico, determinado e viril do homem, e toda a infância ainda é de certa forma a repetição disso", escreviam Horkheimer e Adorno (1974, p. 49 [1985, p. 44]) em seus trabalhos sobre a genealogia do homem ocidental. Durante o século XX, as coisas mudaram muito: a crítica do modo de vida capitalista assumiu com frequência a forma de uma exaltação da infância, sobretudo no mundo artístico. Hoje são os valores da infância (ou apresentados como tais) que fazem o capitalismo andar, em particular os seus setores de ponta. O perfeito sujeito capitalista comporta-se muitas vezes como uma criança — no que diz respeito ao consumo, mas por vezes também no que diz respeito à gestão das coisas (por exemplo, no mercado financeiro o horizonte temporal é extremamente encurtado e são frequentes os comportamentos erráticos). Antes, podia acusar-se o capitalismo de oprimir a criança presente em cada um de nós; hoje, devemos, mais propriamente, acusá-lo de nos infantilizar. Em vez de falarmos de um "desaparecimento da infância", como fez o teórico das mídias Neil Postman,[152] podemos dizer que "não há em nenhum momento um acesso à idade adulta", como já constatava Guy Debord em 1961 (Debord, 2006, p. 543). O politólogo estadunidense Benjamin Barber publicou um livro muito afamado e traduzido em várias línguas, *Consumido: como o mercado corrompe crianças, infantiliza adultos e engole cidadãos* (2007 [2009]).[153] Mas a infantilização não é um processo específico do mundo do consumo; há tam-

---

[152] Ver Postman (1982 [2005]). Em nossa opinião, as análises de Postman sobre o funcionamento das mídias estão entre as melhores, especialmente no livro *Amusing Ourselves to Death: Public Discourse in the Age of Show Business* [Nos divertindo até morrer: o discurso público na era do show business] (Postman, 2011).
[153] Jean-Pierre Lebrun refere-se a Barber e à sua denúncia do espírito de infantilização, que corresponderia a um funcionamento psíquico "organizado pela prioridade da sensação e unicamente pela presença e a prevalência do imediato". O capitalismo consumista, "desconsiderando qualquer subtração de prazer, instala a imortalização no adulto da perversão polimórfica da criança" (Lebrun, 2011, p. 17).

bém uma infantilização da produção, resultado da perda das competências manuais.[154] Transformam-se numerosas atividades em jogos e apresenta-se o trabalho como um divertimento, mas, ao mesmo tempo, estende-se a lógica do trabalho e da performance à vida por completo e transforma-se o divertimento em trabalho, sendo um e outro regidos pelas leis da concorrência e do rendimento. Tal abolição da fronteira entre trabalho e lazer deságua em uma sociedade sem repouso.[155] A aceleração permanente e, paradoxalmente, a "falta de tempo" que dela resulta foram descritas por Lothar Baier e Hartmut Rosa,[156] e, muito antes deles, por Paul Virilio.

Quase todas as faculdades humanas foram exteriorizadas e entregues a máquinas que até uma criança pode utilizar, manipulando um botão. Em muitos aspectos, os indivíduos das sociedades pré-industriais parecem mais "adultos", e os indivíduos modernos parecem "regredir". Quanto mais uma sociedade "progrediu", mais ela revela traços infantis — é a impressão que os Estados Unidos transmitem a muitos observadores. É isso que testemunham, para retomar um exemplo já mencionado, o gosto pelos produtos açucarados e por junk food em detrimento dos alimentos amargos e/ou sutis, como certos vinhos tradicionais (substituídos por vinhos com sabor de pêssego ou de baunilha) e certos queijos artesanais (por vezes proibidos por motivos "de higiene"); a diminuição, em quase todos os processos produtivos, da importância da força física, da capacidade e da experiência, em que se baseavam o artesanato e a agricultura, ao passo que uma criança de oito anos pode ser um "gênio da informática"; a preferência dada às imagens em detrimento da

---

[154] Duas análises recentes podem ser encontradas em Sennett (2010 [2009]) e Carr (2014).
[155] Ver Crary (2014 [2016]).
[156] Ver Baier (2002); Rosa (2010 [2019]). Sobre este último livro, que teve ampla cobertura de imprensa na França, publicamos uma resenha (Jappe, 2012).

fala; o papel doravante quase nulo da memória individual perante os suportes mnésicos exteriores; a relevância muito maior das crianças no interior da família, na qual podem, entre outras coisas, influenciar decisões relativas a compras. Anteriormente, a vida era uma longa aprendizagem, mesmo depois de se atingir a idade adulta. Todas as capacidades eram adquiridas ao custo de um percurso exigente, sem poder pular as etapas, que, por sua vez, exigiam prática e tempo. Os progressos tecnológicos, ao mesmo tempo que se baseiam em procedimentos complexos — mas ocultos e que o utilizador não precisa conhecer —, permitem simplificar cada um dos atos e queimar as etapas. Deixou de ser necessária a lenta formação de uma personalidade pela valorização do "caráter", do "bom senso", da "experiência", do "pensamento a longo prazo" ou da "paciência". Crescer já não traz mais vantagens. Já não se trata de entrar gradualmente no mundo fascinante dos adultos, antes inacessível. Tornar-se adulto já não significa adquirir autonomia e compreender melhor os mistérios do mundo, nem adquirir direitos suplementares que compensem, de certa maneira, a perda dos privilégios da infância. Uma criança, e ainda mais um adolescente, tem hoje poucas razões para querer crescer.

Essa ausência conjunta da infância e da idade adulta comprometeu um aspecto central da existência humana: a *experiência*. Podemos defini-la como a capacidade de extrair ensinamentos daquilo que se viveu tendo em vista o futuro e como integração dos acontecimentos da vida em um *conjunto sensato*, que está para além do acontecimento particular. A experiência tem uma relação estreita com a narração, que também desapareceu do horizonte da vida moderna.[157] Ao longo do século XX, a experiência (*Erfahrung*, em alemão: aquilo que

---

[157] Como já havia notado Walter Benjamin em seus importantes ensaios "Experiência e pobreza", de 1933, e sobretudo em "O narrador", de 1936 (ver Benjamin, 2011 [1985]).

se percorreu e de que se extrai uma lição útil) foi cada vez mais substituída pelo acontecimento (*Erlebnis*, em alemão: o que se viveu, o que nos aconteceu sem sabermos como), próximo da emoção. O romance de formação, produto específico da cultura burguesa, tinha como fundamento a construção da experiência. Quer o herói tivesse êxito, como Wilhelm Meister, ou falhasse, como Julien Sorel, ele atingia sempre o essencial: dar um sentido à vida e conceber os elementos particulares, inclusive dolorosos, como parte de um todo que o libertava da sua insignificância ou do seu caráter negativo. Por fim, fecha-se o círculo. A crescente impossibilidade de escrever um romance de formação — que nos nossos dias soa falso e afetado, quando não termina constatando a *impossibilidade* de uma conclusão harmoniosa — é um indício eloquente da perda de sentido da sociedade capitalista e da fragmentação da experiência.

O narcisismo e a experiência são duas formas de existência antitéticas. O narcísico, ao remeter tudo a si mesmo e ao ser incapaz de estabelecer relações objetais, não pode verdadeiramente ter experiências; estas exigem que a pessoa se perca no mundo circundante para em seguida se reencontrar, enriquecida pelo que nele encontrou.[158] Por consequência, a ascensão do narcisismo foi paralela à substituição da experiência pela *Erlebnis*, o vivido passageiro. Diferentemente da experiência — que inclui sempre a capacidade do indivíduo para elaborar o que viveu e que, idealmente, desagua em forma

---

[158] Com efeito, a *Fenomenologia do espírito*, de Hegel, apresenta uma visão do mundo concebido como experiência, enquanto percurso de perda e de alienação que se conclui pela integração dos episódios que podiam ser encarados como momentos de perdição. Na introdução, escreve Hegel (1991, p. 88, 90 [1992, p. 71-2]): "Esse movimento *dialético* que a consciência exercita em si mesma, tanto no seu saber como no seu objeto, *enquanto* dele *surge o novo objeto verdadeiro* para a consciência, é justamente o que se chama de *experiência*. [...] É por essa necessidade que o caminho para a ciência já é *ciência ele mesmo* e, portanto, segundo o seu conteúdo, é ciência da *experiência da consciência*".

de sabedoria —, a *Erlebnis* pode ser vendida como mercadoria e fazer vender mercadorias. Isto é hoje evidente: por um lado, a venda de emoções tornou-se o motor da publicidade, que associa aos produtos mais banais sentimentos sem nenhuma relação com eles. Não se compra um par de sapatos pelas qualidades, mas pelas emoções que esse par de sapatos supostamente representa. As sofisticadas lojas das marcas que estão mais na moda incitam que passemos tempo dentro delas enquanto *Erlebnis*, para viver a emoção; a compra de um produto apresenta-se mais como consequência secundária (*shopping experience*,[159] "templos de compras"). A organização de "eventos" e de "aventuras", quer se trate de uma performance artística ou de uma viagem ao Tibete, tornou-se também um setor econômico "de ponta". Além disso, a economia da experiência é baseada na capacidade de transformar o que quer que seja em *experiência*, em vivido emocionante.[160]

---

[159] Assim como no que se refere à economia da experiência, que vamos abordar, convém lembrar que, em inglês, a palavra *experience* abarca um campo semântico que inclui aquilo que opomos à experiência *stricto sensu*, ou seja, a *Erlebnis*.
[160] Joseph Pine e James H. Gilmore, em *The Experience Economy. Work is Theatre & Every Business a Stage* [A economia da experiência: trabalho é teatro e cada negócio é um palco], publicado em 1999, afirmam que a economia do consumidor terá, de agora em diante, atingido um novo estágio, em que a chave do sucesso econômico consistiria em propor experiências. Segundo esses autores, esse novo estágio sucederia aos anteriores, inicialmente centrados nos bens em si mesmos e, mais tarde, nos serviços. Pine e Gilmore afirmam que uma empresa, para ter êxito nos dias de hoje, deve "aprender a criar uma experiência rica e fascinante. [...] A estetização do hardware design e das interfaces de usuários dos produtos informáticos, a que assistimos em toda a indústria ao longo da década seguinte, corresponde muito bem à ideia da 'economia da experiência'. Como qualquer outra interação, a interação que implica ferramentas informáticas tornou-se uma experiência 'de design'. De fato, podemos dizer que os três estágios do desenvolvimento das interfaces de usuários de computadores — interfaces em linha de comando, interfaces gráficas clássicas (GUI) das décadas de 1970 a 1990 e as novas interfaces sensuais e divertidas da época pós-OS X — podem estar ligados aos três grandes estágios gerais da economia do consumidor: bens, serviços e experiências. As interfaces em linha

Uma associação semelhante e completamente arbitrária entre uma mercadoria e valores emocionais baseia-se principalmente na *forma* exterior da mercadoria: é a *estetização do mundo* e o *triunfo do design*. O design foi inventado por William Morris, pela Bauhaus e pelos construtivistas russos, entre o fim do século XIX e a década de 1920, com uma finalidade democrática: permitir a produção em larga escala de objetos de alta qualidade, artísticos, favorecendo sua difusão entre todas as camadas da população. Mas mudou por completo de natureza após a Segunda Guerra Mundial e acabou por engolir todos os setores da cultura: as artes visuais e os objetos cotidianos, o cinema e a fotografia, a arquitetura e o urbanismo quase só existem como ramos de um design unificado. Isso é particularmente visível na arquitetura, que tantas vezes não propõe mais do que "criar emoções" nos visitantes. Já há algumas décadas, o extremo utilitarismo da mercadoria é acompanhado de um estetismo extremo.[161]

---

de comando 'fornecem bens', ou seja, limitam-se a uma funcionalidade e a uma utilidade puras. O grafismo acrescenta um 'serviço' às interfaces. E no estágio seguinte a interface passa a ser uma 'experiência'". Foi o que disse Lev Manovich, pesquisador "mundialmente reconhecido" no setor das novas técnicas de informação, em sua *Tate Lecture*, em 2007 (disponível em: http://manovich.net/content/04-projects/056-information-as-an-aesthetic-event/53_article_2007.pdf). Novamente, isso mostra que, por vezes, intenções não críticas revelam involuntariamente verdades que se teria preferido ocultar — que pensar de uma sociedade em que até a "interface" de um telefone celular se torna uma "experiência" que se compra e em que pesquisadores analisam, em instituições artísticas famosas, a substituição do design de um sistema operacional informático com a seriedade com que anteriormente nessas mesmas instituições se analisava a passagem da pintura maneirista para o barroco?
161 Gilles Lipovetsky e Jean Serroy (2013 [2015]) fizeram uma descrição detalhada desse estágio do capitalismo. A obra de Lipovetsky mereceria um exame aprofundado. O autor começou publicando livros que faziam o elogio do narcisismo (Lipovetsky, 1983 [1988]) e da moda (Lipovetsky, 1987 [2009]). Mas suas argumentações podem ser lidas às avessas: ao exaltar o narcisismo do consumidor e, mais especificamente, a moda, porque constituiriam a expressão completa do espírito moderno, da autodeterminação dos indivíduos

Todos sabemos também — e por isso não vamos dedicar uma análise detalhada ao assunto — que a virtualização do mundo e a vida nas "redes sociais" fizeram aumentar substancialmente as tendências narcísicas, que não se limitam à cultura da selfie e à permanente preparação cuidadosa do "perfil" pessoal em busca de obter um número elevado de "curtidas". Raramente uma profecia terá sido mais verídica que a de Andy Warhol — de que, no futuro, cada um teria seus quinze minutos de fama —, perfeita realização da democracia e da igualdade mercantis. A internet representa muito bem tanto o sonho do capital — uma expansão potencialmente infinita, sem entraves físicos — como o sonho narcísico dos sujeitos — uma vida sem limites. Essa desrealização é curiosamente paralela a um "excesso de realidade",[162] a uma "tirania da realidade",[163] em que as pessoas se limitam a passar do mesmo para o mesmo, copiando à exaustão realidades já dadas. Mas esse paradoxo é apenas aparente: a limitação à "realidade", no sentido mais banal do termo, a falta de imaginação e a difamação do "utopismo" em nome do "realismo" — espécie de capitulação perante a realidade social, como se ela fosse "natural" — são acompanhadas de uma substituição das coisas captadas diretamente por imagens fabricadas industrialmente e que muitas vezes não respeitam nenhuma forma de "realidade" nem seus limites.

Só agora começamos a avaliar as consequências da revolução antropológica induzida pela digitalização, não só no

---

e da democracia, confessa involuntariamente a verdade sobre o que são de fato a democracia e o individualismo na sociedade mercantil: meras variações na superfície do sistema fetichista, em que a liberdade, afinal, resume-se a escolher entre dois modelos de telefone celular. Depois disso, Lipovetsky parece ter começado a formular algumas dúvidas, a se perguntar se estaria verdadeiramente vivendo no melhor dos mundos possíveis e se a estetização do capitalismo criaria efetivamente indivíduos maduros e pós-ideológicos.
162 Ver Le Brun (2004).
163 Ver Cholet (2006).

plano social, mas também no plano neurológico.[164] O próprio estatuto do sujeito e do indivíduo parece estar afetado pela digitalização: alguns comentadores referem — por vezes em tom entusiasta, outras vezes com inquietação — a possível superação do "indivíduo" (o "indivisível") em proveito de um "multivíduo", em que o homem particular existiria apenas como elemento de uma inteligência coletiva, comparável à das abelhas — falando-se, então, de "inteligência distribuída" ou de "inteligência em enxame" (*swarm intelligence*).[165] Tal inteligência residiria na nuvem (*cloud*), onde estariam armazenados todos os dados e toda a memória de que o indivíduo necessita. Pouco importa que depois todo o saber se torne propriedade de uma única empresa[166] ou que uma tempestade solar apague o conjunto dos dados magnéticos existentes. A isso, acrescenta-se a aspiração difusa a uma manipulação infinita do corpo humano, o qual deixa também de ser aceito como um "limite", passando a ser um "material" — a manipulação genética e as fantasias sobre o "transumanismo" implicam a união entre as tecnologias e a biologia humana; e a aspiração narcísica à onipotência gera, via novas tecnologias, apogeus de delírio inimagináveis há trinta anos.

UMA MUTAÇÃO MAIS ANTIGA QUE O DIGITAL

Antes da explosão do digital já tinham começado outras mutações do sujeito. O sociólogo Alain Ehrenberg foi um dos primeiros a analisar a recriação permanente do sujeito por

---

[164] Parecem-nos particularmente úteis duas análises a esse respeito: a de Carr (2011 [2011]) e a de Turkle (2015).
[165] Um dos primeiros autores a falar disso na França foi Pierre Lévy (1994 [1998]).
[166] Ver, por exemplo, Ippolita (2011).

meio da utilização de drogas, da exposição nas mídias e do coaching. Em *L'Individu incertain* [O indivíduo incerto] (1995),[167] Ehrenberg sublinha que o sujeito contemporâneo tem de enfrentar — muitas vezes sem conseguir — tarefas diferentes das do passado, mas que continuam a ser bastante pesadas:

> Entramos em uma sociedade de autorresponsabilidade: cada qual deve imperativamente encontrar um projeto e agir para si mesmo, para não ser excluído do vínculo, seja qual for a fraqueza dos recursos culturais, econômicos e sociais de que disponha. [...] [Há] dois laboratórios das nossas confusões: a restauração da sensação do nosso próprio ser, suscitada por drogas ou medicamentos psicotrópicos, e a reconstrução da autoimagem que há alguns anos a televisão proporciona. (Ehrenberg, 1995, p. 14-5)

A vida já não é um destino coletivo, constata Ehrenberg, é uma história pessoal — convém acrescentar que isso se dá apenas aparentemente, pois os indivíduos dependem tanto como antes de mecanismos que não podem perceber nem influenciar — cuja responsabilidade integral cabe ao indivíduo: hoje em dia, somos menos incitados a "automatismos de comportamentos ou de atitudes" do que a "sermos responsáveis por nós mesmos" (Ehrenberg, 1995, p. 18).

> As qualidades de disponibilidade, de abertura aos outros, de negociação e de comunicação são exigidas a cada um de nós, quando há apenas trinta ou 35 anos elas eram inteiramente desconhecidas da maioria das pessoas. A inibição torna-se uma desvantagem para nos inserirmos social e relacionalmente, e a autoconfiança, um trunfo crescente. (Ehrenberg, 1995, p. 149)

---

[167] Ehrenberg (1998) prolongou suas reflexões em *La Fatigue d'être soi* [O cansaço de si mesmo].

Já não são apenas as habilidades profissionais, mas a personalidade por inteiro, que o indivíduo deve vender, e dedicar muita energia a torná-la apta para encontrar compradores.[168] Ehrenberg também constata que a ordem para gozar a todo custo esmaga frequentemente o indivíduo: "Deu-se uma desculpabilização a respeito da moral, mas em troca de uma culpabilidade a respeito dos outros e de si mesmo: não estar à altura de ter e dar prazer" (Ehrenberg, 1995, p. 257).

Ehrenberg define a "incerteza" do indivíduo contemporâneo, aparentemente resultante de uma escolha, como consequência da necessidade de ele próprio construir o seu lugar. Tal como Boltanski e Chiapello, localiza as origens de tais coisas na boêmia artística de outrora:

> Com isso estamos perante a generalização de um modo de existência da individualidade durante muito tempo limitado a elites ou a artistas, a um gênero de experiência detectável no início do século XIX na literatura e na alta sociedade, na figura do dândi e do artista, que foram os primeiros a se construir em torno de uma "obrigação da incerteza". Esse modo de existência é hoje o de todos, mas de modo diferente e desigual nos bairros chiques e no inferno social. (Ehrenberg, 1995, p. 18-9)

Perante obrigações tão pesadas e difíceis de delimitar, o indivíduo se deixa facilmente seduzir pelas facilidades que o mercado e as tecnologias propõem:

> A evolução das relações com a televisão e com os psicotrópicos é característica do desenvolvimento maciço das tecnologias identitárias e das indústrias de autoestima. Estas se constroem sobre a integração da subjetividade na técnica, quer isso derive

---

[168] Ver a já clássica análise que Richard Sennett (2004 [1999]) apresenta sobre o assunto em *A corrosão do caráter: consequências pessoais do trabalho no novo capitalismo*.

dos domínios da farmacologia ou da eletrônica. [...] O indivíduo, *hoje*, consiste em uma autonomia assistida de múltiplas formas (Ehrenberg, 1995, p. 305)

Ehrenberg insiste também no modo como os indivíduos recorrem às drogas para continuar a trabalhar e a se afirmar na concorrência. As drogas chegaram à França com "o espírito empresarial, da competição esportiva, da aventura e dos esportes radicais", como "menteculturismo" (*psychic-building*).[169] Elas "começam a ser sentidas como dopantes da ação individual e são a partir daí os auxiliares químicos do indivíduo, que tem de ser o empresário da própria vida" (Ehrenberg, 1995, p. 125). Por conseguinte, segundo Ehrenberg, há uma ligação entre a retórica neoliberal da "responsabilidade do indivíduo" e a utilização maciça de drogas. Os medicamentos psicotrópicos "tendem mais a ser meios de incrementar o desempenho do indivíduo e o seu conforto psíquico do que uma evasão da realidade, uma forma de passividade ou um aspecto do hedonismo". Em suma, trata-se de *dopagem* (Ehrenberg, 1995, p. 127-8). Agir sobre si mesmo já não é uma questão de introspecção e de disciplina, mas, sim, de substâncias químicas e de treinamento profissional.

Segundo Ehrenberg, a difusão das drogas socialmente aceitas, como o Prozac, comporta três riscos importantes. Primeiro, a mudança agora resulta menos de uma autocompreensão do que do fato de ser compreendido por um especialista. Depois, a depressão é considerada uma doença. Por último,

---

[169] Já em 1974, um a cada cinco alunos do ensino secundário recorria a medicamentos psicotrópicos quando se via em dificuldades (Ehrenberg, 1995, p. 95). Presentemente, na França, "um a cada quatro franceses consumiu um psicotrópico nos últimos doze meses" (*Le Monde*, 9 set. 2008 — mas informações desse gênero ressurgem continuamente).

> crescentes dificuldades para suportar frustrações, por não se dispor de meios de diferenciar sofrimentos patológicos e infelicidades corriqueiras, podem contribuir, em um círculo vicioso, para suportar cada vez menos os problemas sem o auxílio de químicos. Essas dificuldades não podem deixar de aumentar em uma sociedade de autorresponsabilidade, em que o insucesso escolar, profissional ou social é cada vez mais imputado ao próprio indivíduo e conduz a frustrações de massa desconhecidas pelas sociedades onde imperava o destino. (Ehrenberg, 1995, p. 150)

A medicalização do sofrimento psíquico — que leva a considerar a tristeza como doença — altera profundamente a relação que o sujeito mantém consigo mesmo: "Concordamos com Édouard Zarifian quando escreve: 'Passamos progressivamente do tratamento das perturbações psíquicas [...] para a medicalização sistemática do simples sofrimento psíquico existencial'" (Ehrenberg, 1995, p. 147). Já não se trata, por conseguinte, de resolver um problema contemporâneo, mas de propor paliativos sem os quais a existência deixa de ser possível: "Sabemos cada vez menos curar, mas, cada vez mais, vamos ter de prestar assistência" (Ehrenberg, 1995, p. 159).

O indivíduo vê-se permanentemente obrigado a ser "responsável" por sua vida, sem dispor dos meios que lhe permitam fazê-lo. É isso, segundo o sociólogo anglo-polaco Zygmunt Bauman, que fundamenta a oposição entre "sociedade sólida" e "sociedade líquida". Os "roteiros" que nos bastava seguir (de que falamos no início deste capítulo) perderam grande parte da sua importância no contexto de uma sociedade "evoluída", e a luta contra o que dela resta (sobretudo no campo do "gênero") tornou-se uma das atividades preferidas dos "progressistas". Não se trata de sentir nostalgia de tais cenários, mas seu desaparecimento, sem que tenha sido dada aos indivíduos a possibilidade de decidirem sozinhos sua vida, tornou-os extremamente vulneráveis. Os indivíduos contemporâneos são desorientados pela obrigação permanente de tomar decisões a respeito de quase todos os aspectos da existência, sem poderem verdadeiramente decidir alguma coisa. Já não podem se desculpar por terem nascido no interior, ou mulher, ou em uma família operária ou imigrante, ou até com determinado tipo físico; se não têm a vida que desejam, é por culpa sua, e unicamente por culpa sua. É porque não trabalharam o bastante, porque seguiram mal a dieta, porque não compraram um bom modelo de celular, porque não "geriram o casal" de maneira suficiente.

— CAPÍTULO 4 —

A crise da forma-sujeito

Tal como o valor, a forma-sujeito, que transporta o valor — e é por ele transportada —, entrou em crise há várias décadas. Segundo a acepção habitual do termo, o sujeito é autoconservação, autoafirmação; como disse Espinosa (1993, p. 230), "o esforço para se conservar é a própria essência de uma coisa. [Ele] é o primeiro e único fundamento da virtude". Esta asserção está na base do pensamento moderno.[170] Todavia, como vimos, a forma-sujeito está longe de se fundamentar unicamente na racionalidade e em uma busca razoável dos seus "interesses"; ela tem um "reverso obscuro". Essa dicotomia da forma-sujeito remete simultaneamente para a "clivagem" entre esfera do valor e esfera do não valor[171] e para o fato de as ações que parecem obedecer ao princípio da realidade não passarem, com frequência, de subterfúgios para realizar desígnios muito mais sombrios, provenientes da primeira infância, particularmente no caso do narcísico.

---

[170] Essa frase de Espinosa "contém a verdadeira máxima de toda a civilização ocidental, onde vêm aquietar-se as diferenças religiosas e filosóficas da burguesia" (Horkheimer & Adorno, 1974, p. 45 [1985, p. 33]).
[171] Sobre esse assunto, ver nosso ensaio "O 'lado obscuro' do valor e do dom" (Jappe, 2011 [2013]) e as referências que ele faz à teoria de Roswitha Scholz.

Esse "reverso obscuro" encontra sua forma mais extrema na destruição sem fim e na autodestruição. A agressão não é, enquanto tal, um comportamento inexplicável ou irracional; ela pode ter como objetivo apropriar-se de bens ou de corpos, quer para os reduzir ao estado de escravo, quer para obter com eles uma satisfação libidinal. O que é muito mais difícil de explicar é a "violência autotélica", como a chama o sociólogo alemão Jan Reemtsma em *Vertrauen und Gewalt* [Confiança e violência]:[172] uma violência cujo objetivo é a própria satisfação e que não só não aumenta o bem-estar do agressor, mas, com frequência, lhe custa caro — porque, quando a comete, pode se prejudicar e, em certos casos-limite, se autodestruir. Sempre existiram atos incompatíveis com a aceitação simplista de um "instinto de sobrevivência" onipresente. O sofrimento, a destruição e a morte, tanto de outros como de si, deixam de constituir um *meio* para realizar um objetivo pertencente à ordem dos interesses da vida, passando a ser um *fim*.

Desde o fim da década de 1990, multiplicaram-se massacres premeditados em escolas, universidades, locais de trabalho e outros espaços públicos, principalmente nos Estados Unidos, mas não só; atentados qualificados como "jihadistas", mas que não entram nas categorias tradicionais da política e da religião; ataques, ou mesmo homicídios, imotivados, em locais públicos — muitas vezes por causa de um "olhar atravessado"; ataques ferozes contra imigrantes, marginais ou homossexuais. Podemos também citar o caso do avião da Germanwings derrubado em uma montanha pelo piloto, em 2015. É conhecida a violência sádica que se manifesta em certas formas de criminalidade ligadas ao tráfico de drogas, principalmente

---

[172] "A violência autotélica visa à destruição da integridade do corpo. [Ela] é a que [nos] perturba mais, que mais parece furtar-se à compreensão, e também à explicação" (Reemtsma, 2013, p. 105).

no Brasil e no México, cujos autores sabem, com quase toda a certeza, que vão morrer jovens. São também conhecidos os "assassinatos gratuitos" em famílias consideradas sem problemas, muitas vezes em zonas de subúrbio;[173] os atos de vandalismo grave, como lançar pedras contra carros em rodovias; as torturas e os assassinatos cometidos por jovens de meios abastados com o único objetivo de sentir "grandes emoções". Mesmo as revoltas nas periferias pobres das grandes cidades francesas, inglesas e norte-americanas têm perdido, cada vez mais, seu caráter político, reduzindo-se por vezes a simples catarses de raiva. Apesar das evidentes diferenças e da parte imponderável de qualquer ato individual, despren-

[173] Sempre se soube de massacres em família (ver o famoso caso do parricida Pierre Rivière, ocorrido na França em meados do século XIX). Tampouco se trata de saber se nos nossos dias eles são de fato mais frequentes do que antes. O mais importante é que suas formas mudam. Estas são muito eloquentes: se em uma família pequeno-burguesa sem problemas particulares, descrita pelo "especialista em psiquiatria" como "extraordinariamente normal", um dia o filho de quinze anos, considerado até então um "anjo", decide espontânea, mas calmamente, e na plena posse das faculdades mentais (segundo o especialista), exterminar toda a família, abatendo a tiros de espingarda o pai, a mãe, o irmão e a irmã, um a um, assim que eles chegam em casa, revendo entre cada um desses atos uma fita VHS do desenho animado *Shrek*, sem conseguir explicar depois o seu gesto, sem exprimir qualquer emoção ou desgosto, respondendo pausadamente às perguntas da juíza ao longo do julgamento e simplesmente balançando a cabeça ao ouvir a condenação a dezoito anos de prisão (caso de Pierre F., em Ancourteville-sur-Héricourt, no norte da França), não podemos deixar de pensar que se trata de um resumo concentrado que remete para uma lógica mais geral — o que, aliás, explica a forte impressão que esse gênero de crimes suscita. Seria consolador explicar tais atos pela loucura ou pelo meio social, ou até por uma longa série de litígios anteriores, mas os fatos desviam desse tipo de causalidade. Nos dramas familiares "tradicionais", da tragédia grega à família real nepalesa, havia sempre um *excesso* de emoção que se descarregava no crime. O que surpreende nos dramas contemporâneos, como em muitas perturbações psíquicas, é a *ausência* de emoção e a falta de "motivo". O que merece uma explicação psicossocial não é a ideia ocasional — não tão rara — de matar os pais, mas a ausência de mecanismos de inibição e a facilidade com que o ato é desencadeado.

de-se desses atos uma semelhança que está para além das classificações e estatísticas.[174] Seu aumento e sobretudo seus traços específicos exigem considerações específicas. Tentaremos explicá-las aqui, pelo menos em parte, pela crise geral da forma-sujeito, que corresponde à crise da forma-valor e desagua em uma verdadeira "pulsão de morte" em que coexistem destruição e autodestruição. As tendências suicidas do capitalismo mundializado encontram-se nas tendências suicidas, latentes ou declaradas, de numerosos indivíduos; a irracionalidade do capitalismo corresponde à irracionalidade dos seus sujeitos. Esse fenômeno exprime claramente o declínio da forma-sujeito e o devir-visível do seu núcleo oculto, que existe desde as suas origens.

Essas formas de violência não se explicam pelos "interesses" dos atores que as cometem, desmentindo assim o utilitarismo, tão caro aos liberais e aos marxistas tradicionais. Também não teria sentido confundir as coisas citando as numerosas manifestações de violência observadas ao longo da história para então concluir que hoje não estaríamos pior do que antes e que nada de novo haveria sob o sol. Tal difusão da pulsão de morte em tão larga escala e em formas tão variadas, em todas as camadas da população e em toda a superfície do globo, é, pelo menos em tempo de "paz", uma novidade histórica. A questão, contudo, não está em saber se a violência aumentou, mas quais são as *formas características* da violência contemporânea.

Foi Freud o primeiro a afirmar a existência de uma "pulsão de morte" que está para além da agressividade. É também uma das suas noções mais difíceis de apreender e uma das mais controversas. Vamos nos limitar a lembrar que Freud introduziu essa expressão, em ruptura com muitas das suas concepções anteriores, em *Além do princípio do prazer*, em que

---

[174] Götz Eisenberg (de quem falaremos mais à frente) admite que ele mesmo utiliza com frequência a palavra "amoque" de uma forma vaga e mais propriamente associativa (Eisenberg, 2010, p. 50).

tenta elaborar uma reflexão sobre a experiência da Primeira Guerra Mundial. O livro afronta fenômenos que parecem incompatíveis com o princípio psicanalítico fundamental, segundo o qual cada ser humano busca apenas o prazer. No ensaio, Freud passa rapidamente da situação histórica para um nível que ele próprio qualifica como "muito especulativo",[175] fazendo decorrer a pulsão de morte, em última análise, de uma tendência cósmica para a decomposição e para o regresso à calma da matéria inorgânica. Todavia, à pulsão de morte opõe-se Eros, a força que procura compor e unir os elementos dispersos em busca de construções mais elaboradas, quer sejam a família, a cultura ou a sociedade.

Apesar do caráter muito especulativo dessa "pulsão de morte", que contrasta com o desejo habitual de Freud de se manter nos limites de uma estrita cientificidade, e apesar das fortes resistências que o conceito encontrou desde o início e entre muitos dos seus discípulos, Freud manteve-o até morrer. Atribuiu-lhe até um papel central na última síntese que publicou da sua teoria, o *Compêndio da psicanálise* (1938). As pulsões libidinais e as pulsões de autoconservação, cuja oposição ocupava anteriormente um lugar importante em seu arcabouço teórico, foram reunidas sob a designação de "pulsões de vida", antagonistas das "pulsões de morte". Em *O mal-estar na civilização* (1930) ou em *Por que a guerra?* (1933), Freud utilizou esse conceito para explicar as pulsões destruidoras da cultura contemporânea.

Entre os numerosos aspectos pouco claros do conceito de "pulsão de morte" encontra-se a relação com a agressividade. Por um lado, Freud identifica a pulsão de morte com o "princípio de nirvana" ou "princípio de inércia", ou seja, com a suposta tendência de qualquer organismo para reduzir as tensões ao grau mais baixo ou para mantê-las em um grau

---

[175] E que o levou ao ponto de reivindicar o filósofo pré-socrático Empédocles.

constante — o que não é a mesma coisa, como assinalam Laplanche e Pontalis (1992, p. 332 [2001, p. 363-4]), mas aqui este não é o ponto essencial. A pulsão de morte consistiria então na busca por um estado sem tensões ou desejos, um estado de repouso absoluto. É possível encontrar tal estado, fora do retorno ao ser monocelular ou inorgânico, na situação pré-natal, e considerar a pulsão de morte como o desejo de retornar para ela — ou de voltar ao narcisismo primário pós-natal. Dessa forma, a pulsão de morte estaria associada ao narcisismo — mas Freud insiste pouco nessa ligação.[176] Por outro lado, as pulsões de vida levam as pulsões de morte a se voltarem para o exterior, para evitar a autodestruição do organismo vivo. Transformam-se então em agressão, e sua observação é muito mais fácil. As exigências da vida em sociedade — que Freud designa como "cultura" — obrigam por fim o indivíduo a renunciar à prática integral dessa descarga sobre o exterior e a dirigir uma parte da agressividade para si mesmo. Mas os homens, garante-nos Freud, aceitam de má vontade essa restrição da agressividade, que acaba por constituir o pano de fundo das guerras e de outras violências.

O papel da pulsão de morte no interior do tardio arcabouço teórico de Freud — a "segunda tópica" — levanta igualmente muitos problemas, sobretudo no que diz respeito à relação com o "princípio do prazer" e com as instâncias psíquicas do eu, do id e do superego. Na maior parte, os autores psicanalíticos abandonaram depois esse conceito, de forma implícita ou explícita. Como vimos, Marcuse é uma notável exceção: em vez de recusar um conceito que parecia incompatível com qualquer interpretação "progressista" da psicanálise, aceitou-o e confrontou-o. Segundo ele, essa pulsão existe de fato, mas

---

[176] Foi André Green quem estudou essa possível ligação (Green, 1983 [1988]).

tem causas históricas, e seu impacto na vida social pode ser drasticamente reduzido.

A força do conceito freudiano está em não se referir apenas à agressividade real, tal como foi analisada muitas vezes, por exemplo na etologia — à qual se refere amplamente Erich Fromm (1975 [1979]) em seu livro tardio *Anatomia da destrutividade humana* —, e que se explica pelas vantagens que dá ao seu autor. Freud tenta igualmente explicar a autoagressão, muito mais difícil de compreender. A fraqueza da sua explicação, a nosso ver, decorre do caráter antropológico, ontológico ou mesmo cósmico. Qualquer forma de violência só é abordada por ela como caso particular de um fenômeno muito geral. No entanto, tal como Marcuse, que levou a sério a "pulsão de morte" e construiu sobre essa noção uma crítica do capitalismo, pensamos ser necessário admitir que uma parte das pulsões destruidoras está bem presente no ser humano desde o início e não provém apenas da corrupção de uma natureza humana em que anteriormente isso não teria existido. O capitalismo não as inventou, mas fez saltar as barreiras que as refreavam e favoreceu sua expressão, com frequência para explorá-las.

Seguiremos aqui por outro rumo: em vez de nos interrogarmos sobre a pulsão de morte como princípio ontológico, tentaremos aproveitar esse conceito para compreender os desdobramentos da forma-sujeito na época da decomposição do capitalismo. Deixemos em paz as amebas monocelulares e perguntemo-nos de que modo esse conceito, mesmo com um valor um pouco metafórico, pode nos ajudar a compreender o desencadeamento das forças destruidoras na época moderna e contemporânea.

AMOQUE E JIHAD

Na sociedade contemporânea, uma manifestação particularmente notável da "pulsão de morte" em estado puro é o amoque. Originalmente, o amoque designava um acesso de loucura homicida característico da cultura malaia, onde existia enquanto "comportamento desviante ritualizado", como diz a etnopsiquiatria. A definição fazia referência a um indivíduo que, geralmente após uma afronta, em estado de transe, corria para a rua e matava à punhalada as pessoas que encontrava ao acaso, até o momento em que era dominado e eventualmente abatido. Há algumas décadas, esse termo — que se tornou familiar graças ao título de um romance de Stefan Zweig publicado em 1922 — é utilizado na Alemanha para qualificar atos chamados, em geral, de "massacres no meio escolar", "matanças em massa", "atos de assassinos loucos" etc.

Em sua forma mais característica, o amoque designa o ato de um indivíduo que entra em uma escola — nesse caso fala-se de *school shooting* —, uma universidade, um cinema ou outro local público, dispara à queima-roupa contra as pessoas presentes e por fim, em geral, se suicida. Ainda que algumas matanças relacionadas com essa categoria tenham ocorrido desde o início do século XX, só a partir da década de 1990 esse fenômeno adquiriu tamanha amplitude. O chamado massacre de Columbine, nome da escola secundária da cidade de Littleton, nos Estados Unidos, que levou à morte de quinze pessoas, em 20 de abril de 1999, é o caso mais conhecido e constitui uma espécie de "paradigma" do amoque. É também o mais estudado. A pior matança foi a da universidade norte-americana Virginia Tech, em 2007, que causou 32 mortes. A maioria dessas matanças ocorreu nos Estados Unidos, na Alemanha e na Finlândia, mas nas últimas décadas tem havido amoques escolares em pelo menos trinta países.

Podemos fazer uma espécie de retrato "ideal-típico" do assassino em massa em contextos escolares: é um homem jovem, ou mesmo adolescente, que cresceu em uma família "sem problemas", ainda que os pais, com frequência, sejam divorciados. Não é conhecido como um indivíduo violento e não tem registo criminal. Pouco sociável, passa muito tempo na internet e no videogame. Excluído da vida social e com dificuldades para cumprir as exigências escolares ou profissionais, tem uma relação dolorosa com a existência e com o futuro. Pouco a pouco, vê-se conquistado pelo ressentimento e pela depressão e, não podendo encarar uma saída positiva, concebe o projeto de sair estrondosamente deste mundo, em uma ação escandalosa, levando com ele o maior número possível de pessoas. Esse dia de glória é cuidadosamente preparado, às vezes em seu diário íntimo ou na internet, outras vezes aludindo vagamente a esse projeto junto dos seus colegas de turma. O amoque moderno, diferentemente do caso etnológico a que deve o nome, não é espontâneo nem provém de um acesso de raiva surgido de modo imprevisto. É resultado de um cálculo, de uma lenta maturação.

Em geral, este "assassino louco" age sozinho — os dois autores do massacre de Columbine foram uma exceção —, após ter obtido armas.[177] Quando o dia previamente determinado enfim chega, ele "posta" uma mensagem na internet ou deixa uma espécie de testamento. No local da matança, muitas vezes vestido de preto, começa a disparar friamente, sem dizer nada, contra quem encontra no caminho. Prossegue assim até o momento em que é morto pela polícia ou então volta a arma contra si mesmo, por vezes após uma troca de tiros. Alguns, por vezes, suicidam-se depois de serem detidos. Quase todas as matanças são uma espécie de "suicídio ampliado".

---

[177] Coisa que, mesmo na Europa e até para adolescentes, nunca parece difícil. É enganoso atribuir a responsabilidade dos atos de amoque à livre circulação de armas nos Estados Unidos, como faz Michael Moore em seu filme *Tiros em Columbine* (2002). A grande quantidade de armas em circulação antes explicaria a facilidade com que querelas banais degeneram espontaneamente em homicídios. Os fatos podem, por vezes, ser semelhantes aos do amoque — como quando um homem bêbado que julga ter sido enganado em um jogo de cartas, em um bar, corre para casa, pega uma arma, regressa ao bar e dispara em todos. Contudo, a dinâmica psicossocial é muito diferente.

Esses traços formam uma espécie de "base comum" que apresenta numerosas variações. Alguns, antes de saírem de casa, matam parentes, principalmente a mãe. Não há qualquer motivação política direta, no sentido de uma participação em atividades organizadas — o futuro autor de um amoque vive entrincheirado em casa e não convive com ninguém regularmente, tal como nada o entusiasma de fato. No entanto, alguns são abertamente racistas e nutrem simpatia pela extrema direita. Os dois adolescentes que cometeram o massacre de Columbine tinham escolhido conscientemente a data de 20 de abril, aniversário de Hitler, e um deles exprimira em seu diário íntimo convicções racistas, antissemitas, homofóbicas e sexistas.[178]

O local do amoque é geralmente escolhido pelo assassino por ali ter vivenciado o que sentiu como uma sequência de humilhações insuportáveis:[179] especialmente a escola, por vezes a universidade, mais raramente o local de trabalho, mas também lugares como os centros de emprego alemães. Um enorme ressentimento, a sensação de ter sido alvo de uma injustiça e de não ter tido o que merecia constituem invariavelmente o pano de fundo psíquico do autor de amoques. Os casos de amoque "clássico" — algumas dezenas de matanças que, no total, causaram centenas de mortes — suscitaram perturbações consideráveis, sobretudo na Alemanha, onde há agora uma abundante literatura sobre esse assunto (evocaremos mais adiante a singularidade do caso francês). O amoque, embora muito raro, impressiona fortemente a imaginação coletiva, devido a seu caráter altamente significativo.

---

[178] Esses diários foram mantidos em segredo, revelados ao público apenas em 2011 e podem ser consultados na internet. Em contrapartida, os vídeos feitos pelos assassinos foram destruídos pela polícia local, para impedir a difusão na internet.

[179] Alguns locais são escolhidos ao acaso, mas esses casos são muito mais raros.

A partir de 2010, ocorreram numerosos acontecimentos que apresentam vários pontos comuns com o amoque "clássico", mas distintos por outros aspectos importantes. Em 2012, em um cinema da cidade de Aurora, no Colorado, um jovem fantasiado de Batman matou doze pessoas na estreia de um filme dedicado a esse super-herói — e não se suicidou. O ato do piloto da Germanwings que em 2015 derrubou o avião em um maciço dos Alpes tem muitas semelhanças com um amoque, embora pareça que o seu autor hesitou, até o último momento, entre um suicídio "normal" e um suicídio "ampliado" — sofria havia muito tempo de depressão e receava perder o emprego justamente por causa dessa doença e de outras perturbações afins.

São principalmente as fronteiras entre o amoque "não motivado" e o ato com justificações ideológicas que recentemente começaram a se desfazer, abrindo um novo capítulo na história dos assassinatos em massa. Os atentados suicidas perpetrados por muçulmanos no início da década de 1980 já apresentavam alguns traços comuns ao amoque — incluindo o fato de gravarem um vídeo-testamento antes do ato. Alguns raros comentadores não deixaram de notar essa circunstância, como Robert Kurz, que, logo em 2001, pouco depois dos atentados do Onze de Setembro, escreveu que as imolações não se explicavam apenas pelas particularidades de uma religião ou de uma cultura "arcaica", revelando também elementos decididamente modernos. Kurz (2005, p. 77) lembrou, entre outras coisas, que os autores do massacre de Columbine tinham também imaginado desviar um avião e fazê-lo cair em Nova York.

O assassinato em massa perpetrado em julho de 2011 pelo norueguês Anders Breivik apresenta algumas características do amoque, mas outros traços o diferenciam. O autor não se suicidou e transformou seu julgamento em uma tribuna política, justificando seu ato com considerações ideológicas racistas. O massacre de Charleston, nos Estados Unidos, em junho de 2015, que causou nove mortes em uma igreja metodista negra, teve como autor um "supremacista" branco, que também deixou um "manifesto" e esperava suscitar outras ações semelhantes — ele também não se suicidou.

Mas foram sobretudo os atentados atribuídos ao Estado Islâmico que misturaram os gêneros.[180] Os ataques, em Paris, contra o jornal *Charlie Hebdo* e a casa de shows Bataclan, em janeiro e novembro de 2015, respectivamente, bem como os de Bruxelas, em março de 2016, ainda derivavam do atentado político clássico e foram realizados por comandos preparados que havia anos evoluíam nos círculos salafistas. O caso do tiroteio de San Bernardino, na Califórnia, é mais complicado: em 2 de dezembro de 2015, um casal de origem paquistanesa que tinha acabado de ter um bebê abriu fogo em um centro médico e matou catorze pessoas, fugindo depois e acabando por ser abatido pela polícia. Em Orlando, na Flórida, em 12 de junho de 2016, em uma discoteca frequentada por homossexuais, um homem de origem afegã, casado duas vezes e pai de família, conhecido pelo temperamento violento, assassinou 49 pessoas antes de ser abatido pela polícia. A motivação islâmica mostrou-se mais claramente nos atentados perpetrados por Mohamed Merah em Toulouse e Montauban, em março de 2012, contra militares do Exército e uma escola judaica. Evidentemente, a personalidade perturbada do assassino foi determinante para a ação. O quadro apresenta-se ainda mais comprometido no caso do empregado de origem magrebina que decapitou o patrão, na região de Isère, na França, em junho de 2015, e hasteou ali uma bandeira do Estado Islâmico; é também o caso da matança de Nice, em 14 de julho de 2016. Podemos mencionar outras ações, menos clamorosas, em que indivíduos oriundos da imigração muçulmana, mas que não se distinguiam por qualquer prática religiosa particular e tinham percursos erráticos pontuados por pequenos delitos,

---

180 Ver ZACARIAS, Gabriel Ferreira. *No espelho do terror: jihad e espetáculo.* São Paulo: Elefante, 2018. [N.E.]

decidiram sair com estrondo de uma situação pessoal vivida como sem saída. Em geral, tais ações ocorreram depois daquilo que a mídia chamou de "radicalização relâmpago", muitas vezes efetuada de forma solitária na internet. Esses indivíduos agiram sozinhos, mas optaram, no último momento, por se reivindicar como parte do Estado Islâmico, dando assim um "sentido" aos seus atos, ligando-os a uma comunidade imaginária. Gritar *"Allahu akbar"* ao entrar em ação, mesmo que nada o tivesse até então predisposto a acabar como mártir do islã, garante ao homicida certa ressonância midiática, remetendo para a ideia de um niilismo internacional. Obviamente, isso não impede que outros tenham se comprometido, convictos, com esse caminho durante anos, antes do derradeiro sacrifício.

Não é possível examinarmos aqui mais longamente um assunto como o jihadismo, mesmo nos limitando ao seu componente europeu. O fenômeno apresenta muitas facetas diferentes e evolui constantemente. Digamos apenas que lembrar a dimensão psicopatológica dos atos qualificados como jihadistas não significa, de modo algum, negar ou subavaliar a dimensão que podemos chamar de "política". As trajetórias biográficas que levaram os homicidas a cometer seus atos não resultam de problemas "pessoais", são o reflexo direto de fatores sociais. Ainda que alguns dos indivíduos propensos a amoque ou alguns jihadistas seguissem um tratamento psicológico ou psiquiátrico, frequentemente por depressão, isso não significa que possamos explicar o motivo desses fenômenos encarando as psicologias individuais. Seria tão errôneo como levar sempre ao pé da letra suas motivações ideológicas. Nos países ocidentais, o terrorismo de origem islâmica nunca teria encontrado um número tão elevado de candidatos se não pudesse pescar em um reservatório de pessoas desesperadas pelo desmoronamento social em curso e prontas a cometer um homicídio-suicídio. A crescente diversidade dos perfis de homicidas mostra o grau de difusão de uma forma de ódio autodestrutivo em grupos muito diferentes da população. Homens e mulheres, europeus "puros" ou imigrados, ricos ou pobres, perdidos ou diplomados, todos podem se ver atingidos pelo ódio e pelo desejo de se imolarem em uma grande conflagração final.[181]

Outro indício do parentesco ou mesmo do paralelismo entre amoque e jihadismo é a distribuição geográfica. A França foi durante muito tempo poupada pelo *school shooting*,[182] mas essa "exceção francesa" acabou em março de 2017, quando um aluno, inspirando-se explicitamente no massacre de Columbine, feriu várias pessoas no liceu que frequentava na cidade de Grasse (Alpes Marítimos). Esse caso perfeitamente "típico" de amoque escolar não teve, felizmente, o fim trágico do original. Até então, só tinha havido na França dois casos próximos do amoque: a matança perpetrada em Tours, em outubro de 2001, quando um ex-ferroviário matou quatro transeuntes, e o massacre, com motivações vagamente políticas, do conselho comunal de Nanterre, cometido por Richard Durn em março de 2002. Este último redigiu, aliás, uma carta-testamento perfeitamente característica de um amoque: "Vou me tornar um serial killer, um louco que mata. Por quê? Porque o frustrado que sou não quer morrer sozinho; já que tive uma vida de merda, quero me sentir, ao menos uma vez, poderoso e livre". Em contrapartida, a França detém o triste recorde de atos jihadistas na Europa. A Alemanha, por sua vez, tem o número mais elevado de amoques nas escolas ou na rua — como o tiroteio em uma unidade do McDonald's em Munique, em julho de 2016 — e de agressões mortais sem

---

181 Até então, os grupos não têm a mesma proporção. No entanto, é bastante significativo o aumento do número de mulheres e de convertidos nas fileiras do islamismo radical.
182 É uma explicação para o fato de haver poucos livros publicados sobre o assunto na França. O livro de Hassid e Marcel (2012) trata do tema sobretudo a partir de estatísticas e tenta explicá-lo por fatores estritamente sociológicos (desemprego, assédio etc.).

motivo ou provocadas por fúteis altercações no espaço público. É como se essas duas formas de matança, atos jihadistas e amoques "clássicos", para além das motivações aparentes ou da falta de motivação, ocupassem mais ou menos o mesmo "espaço" na psicologia coletiva.[183] E, embora os perfis psicológicos dos autores difiram, o que têm em comum é o desespero e o ódio sem nome e sem limites que tanto visa à autodestruição como à destruição. Os alvos (infiéis ou homossexuais, colegas de turma ou políticos, professores ou simples transeuntes) parecem ser intercambiáveis. De resto, diferentes modalidades de violência se amalgamam no cotidiano, em formas tradicionais e arcaicas, baseadas essencialmente na defesa da "honra masculina", com expressões high-tech tais como a transmissão do crime ao vivo nas redes sociais.

Explicar esses homicídios com o "ódio pelo outro" é um pouco insuficiente. O racismo ou a homofobia não datam dos nossos dias. O que é preciso explicar é o processo de entrar em ação. Provavelmente, estamos menos diante de um aumento das pulsões homicidas do que perante uma retirada das barreiras (*garde-fous*, bela expressão francesa, desconhecida em outras línguas) que impediam a concretização desses atos. Não é necessariamente o ódio que é novo, é o grande número de pessoas dispostas a morrer para satisfazê-lo, sem obter qualquer outra vantagem com isso. A evolução social das últimas décadas retirou de numerosos indivíduos os anticorpos necessários para represar as "paixões tristes", as quais, embora nem sempre sejam geradas unicamente pela sociedade capitalista, nesta prosperaram, seguramente, como flores venenosas sobre um cadáver em putrefação.

Mutatis mutandis, estaríamos tentados a fazer um paralelo com outra patologia muito rara, mas que impressiona também

---

[183] Desde que o amoque "puro" e os "atos jihadistas" passaram a se assemelhar cada vez mais, ambos ocorrem tanto na Alemanha (massacre do mercado de Natal em 2016, em Berlim) como na França (tiroteio de Grasse).

pelo caráter altamente simbólico: a *hipersensibilidade química múltipla*, observada desde a década de 1980. Quem sofre dessa grave doença é obrigado a viver recluso em um ambiente estéril, porque não pode sobreviver (nos casos mais graves) em contato com certas substâncias químicas, apesar de estas serem bastante comuns. Tais substâncias são em geral provenientes da produção industrial (pesticidas, gases de escape, corantes, solventes e outros compostos industriais). Todavia, como no caso das alergias e de seu fulgurante desenvolvimento ao longo das últimas décadas, o problema não reside apenas na presença de substâncias nocivas no meio ambiente, por mais importante que esta seja, mas também na dramática diminuição dos anticorpos, das defesas naturais e do sistema imunológico em geral. Essa diminuição parece ser uma das consequências mais amedrontadoras da sociedade capitalista e industrial para a psique e o corpo dos seres humanos; e, nos próximos anos, poderá constituir um dos principais cenários da guerra entre razões econômico-tecnológicas e razões do viver.

COMPREENDER O AMOQUE

Como dissemos, a Alemanha é o país europeu mais atingido pelo *school shooting*. A considerável emoção causada por esses atos decorre tanto do fato de as vítimas serem crianças ou jovens como da ausência de motivações, que nos impede de os compreender e racionalizar. Entre os numerosos autores que se debruçaram sobre o assunto, com resultados muito diferentes, Götz Eisenberg é o que analisou melhor o elo de causalidade entre o amoque e a sociedade capitalista. Formado na tradição da Escola de Frankfurt, próximo da crítica do valor, Eisenberg trabalhou durante décadas como psicólogo em prisões, onde encontrou muitos autores de atos violentos. Escreveu quatro livros, publicados a partir de 2000, que reúnem principalmente artigos e ensaios, muitas vezes redigidos no calor dos acontecimentos, na sequência de novos casos de amoque. Entretanto, não examina neles apenas o amoque escolar, mas também outras formas de comportamentos violentos e criminosos, sobretudo os que parecem "gratuitos" e "explosivos". Põe igualmente esses atos em relação com muitos comportamentos considerados "normais", tais como o ressurgimento da xenofobia na Alemanha ou a dependência dos telefones celulares. Götz não pensa o amoque como a irrupção, misteriosa e incompreensível, de um elemento estranho em "nossa" vida, mas como a ponta extrema de uma sociedade "fria", regida pelo princípio de racionalidade econômica e que submete as crianças muito cedo às suas exigências. A seu ver, é mesmo surpreendente que não haja *mais* indivíduos propensos a amoque, porque, segundo escreve, "quem poderá dizer que nunca sentiu a tentação de quebrar tudo e de acabar assim?". O grande número de ameaças de amoque mais ou menos sérias proferidas depois de cada massacre demonstra, se preciso fosse, que, para cada amoque efetivo, há cem outros que são contemplados sem se concretizarem.

Segundo Michel Foucault, a "sociedade disciplinar", que designa a sociedade regida por uma forma de poder surgida com o Iluminismo, baseava-se numa interiorização crescente das restrições sociais. Essa forma de poder correspondia a um problema preciso: "Como agir para que os homens trabalhem de boa vontade e deixem que sejam retirados deles os produtos de seu trabalho sem protestar?" (Eisenberg, 2002). Foi a partir da formação do superego, que criou uma identificação ativa dos sujeitos com o Estado e com a economia, que esse problema se resolveu. A educação tradicional era repetidamente brutal, e aquilo que os homens deviam reprimir com dor e com medo era projetado sobre outros, objetivado e detestado, para que pudessem se aliviar. Tais formas de educação tinham por objetivo submeter os ritmos e as necessidades das crianças a uma organização rígida, em geral por meio da punição física e da humilhação. A criança reagia a tudo isso desenvolvendo uma "carapaça" que a impedia de sentir tanto o próprio corpo e as próprias emoções como as dos outros. Desse modo, diz ainda Eisenberg, gerava-se a insensibilidade necessária para afrontar a concorrência na sociedade burguesa e para matar sem reservas nas guerras modernas.

A educação autoritária — a "pedagogia venenosa", segundo a expressão da psicóloga infantil Alice Miller — foi pouco a pouco substituída, mais ainda depois de 1968, por outras formas de educação que submetem igualmente as crianças às exigências da sociedade capitalista, mas menos pela violência direta do que pela *indiferença*. Desde a mais tenra idade, as crianças são frequentemente levadas a constatar que o trabalho, os objetos de consumo e, especialmente, os aparelhos eletrônicos de "comunicação" são mais importantes para seus pais do que elas próprias. Por trás da aparente tolerância da educação atual, as crianças são frequentemente entregues a si mesmas e aos aparelhos eletrônicos.[184] A relação indiferente com as coisas, que podemos descartar a qualquer momento, é transmitida igualmente para a relação com os seres humanos: perante a primeira contrariedade, qualquer pessoa pode ser substituída por outra. As crianças sentem-se perdidas num mundo onde ninguém responde aos seus gritos.

A educação atual não limita o narcisismo original nem ensina a suportar as frustrações. Sentadas diante das telas, as crianças desenvolvem fantasias sem limites. Até os pais que

---

[184] Uma forma extrema da falta de empatia foi identificada na "alexitimia", a impossibilidade de uma pessoa reconhecer e exprimir sentimentos. Esse sintoma é relacionável com o autismo — e sabe-se que, nas últimas décadas, os casos de autismo, no mínimo, triplicaram. Mesmo não podendo descartar que esse aumento se deva em parte a critérios diagnósticos ampliados, e por mais que a gênese do autismo continue a ser duramente discutida, não podemos deixar de notar a coincidência entre o aumento do autismo e as mutações antropológicas induzidas pela submissão total da vida ao valor mercantil e pela invasão das tecnologias.

levam a educação a sério e desejam estruturar o superego dos seus filhos se veem em confronto com as influências, muitas vezes mais poderosas, que as tecnologias exercem sobre eles, inclusive no quarto. O risco, para as crianças, é falharem seu "nascimento psíquico", já não encontrarem limites que se oponham ao sentimento de onipotência infantil — limites que se encarnam em pessoas vivas e amadas e que ensinam a suportar frustrações e críticas. Isso explica que as crianças ou os adolescentes prefiram por vezes recorrer à dor — de um piercing ou da escarificação, por exemplo — experienciada como uma "realidade" tangível, graças à qual podem "sentir" a presença de um limite, de qualquer coisa ou de alguém, em vez de se perderem em um vazio abissal. Em uma vida dominada pelas tecnologias audiovisuais, já não se "toca" em nada:[185]

> De forma manifesta, nada nem ninguém as oprime [as crianças], mas lhes foi roubado o essencial; assim, crescem como seres humanos psiquicamente frígidos que não sabem quem é o culpado de sua infelicidade sem nome, nem para onde podem dirigir sua raiva acumulada. O ódio e o mal-estar narcísico difuso não são hoje, em geral, consequências de relações falhas com o objeto, nem de feridas que pais severos teriam infligido, mas de um nirvana humano e educativo que se encontra também, e talvez principalmente, nas classes médias. Nada nem ninguém dá às pulsões das crianças e dos jovens uma duração e uma forma, e a autoestima não pode se animar na subjetividade mercantil e monetária de

---

[185] O desejo de dar um rosto (pseudo)concreto a abstrações invisíveis, intocáveis e inconcebíveis é uma das origens principais do anticapitalismo "truncado" e dos movimentos populistas. Desse modo, a abstração "valor" encarna-se, aos olhos do antissemita, na figura do "usurário" ou do "especulador" "judeu"; a violência do Estado encarna-se, para muitos, na figura do "político corrupto"; a mundialização do capital, na figura do imigrante. Por outro lado, opõe-se às abstrações a (pseudo)concretude do povo, da raça, da religião ou da nação.

seu ambiente. A educação negligenciada e a solidão diante das telas podem ter como resultado um ódio sem sujeito e sem objeto, totalmente "puro", que gera uma violência insensível e livremente flutuante, uma criminalidade "sem finalidade" que é um enigma para as vítimas, para a polícia, para a justiça e para os psicólogos forenses. Sua busca por motivos compreensíveis não chega a nada de concreto, mas essa ausência de motivos concretos é talvez o verdadeiro motivo. [...] O ódio e o amoque nascem do frio, da falta de relações com o objeto, da indiferença e do vazio crescentes. (Eisenberg, 2010, p. 217-8)

O problema não é que a educação se tenha tornado demasiado "livre" e que se deva voltar a uma didática que exerça uma justa "subtração de prazer", para falar como os lacanianos. A educação contemporânea — trata-se, obviamente, de uma *tendência* muito disseminada, que, felizmente, está longe de dizer respeito a todas as famílias — é tão pouco livre como a velha educação e preocupa-se igualmente pouco com o bem-estar das crianças, afora as declarações de fachada. Essa educação simplesmente prepara as crianças para viverem no "novo espírito" do capitalismo, cujos valores proclamados, como dissemos, muitas vezes se opõem aos antigos sem que por isso os indivíduos sejam mais livres ou se sintam mais realizados. Nas duas formas de educação, as pessoas conservam, às vezes durante toda a vida, uma recordação submersa dos traumas infantis, que podem ser reativadas e desembocar num ato violento ou suicida e, nos casos mais extremos, em um assassinato em massa.

A pessoa autoritária — o tipo psíquico que prevaleceu até a década de 1960 e que, evidentemente, está longe de ter desaparecido — sente sobretudo "raiva" e dirige-a contra um bode expiatório. Projeta em objetos exteriores as pulsões que deve combater em si mesma. O sujeito narcísico e *borderline* — por certo, o narcisismo é um sintoma *borderline*, no sentido em que se situa entre a neurose e a psicose — que hoje predomina é propenso a um ódio sem objeto. Vê-se devorado pelo receio de que a sua estrutura psíquica possa dissolver-se inteiramente, e a agressão lhe serve como mecanismo para conservar o eu. Na origem, a expressão *borderline* designa a pessoa incapaz de integrar a imagem boa e a imagem má da figura materna — originariamente separadas, segundo Melanie Klein — e que continua a clivar os objetos em "completamente bons" ou "completamente maus". Evitar que os maus objetos destruam os bons é para o *borderline* uma questão de sobrevivência psíquica. A partir de operações arcaicas como a clivagem, a denegação ou a "identificação projetiva", o sujeito *borderline* se protege de uma fragmentação ainda mais radical e do medo de ser devorado por uma mãe simbiótica. A raiva é então uma proteção contra esse medo. Desliga-se por fim da sua motivação originária e dirige-se contra o mundo inteiro.

Eisenberg sublinha que desapareceram, em grande medida, os "compromissos suportáveis" entre as pulsões e as exigências sociais, que se formam essencialmente na infância. Doravante, a sociedade está de imediato presente na socialização e impede a formação da individualidade. Durante sua fase ascendente, o capitalismo funcionou graças às formas sociais pré-capitalistas persistentes, principalmente a família. Uma pura abstração, como o dinheiro, não pode gerar nenhum investimento libidinal e também não pode, portanto, fundar nenhum elo social. A capacidade de simbolização e de sublimação, bem como a tolerância às frustrações, já não se constrói:

> O eu que se forma dessa maneira é uma instância frágil e débil que, ao longo de toda a vida, se vê ameaçada por tendências para a regressão, para a fragmentação e para a dissolução. Em situações de humilhação e de separação que reativem o núcleo dos traumatismos da primeira infância, o sujeito que se sente ameaçado recorre a operações arcaicas de defesa para tentar deslocar o horror interior para o exterior e poder assim combatê-lo. (Eisenberg, 2000, p. 51)

O velho "eu" era seguramente um receptáculo das repressões sofridas e interiorizadas. Contudo, sua dissolução não foi consequência de um processo social de emancipação; pelo contrário, essa dissolução aboliu o que ainda permitia alguma forma aceitável de relações interpessoais. Na época do capitalismo flexível, os velhos "caracteres" tornaram-se disfuncionais; o sistema exige pessoas que se adaptem a tudo — sujeitos sem sujeito, "extradirigidos" e já não "intradirigidos". O sujeito *borderline*, com sua personalidade instável, é assim constituído em modelo social. Um número sempre crescente de pessoas vê-se obrigado a desenvolver uma identidade fragmentada para manter o rumo em um mundo onde tudo muda constantemente e que exige "flexibilidade" em todas as frentes. Isso vai muito além da gestão da sua força de trabalho:

> A desregulação neoliberal do Estado social, da economia e da sociedade dá-se ao lado de uma desregulação psíquica e moral que tanto atinge o superego como o eu e seus modos de defesa. Os homens são como que aspirados por uma desestruturação regressiva da qual pode resultar que mecanismos arcaicos como a clivagem e a projeção se sobreponham às funções do eu e aos mecanismos de defesa mais maduros. Tendo em conta que, ao mesmo tempo, a transformação dos "constrangimentos externos em autoconstrangimentos interiorizados" (Norbert Elias) já não acontece com suficiente fiabilidade, a tendência para transpor as tensões e os conflitos intrapsíquicos para o mundo exterior aumenta nas mesmas proporções que a entrada em ação. (Eisenberg, 2002)

Quanto mais o homem é flexível, menos dispõe de valores interiorizados — não se pode lhe pedir as duas coisas ao mesmo tempo. Os que não sabem se adaptar, os que continuam a funcionar segundo os velhos modelos, perdem com frequência o trabalho e, sobretudo, as referências: "São cada vez mais as pessoas com a impressão de que o filme da realidade exterior é mais rápido do que as palavras para dizê-lo"

(Eisenberg, 2002). Isso facilmente lhes transmite um grande ressentimento, sem saber contra quem o dirigir; os migrantes são muitas vezes os seus alvos preferidos. Nutrem-se disso os populismos de todo o tipo.

A depressão crônica é uma das reações possíveis a esse estado de coisas — é a autoagressão. O mesmo mecanismo age na depressão e na agressão. As estatísticas falam de um aumento muito acentuado dos casos de depressão nas últimas décadas, nos países "desenvolvidos". Há duas explicações muito diferentes para esse fenômeno, ambas bastante inquietantes: ou as estatísticas correspondem à realidade, e então a sociedade está literalmente se tornando patológica, ou foram as empresas farmacêuticas e a psiquiatria em geral que conseguiram alargar desmesuradamente os critérios de definição da depressão para venderem mais medicamentos. Segundo a quinta versão do manual de psiquiatria DSM, a pessoa que estiver de luto por mais de duas semanas após o falecimento de um parente, dando mostras de sentimentos de vazio, tristeza ou cansaço, combinados com inquietude, deve ser considerada depressiva e pode ser tratada com medicamentos. Na terceira versão do manual, editada em 1980, o luto com duração de um ano ainda era considerado normal; na quarta versão, de 1994, esse prazo já tinha sido abreviado para dois meses (Eisenberg, 2016, p. 113). É aquilo que Alain Ehrenberg chamava, há vinte anos, de transformação dos problemas existenciais em problemas psiquiátricos que exigem tratamento médico.[186]

---

[186] Hoje em dia, o luto é por vezes posto a serviço da "reestruturação das empresas": ao longo das revelações sobre a onda de suicídios na France Télécom entre 2008 e 2011 — a "moda dos suicídios", como disse Didier Lombard, então diretor-geral da companhia —, soube-se que a direção utilizava os trabalhos da psicóloga e tanatóloga Elisabeth Kübler-Ross sobre as "cinco fases do luto" perante uma morte iminente para organizar melhor a estratégia destinada a levar os assalariados a se demitirem — o que, para cerca de sessenta dessas pessoas, se saldou no suicídio.

Diferentemente do psicótico, o sujeito *borderline* pode manter uma aparência de normalidade até o momento em que qualquer acontecimento, mesmo insignificante, arrasa seu frágil equilíbrio psíquico. As humilhações que se acumulam, principalmente em períodos de crise, podem reativar experiências da primeira infância e tendências para a clivagem, surgindo então objetos "puramente maus" que representam o próprio mal. A perda do trabalho é muitas vezes acompanhada pela perda das estruturas identitárias e interpessoais que até então permitiam o funcionamento precário das pessoas com um ego fraco, explodindo então sua psicopatologia latente. Embora a sociedade baseada no trabalho deva ser criticada, diz Eisenberg, é preciso reconhecer que a eliminação do trabalho liberta também energias destrutivas, que anteriormente se encontravam ligadas pelo trabalho e que passam a circular livremente no espaço social. A agressividade já não encontra ninguém que possa atacar e tropeça, em todo o lado, em estruturas anônimas — o que pode levar a agredir seja quem for, mas também a procurar explicações em teorias da conspiração e outras visões paranoicas. É um pouco como tentar bater com uma vara no nevoeiro que cobre a sociedade e impede que nela se veja claramente.

Ainda que as mulheres estejam recuperando seu "atraso" no domínio do amoque e da violência autotélica, esses atos continuam a ser um fenômeno amplamente masculino. Afora as razões históricas que explicam a ligação entre violência e masculinidade, a violência masculina contemporânea é também uma consequência das tentativas de combater o medo da simbiose devorante com a figura materna arcaica — medo aumentado pelo desaparecimento das figuras paternas na família e na sociedade — e salvaguardar uma forma de "eu". A pessoa que tem de renunciar muito cedo às promessas de felicidade tidas na primeira infância entra facilmente no campo gravitacional da "pulsão de morte". É então sobretudo o contato com as mulheres que suscita medo e ódio — por trás do qual se esconde o ódio pela mãe, que não pôde continuar sua obra de beneficência e de proteção da criança relativamente ao princípio "masculino" de realidade.[187] Em suma, a violência, mesmo em suas formas mais extremas, é apenas uma consequência da sociedade alicerçada no mercado:

> Mais do que nunca, pode tornar-se verdadeira uma tese medonha que Horkheimer e Adorno já tinham formulado na *Dialética do esclarecimento*: "A razão reduzida à realidade econômica e instrumental e a moral utilitarista não permitem formular um argumento de princípio contra o assassinato". [...] Durante a evolução da sociedade capitalista, a "corrente fria" (Ernst Bloch) que provém da camada de fundo da sociedade burguesa — em última análise, da abstração da troca comercial — trilha seu caminho por meio de todos os degraus do edifício social, consuma tradições sociais e morais e penetra por fim no mundo interior dos homens, transformando-o numa paisagem gelada de sentimentos e de processos psíquicos congelados. A "frieza burguesa" (Adorno) abole a piedade que durante longos períodos da modernidade soldou o princípio da individuação à capacidade de sentir empatia pelos outros e por seus sofrimentos, estabelecendo assim alguns limites à "guerra de todos contra todos". O "homem flexível" exigido pela economia deve se desfazer de todas as inibições para se tornar capaz de tudo. Os resultados desses processos no sujeito particular são registrados pela psiquiatria judicial como

---

[187] Nessas considerações, Eisenberg baseia-se na análise, que se tornou clássica, da educação autoritária e pré-nazista elaborada por Klaus Theweleit. Esse autor se interessou principalmente pela imagem da mulher e do corpo que ela transmitia. Sua obra principal foi em parte recentemente traduzida em francês: *Fantasmâlgories* [1977] (ver Theweleit, 2016). Nesse livro, Theweleit examina sobretudo as cartas e os escritos dos membros dos "Corpos Francos" alemães, formados por antigos combatentes, os quais, após a Primeira Guerra Mundial, constituíram o primeiro núcleo do futuro nazismo.

um "defeito emocional" e atribuídos como uma "infração" ao delinquente em causa. (Eisenberg, 2010, p. 215-6)

Franco "Bifo" Berardi é um veterano dos movimentos sociais italianos da década de 1970, conhecido pelas análises do "capitalismo semiótico", frequentemente inspiradas em Gilles Deleuze e Félix Guattari. É também um dos raros autores que se debruçaram sobre a ligação entre amoque e capitalismo, em seu livro *Heroes. Suicidio e omicidi di massa* [Heróis: suicídio e assassinato em massa] (2015). Seu ponto de partida é claro:

> dei-me conta de que compreendemos provavelmente melhor o devir atual do mundo se o observarmos à luz desse gênero de loucura terrível, em vez de o fazermos pelo prisma da loucura policiada dos economistas e dos políticos. Vi a agonia do capitalismo e o desmantelamento de uma civilização social de um ponto de vista muito particular: o do crime e do suicídio. (Berardi, 2015, p. 25)

Sua visão das condições psicossociais na atualidade é semelhante à de Eisenberg: "A paralisia das relações empáticas e a crescente fragilidade do terreno da concordância na compreensão interpessoal estão se tornando traços característicos da paisagem mental da nossa época" (Berardi, 2015, p. 79). Tal como Eisenberg, Berardi identificou os importantes efeitos do abandono das crianças diante das telas:

> O fato de os seres humanos aprenderem mais palavras com uma máquina do que com as suas mães conduz inegavelmente ao desenvolvimento de uma nova sensibilidade. Não podemos estudar as formas inéditas de psicopatologia de massas sem ter em conta os efeitos desse novo meio ambiente e, mais particularmente, desse novo processo de aprendizagem da língua. Dois desenvolvimentos principais merecem uma atenção particular; o primeiro é a dissociação entre a aprendizagem da linguagem

e a experiência corporal afetiva; o segundo, a virtualização da experiência de outrem [...] Há múltiplas provas que levam a crer que essa mutação na experiência da comunicação gera uma patologia que afeta a empatia (tendência autista) e a sensibilidade (dessensibilização à presença de outrem). E essa mutação da interação psíquica e linguística poderá também estar na origem da precariedade da vida nos nossos dias. (Berardi, 2015, p. 63, 65)

Berardi se interessa tanto pelas motivações dos indivíduos propensos a amoque quanto pelas dos assassinos mais "políticos", como Breivik. Insiste no papel do *darwinismo social*: no centro do universo mental dos homicidas jaz a aceitação de uma sociedade da concorrência e da eliminação do mais fraco.[188] Todavia, e por mais paradoxal que isso possa parecer, já interiorizaram a convicção de que nessa sociedade eles mesmos seriam sempre perdedores, *losers*.

> Com o imperativo categórico de ser um "vencedor", por um lado, e, por outro, com a consciência de que tal objetivo é inatingível, a única maneira de vencer (por breves instantes) consiste em destruir a vida dos outros, antes de virar a mão contra si mesmo. (Berardi, 2015, p. 22-3)

Depois de lembrar que, "no dia do massacre [de Columbine], Eric Harris usava uma camiseta branca na qual estavam

---

[188] Para Eisenberg, a motivação política de Breivik assemelha-se à verbalização posterior de um ódio que nele vem de mais longe: ódio às mulheres, medo da mãe simbiótica (que se exprime no medo de que a Europa seja "submersa pelo islã"), desejo de mostrar que é um "verdadeiro homem". É sempre o ódio a uma parte de si mesmo que se recalca. A ideologia não explica tudo; nem todos os extremistas de direita se tornam assassinos em massa, tal como há assassinos que não são extremistas de direita. A patologia individual de Breivik tem origens sociais; seu manifesto é confuso, mas não mais que o *Mein Kampf* [Minha luta], que teve o destino que se sabe (Eisenberg, 2015, p. 127).

impressas as palavras 'seleção natural' em letras pretas"[189] e que outros assassinos em massa utilizaram a mesma referência, Berardi (2015, p. 67) prossegue:

> O homicida em massa está persuadido pelo direito do mais poderoso e do mais forte a ganhar no jogo social, mas ele também sabe e sente que não é o mais poderoso nem o mais forte. Por isso, opta pelo único gesto de resposta e de autoafirmação que se lhe apresenta: matar e ser morto.

Podemos levar ainda mais longe essas considerações a respeito do papel da concorrência. Foi sua universalização que transformou a vida inteira — e não apenas a vida econômica — numa guerra perpétua em que cada qual, se quiser sobreviver, deve se isolar e encarar, primeiro com fria indiferença, depois com agressividade selvagem, tudo o que for obstáculo — inclusive em si mesmo — a seu "êxito" no mercado. O mercado, a guerra eterna e a pulsão de morte designam, no fundo, a mesma coisa. A concorrência universal nunca foi tão pacífica nem benéfica como pretendeu a ideologia burguesa — a violência estava sempre à espreita. Nas situações de crise, a violência explode e o verniz da civilização desaparece. A violência desencadeada pode então se desligar de qualquer relação entre fins e meios. Pode igualmente voltar-se contra o próprio sujeito. O sujeito da mercadoria teve de começar se habituando a ver os outros sujeitos como carrascos capazes de "passar por cima de cadáveres" na concorrência econômica; agora tem de se resignar a ver neles também potenciais assassinos, literalmente, sem que nada permita prever suas agressões segundo os critérios habituais ou a partir de um cálculo qualquer. Da mesma maneira que podemos ser revistados como criminosos em qualquer

---

[189] Ao passo que na camiseta do outro homicida, Dylan Klebold, estava inscrita a palavra "raiva".

lugar, tivemos de nos habituar a ser vítimas potenciais de um ato criminoso em qualquer momento, simplesmente por nos encontrarmos no lugar errado no momento errado, sem podermos nos proteger. Qualquer estratégia de "prevenção do crime" não pode senão falhar perante indivíduos que já não aplicam o mínimo de racionalidade que é o cálculo entre meios e fins, cálculo esse que permitiria antecipar um comportamento violento.

RAZÃO NENHUMA EM LUGAR NENHUM

Os assassinatos em massa desafiam as explicações correntes. Os "paradigmas do interesse" não podem ser aplicados a semelhantes "loucuras". Para compreender esses fenômenos, é preciso considerar o caráter *irracional* do capitalismo, que é consequência da sua finalidade tautológica e do seu vazio fundamental. As ideologias homicidas — racismo, etnocentrismo, antissemitismo, fundamentalismo religioso — não são incompatíveis com a racionalidade mercantil. São o seu revés. O niilismo — conceito de que se abusa muito — está na base da socialização pelo valor e encontra-se, por consequência, nos sujeitos que realizam essa socialização e são, por sua vez, formados por ela. O que impedia — e ainda impede, na maior parte dos casos — de desencadear o ato eram — são — os aspectos da vida não determinados pela forma-valor, essencialmente herdados do passado. Quanto mais triunfa a sociedade baseada no valor e na mercadoria, no trabalho e no dinheiro, mais ela destrói esses resquícios e, com eles, aquilo que a impede de se lançar na loucura inscrita há séculos no seu âmago.

De certa maneira, a primeira manifestação grandiosa dessa pulsão de morte do capitalismo, em que destruição e autodestruição se tornaram um fim em si, foi o *nazismo*. Hitler poderá ser considerado o maior amoque da história, um caso de "narcisismo absoluto": o próprio fim devia coincidir com o fim do mundo. "Se o povo alemão perder a guerra, não se terá mostrado digno de mim", declarou Hitler poucos dias antes de morrer. No entanto, seguir essa pista, por mais promissora que seja, levaria a um debate demasiadamente vasto para ser abordado aqui. Iremos então nos limitar a citar duas estrofes de uma canção intitulada "Tremem os ossos putrefatos", frequentemente cantada pelos nazis e, em particular, pelas juventudes hitleristas:

> Continuaremos a marchar
> Quando tudo desmorona
> Porque hoje a Alemanha é nossa
> E amanhã será o mundo inteiro
>
> E mesmo que o mundo inteiro
> Se torne uma ruína por causa desta luta
> Não estamos nem aí
> Pois vamos reconstruí-lo.[190]

A educação que produziu os sujeitos nazis foi substituída por novas formas de educação que não evitaram a criação de novos tipos de monstros. Atualmente, as manifestações da pulsão destrutiva e autodestrutiva se individualizaram. O que se vê é sobretudo um "ódio" sem objeto, "*o ódio*".[191]

---

[190] Convém notar o fato edificante de o autor desta canção, Hans Baumann, ter tido depois da guerra uma grande carreira internacional como autor de livros para a juventude, sem que o passado perturbasse seus admiradores.
[191] A este propósito, o psicanalista Jean-Pierre Lebrun diz o seguinte: "Um exemplo disso, e acho que a língua o transmite muito bem — creio que é necessário estarmos muito atentos às palavras que mudam na língua —, é a expressão '*avoir la haine*' [ficar com ódio]. Sabemos que essa expressão emergiu há uma dezena de anos, na língua francesa, quando até então se dizia '*avoir de la haine pour*' [ter ódio por]. Esta última expressão implica, obviamente, um endereço, um encontro. Em contrapartida, 'ficar com ódio' vem claramente indicar que se trata de ter qualquer coisa de obstrutor, que se cola à pele, e de

Jean Baudrillard foi, por acaso, melhor observador do que teórico. Muito antes da explosão do amoque e do jihadismo na Europa, e antes mesmo das grandes revoltas dos subúrbios ocorridas na França em 2005, escreveu ele:

> Criado pela indiferença, em particular pela indiferença irradiada pelas mídias, o ódio é uma forma *cool*, descontínua, que pode "zapear" sobre este ou aquele objeto. É desprovido de convicção, de calor, esgota-se no ato em si, e muitas vezes em sua imagem e em sua repercussão imediata, como podemos ver nos atuais episódios de delinquência suburbana. Ao passo que a violência tradicional estava na origem da opressão e do conflito, o ódio, por sua vez, corresponde ao consenso e à convivialidade. [...] De certa maneira, protegemo-nos com o ódio da falha de outrem, do inimigo, da adversidade. O ódio mobiliza uma espécie de adversidade artificial e sem objeto. Assim, o ódio é uma espécie de estratégia fatal contra a pacificação da existência. Na própria ambiguidade, é uma reivindicação desesperada contra a indiferença do nosso mundo e, como tal, é sem dúvida um modo de relação muito mais forte do que o consenso ou a convivialidade. [...] A passagem contemporânea da violência para o ódio caracteriza a passagem de uma paixão do objeto para uma paixão sem objeto. [...] O ódio é mais irreal, mais inacessível nas suas manifestações do que a simples violência. Podemos vê-lo com nitidez no caso do racismo e da delinquência. É por isso que é tão difícil opormo-nos a isso, quer seja pela prevenção ou pela repressão. Não se pode desmotivá-lo, porque não tem uma motivação explícita. Não se pode desmobilizá-lo, visto não ter um móbil. Não se pode puni-lo, porque na maioria das vezes entra em confronto

que não sabemos muito bem como nos livrar. Tornou-se, pois, intransitivo, intersticial, sem endereço, sem correspondência com o Outro, sem vetor, porque já não há nenhum Outro visível, que 'encarne' a subtração de prazer e dê ao nome do pai um corpo concreto" (Lebrun, 2003, p. 5-6). Trata-se de uma intervenção sobre Richard Durn, o homicida de Nanterre.

consigo mesmo; o ódio é exatamente o tipo de paixão que atribui as culpas a si mesmo. Devotados como estamos à reprodução do Mesmo, em uma identificação sem fim, em uma cultura universal da identidade, disso provém um imenso ressentimento: o ódio a nós mesmos. Não o ódio a outrem, como pretende um contrassenso consagrado a partir do estereótipo do racismo e da sua interpretação superficial, mas, sim, o ódio à perda de outrem e ao ressentimento por essa perda. [...] Cultura do ressentimento, sem dúvida, mas em que, por trás do ressentimento para com o outro, é preciso descobrir o ressentimento para conosco, para com a ditadura de si e do mesmo, que pode levar à autodestruição.
(Baudrillard, 1995)

O que perpassa por esta forma de ódio é a certeza que o sujeito contemporâneo tem da própria nulidade e superfluidade. É o contrário da situação do explorado, que sabia que o explorador necessitava dele e era, portanto, obrigado a "reconhecê-lo".[192] Disso resulta um sentimento característico da nossa época, que se encontra em todos os indivíduos propensos a amoques: a impressão de "não existir no mundo". Essa impressão em nada se deve a uma falha individual ou a uma culpável "incapacidade de a pessoa se adaptar a uma sociedade que muda". A crise das formas de socialização capitalistas leva um número cada vez maior de seres humanos a se tornar "não rentável" e, portanto, "supérfluo". A raiva desses "detritos" humanos pode assumir traços bárbaros, muito distantes das "lutas de classe" de tempos passados, centradas em "interesses".

Hoje em dia, há um estado de espírito que se sobrepõe a todos os outros: o *ressentimento*. Esse sentimento, muito

---

[192] O debate acadêmico dos últimos anos em torno do "reconhecimento", desencadeado por Axel Honneth com base em uma espécie de "terceira infusão" da teoria crítica com ar cidadanista, constitui como que um "reconhecimento" muito longínquo dessa problemática.

próximo da inveja,[193] tem um vínculo com o narcisismo que até agora tem sido pouco examinado. Certas formas de ressentimento, principalmente a aversão por categorias inteiras de pessoas, dirigem-se a objetos que, na verdade, não fizeram mal nenhum ao sujeito que mostrou ressentimento, ou com quem essas pessoas nem sequer têm uma ligação efetiva, como acontece frequentemente com o racismo, o antissemitismo, a homofobia ou o ódio pelos "corruptos". Trata-se de um *deslocamento*: um sentimento de raiva ou de despeito cuja origem pode ser inteiramente justificada — embora não o seja necessariamente — é exercido em direção a um objeto de *substituição*. A sensação é verdadeira, mas o alvo é errado.[194] Há uma espécie de confusão entre os objetos: o sujeito atribui a determinado objeto as características de *outro* objeto. E descarrega sobre o objeto de substituição a raiva que não pode exercer sobre aquele que é o verdadeiro objeto da sua raiva. No ressentimento, as diferenças entre os objetos se apagam.

Trata-se da já evocada *reductio ad unum*, que está na base da constituição fetichista-narcísica: o narcísico nunca estabelece verdadeiras relações com o objeto e mantém-se inconscientemente em sua condição originária de onipotência e de fusão com o seu ambiente. Para ele, o mundo exterior fusiona em um estado unitário de "não eu". Há o eu e há "o mundo". A mãe ou o pai de quem a criança está com raiva e um brinquedo; o patrão ao qual o sujeito não pode se opor e sua família assim

---

193 O artigo "Abolir", de Guy Debord, publicado em 1987 na revista pós-situacionista *Encyclopédie des Nuisances*, n. 11, afirmava, energicamente, que a inveja é o único dos tradicionais sete pecados capitais que continua em circulação, e que ela englobou todos os outros pecados, cujo exercício a modernidade capitalista tornou impossível. Em termos obviamente diferentes, a inveja tem um papel central em Melanie Klein (1978 [1974]).
194 A novela "Emma Zunz" (1948), de Jorge Luis Borges, incluída na coletânea *O aleph*, descreve com uma espécie de humor ácido esse mecanismo de substituição. Essa novela parece, aliás, ter sido inspirada em um episódio que a anarquista lituana Emma Goldman relata em sua autobiografia.

que ele chega a casa; a mulher desejada que rejeita o sujeito machista e qualquer outra mulher; o batedor de carteira com cara de imigrante e todos os imigrantes — em todos esses casos, os "opositores" não passam, para o narcísico, de figuras intercambiáveis, encarnações momentâneas do "mundo", do "não eu". Com base no que estabelecemos nos primeiros capítulos, podemos agora dizer que o ressentimento, como quintessência do narcisismo, é uma emoção específica da sociedade mercantil. Não só pela razão, bastante evidente, de a sociedade de consumo suscitar permanentemente sentimentos de frustração e de insuficiência nos sujeitos, e desejos que nunca são verdadeiramente satisfeitos, mas também porque o valor produz em toda a parte a *reductio ad unum*, a aniquilação das particularidades concretas do mundo, em proveito da abstração quantificada, que faz com que todos os "objetos" (em sentido amplo) sejam sempre, no fim das contas, uma e a mesma coisa, perfeitamente intercambiáveis.

O ressentimento é, sem dúvida, uma das mais poderosas emoções humanas, e também das mais nocivas — diferentemente da raiva dirigida de forma consciente ao objeto que a suscitou. Querer mobilizá-lo para a luta anticapitalista, como faz Slavoj Žižek (2011, p. 274-80), é brincar com fogo e fazer a cama aos movimentos populistas, que são a encarnação do ressentimento. Se quisermos mesmo saber ao que conduz o ressentimento e que relação ele tem com uma compreensão crítica do mundo, convém olharmos para as obras e para o percurso de Louis-Ferdinand Céline. O nazismo, por sua vez, tinha levado o ressentimento, como paixão embasada em uma psicologia coletiva, a níveis nunca atingidos, depois de o antissemitismo moderno ter preparado o caminho. O nazismo provou que a consequência derradeira do ressentimento não é a conquista, mesmo violenta, do que parece faltar para um indivíduo ser feliz — no caso do nazismo, a dominação do mundo —, mas, sim, uma orgia de destruição que só acaba no momento em que o sujeito conclui a própria destruição.

Os sentimentos de impotência do narcísico desembocam em sentimentos de onipotência, seja no plano individual (podendo chegar à ideia de ser, mesmo que só por quinze minutos, o juiz supremo, o que concede a vida e a morte, um quase deus), seja no plano coletivo, para se sentir forte como membro de um povo, de uma "raça", de uma categoria social ou de uma religião "superiores". Com frequência, é a confirmação falha do desejo "normal" de ser reconhecido — o "narcisismo benigno", dirão alguns — que pode levar a atos extremos.

A valorização do capital e a vida social que disso resulta não são apenas vazias, são sobretudo insanas. Nelas nada conta para a pessoa em si, e cada ser humano deve subordinar sua personalidade real, suas inclinações e seus gostos às exigências da valorização — até se tornar um eu quantificado (*quantified self*) que permanentemente mede e "compartilha" "dados" pessoais, em especial os físicos, via "aplicativos de celular". A vida é submetida a uma racionalização total, o menor ato deve ser útil e produtivo, e a vida será gerida por tecnologias.[195] A total mercantilização da vida, mesmo a íntima, não significa necessariamente que tudo está de fato à venda, mas que tudo se encontra submetido às exigências de eficiência, de ganho de tempo e desempenho e de garantia dos resultados: procurar parceiros sexuais em aplicativos, bem como "gerir o seu capital-saúde", frequentar cursos de meditação para encarar melhor o trabalho, empanturrar-se com anfetaminas para ter boas notas nos exames de acesso às "melhores universidades".

O modo mais comum de responder a esse sentimento de vazio doloroso é agora o narcisismo midiático sob todas as formas, das muito mal designadas "redes sociais" aos reality shows. De resto, o narcisismo midiático não constitui, de

---

[195] "É preciso aprender a seduzir os robôs recrutadores", assegura-nos o *Le Monde* (16 out. 2016): "95% dos grandes grupos utilizam ATS (*Applicant Tracking Systems*, programas de gestão de candidaturas) nos cargos de chefia".

modo algum, uma alternativa ao crime; pelo contrário, combina-se maravilhosamente com ele. São inúmeros os exemplos desse conluio: dos estupros filmados e divulgados on-line que permitiram identificar e prender rapidamente os respectivos autores ao homicídio de dois policiais em Magnanville (região parisiense) em junho de 2016, transmitido ao vivo; do maior chefe dos narcotraficantes mexicanos, "El Chapo", que involuntariamente pôs os investigadores no seu encalço por querer encontrar, na clandestinidade, atores famosos aos assassinos de um padre em uma pequena igreja da Normandia, em agosto de 2016, que obrigaram um casal idoso ali presente a filmar a ocorrência; até as adolescentes italianas que divulgaram on-line o vídeo — no qual são perceptíveis suas risadas — de uma amiga sendo estuprada na frente delas em uma discoteca. Para qualificar esses atos, as mídias falam de uma espécie de "narcisismo midiático maligno", sugerindo assim que compartilhar na íntegra a vida privada nas redes sociais e medi-la pela régua das "curtidas" recolhidas na "página", na "conta" ou em "compartilhamentos" sustentariam um "narcisismo midiático benigno" e que bastaria saber usá-lo com moderação.[196]

Na contemporânea "economia da atenção",[197] o amoque e o atentado suicida constituem a forma mais extrema: morrer para existir por um momento no olhar dos outros. Com a condição de estar pronto para sacrificar a vida, cada qual, mesmo o indivíduo a quem ninguém teria alguma vez pres-

---

[196] Franco Berardi cita o artigo de Michael Serazio publicado na revista *Flow* em 2019, "Shooting for Fame. The (Anti-)Social Media of a YouTube Killer" [Atirando pela fama: a rede (anti)social de um assassino do YouTube], que analisa especialmente o caso do atirador finlandês Pekka-Erik Auvinen, mas notando também que o autor do massacre na Virginia Tech, Seung-Hui Cho, já era antiquado em 2007, porque, entre o primeiro e o segundo tiroteio, ele tinha ido aos correios enviar a uma emissora de televisão um pacote com textos e gravações que explicavam seus atos (Berardi, 2015, p. 57-8).
[197] Sobre esse conceito, ver Citton (2014).

tado a mínima atenção, pode decidir que amanhã todos falarão dele; e se o alvo for bem escolhido, todos os poderosos deste mundo irão ao funeral das vítimas. Os proletários e subproletários da economia da atenção, a quem nunca um programa de celebridades abriria as portas, podem virar-se para essa forma de marketing de guerrilha, que não custa nada — a não ser a vida. Quem não encontrar uma forma de reconhecimento nos termos habituais pode sempre tentar ficar na história como herói negativo. As mídias serão seguramente cúmplices disso.[198]

CAPITALISMO E VIOLÊNCIA

Na maior parte dos críticos do capitalismo evocados ao longo deste livro, incluindo Franco Berardi, há certa confusão quanto a saber se falam do capitalismo em geral ou apenas de sua fase neoliberal, o que sugere que seria possível a restauração de um capitalismo mais "saudável". Berardi, embora oriundo dos movimentos radicais da década de 1970 e apesar da sua repulsa, aparentemente sincera, à sociedade atual, faz uma espécie de elogio do capitalismo de outrora, elogio este tão

---

[198] Discutiu-se muito o papel dos videogames na gênese dos massacres. O problema, todavia, não está apenas no conteúdo eventualmente violento de tais "jogos", mas na forma virtual em si mesma. Berardi (2015, p. 63) observa isso muito bem: "Não é apenas o conteúdo do jogo, é o próprio estímulo produzido pelos efeitos de dessensibilização da experiência corporal — simultaneamente, o sofrimento e o prazer. É óbvio que um indivíduo não se torna um homicida em massa simplesmente por jogar videogames ou por praticar outras formas de estimulação digital, mas o homicida em massa encarna, de modo excepcional, uma tendência global nessa mutação geral do espírito humano". E acrescenta: "No entanto, a combinação de um estado preexistente de sofrimento psíquico e de um investimento maciço de tempo e energia mental na atividade virtual provavelmente causa, sobretudo em pessoas jovens, uma intensificação do sentimento de alienação" (Berardi, 2015, p. 121).

curioso como característico de grande parte da esquerda atual. Escreve ele: "A aliança conflitual entre a burguesia industrial e os operários da indústria — que da era moderna legou uma herança da maior importância: a educação pública, o sistema de saúde, os transportes e a proteção social — foi sacrificada no altar do deus Mercado". Esse sacrifício teria acontecido precisamente em 1977 (data da última grande onda de revoltas na Itália): "Da era da evolução humana, o mundo afundou-se na era da desevolução, ou descivilização. Aquilo que o trabalho e a solidariedade social tinham gerado, durante os séculos da modernidade, começou a desmoronar com o processo predador da desrealização financeira" (Berardi, 2015, p. 29). Essa aliança entre o capital "produtivo" e os operários, aliança que a todos beneficia, já é nossa conhecida. Ao escrever que, "quando há crise, por conseguinte, a lei natural deixa de reinar e o crime se propaga" (Berardi, 2015, p. 87), Berardi considera o capitalismo anterior à crise — o fordismo — como expressão de uma "lei natural". Quando escreve que "a 'classe do alhures' [dos novos 'proprietários ausentes' que facilmente deslocam os seus capitais por toda a parte, sem estarem apegados a nenhum lugar em particular] reestabeleceu a lógica econômica do rentista, para a qual o lucro já não está ligado ao aumento da riqueza existente, mas à simples posse de um capital invisível, o dinheiro ou, mais precisamente, o crédito", Berardi cai na denúncia populista do rentista que não utiliza seu capital para "aumentar a riqueza" social. O capitalista que o fizesse só por isso mereceria o seu capital. Essa glorificação do capitalismo "social" está presente em todo o seu livro:

> No quadro de uma evolução antropológica a longo prazo, podemos descrever o capitalismo contemporâneo como algo que marcou uma ruptura com a era do humanismo. A burguesia moderna encarnava os valores da libertação humanista dos grilhões do destino teológico, sendo o capitalismo burguês um produto dessa revolução humanista. (Berardi, 2015, p. 99)

Berardi (2015, p. 43-5) refere-se à noção de trabalho abstrato em Marx, mas a relaciona ao "processo de desmaterialização do valor", que faria "parte do movimento geral de abstração" e que conduziria ao "capitalismo semiótico, ao regime contemporâneo de produção em que a valorização do capital se baseia na emanação incessante de fluxos de informação", enquanto "emancipação dos signos" (noção emprestada de Jean Baudrillard). Do mesmo modo, crê que "a linguagem, a imaginação, a informação e os fluxos imateriais se tornam a força de produção e o lugar de troca comercial por excelência" (Berardi, 2015, p. 91). Rejeita a expressão "capitalismo cognitivo" apenas para insistir no fato de que é o trabalho que é cognitivo: "O capital não é o sujeito de qualquer atividade cognitiva, é apenas o seu explorador. O portador do saber, da criatividade e das competências é o trabalhador cognitivo" (Berardi, 2015, p. 98). Berardi mantém-se, portanto, no quadro das teorias de Negri, baseadas numa leitura equivocada do conceito de valor.[199] Ele afirma, de resto, em um estranho resumo, que a dificuldade de calcular o valor do trabalho imaterial — "cognitivo" — está na origem do atual aumento da corrupção e das máfias (Berardi, 2015, p. 88).

Tudo isso é paralelo a uma visão positiva da modernidade, exceto de seu último ato, que, a seu ver, estaria em completa contradição com aquilo que a precedeu:

> Como resultado desses desenvolvimentos progressivos, a modernidade culminou na criação de uma forma de civilização social, uma civilização em que as necessidades comuns se sobrepunham à afirmação dos interesses individuais. Essa civilização social foi construída para impedir guerras intermináveis entre os homens. Nos últimos trinta anos, porém, essa civilização social se desmoronou sob os golpes do darwinismo social, precursor

---

[199] Ver Jappe & Kurz (2003).

ideológico da afirmação das políticas neoliberais no mundo inteiro. (Berardi, 2015, p. 56-7)

Por conseguinte, ele parece dizer que, se pudéssemos voltar à década de 1970, a civilização seria salva. Mas, nessa época, uma posição como a de Berardi teria sido encarada como "social-democrata" e, de maneira alguma, como revolucionária.

Embora Götz Eisenberg não caia nesse defeito, não deixa, todavia, de atribuir um grande peso ao desmonte do Estado-providência como origem da angústia, da solidão e da dessolidarização que podem levar à violência cega. A segurança social teria formado uma barreira contra os excessos da concorrência e subtraído parcialmente certas esferas da vida ao terrorismo da economia. A abolição dessas ilhas protegidas do neoliberalismo teria destruído, ao mesmo tempo, os amparos sociais. Escreve Eisenberg:

> Minha "definição do vandalismo" é esta: desintegração social (portanto, estreitamento do mercado de trabalho, exclusões múltiplas, guetização) + desestruturação psíquica (diminuição do superego, expandida fraqueza do eu, falta de elos sociais, raiva arcaica e não integrada) = probabilidade de que aumentem as explosões de violência incontroláveis. (Eisenberg, 2015, p. 216)

Essa análise é empiricamente correta, mas não se deve pensar que um "capitalismo com rosto humano" teria conseguido se manter indefinidamente como "compromisso de classe". O capitalismo é regressivo na própria natureza, e é inevitável que o sujeito capitalista acabe sendo surpreendido por seu reverso obscuro. Eisenberg o diz claramente ao falar do suicídio "ampliado do capital". É o próprio dinheiro que "faz amoque". O capital financeiro, que é uma "produção de nada a partir de nada", não é a perversão do que teria sido anteriormente um capitalismo "razoável", é a conclusão lógica do valor e do seu vazio. A destruição da capacidade dos sujeitos de substituir a ação pelo imaginário — aquilo que se chama de "simbolização" — é um elemento da autodestruição do sistema capitalista. O sujeito, longe de ser o contrapeso do sistema, entra em declínio com o sistema que o contém:

> O sujeito contemporâneo se decompõe. Uma parte dele torna-se um prolongamento interior da maquinaria da produção social; o resto torna-se material primário para a publicidade, para o consumo e para a indústria cultural, ou desenvolve um dinamismo próprio. Os derivados da pulsão de morte, a agressividade e o desejo de destruição, são cada vez menos obrigados a se ligar a investimentos libidinais de objeto que poderiam pô-los a serviço de Eros. As tendências atuais para a desunião das pulsões mostram que a agressividade, quando não está associada à libido, não pode ser sublimada. Se é a agressividade que comanda a libido, e já não o contrário, e se os homens, em número cada vez maior, são governados por emoções agressivas e destrutivas, podemos predizer que haverá um aumento contínuo da violência desmedida. (Eisenberg, 2000, p. 220-1)

Ademais, Eisenberg enfatiza sempre o fato de que os comportamentos destrutivos e suicidas dos indivíduos correspondem aos dos "tomadores de decisões" e chefes de empresas. Isso passou a ser efetivamente uma evidência, mesmo para o grande público. A vida nas duas extremidades da corrente se assemelha, nas favelas e nas altas esferas da economia e da política: as pessoas só vivem no presente, a única moral é o sucesso, o outro existe apenas como instrumento.[200]

---

[200] Em seus últimos escritos, Guy Debord desenvolveu muito a ideia de que o capitalismo, na época do espetáculo, entrou em uma fase de irracionalismo galopante e de autodestruição por falta de pensamento, o que constitui uma diferença fundamental com as formas anteriores de dominação. Aos passos bem conhecidos que se encontram, nomeadamente, em *Comentários sobre a sociedade do espetáculo*, juntemos esta citação, extraída de um inédito:

Uma contribuição fundamental para esse exame foi dada por Robert Kurz no já citado artigo "A pulsão de morte da concorrência" e na reelaboração a que procedeu em seu livro *Weltordnungskrieg* [A guerra do ordenamento mundial] (2003).[201] Kurz sublinha, sobretudo, o que é comum às diferentes formas de violência:

> Já se atenuaram há muito tempo as linhas que separavam a máfia, a seita, o separatismo étnico, o bando nazi, a gangue criminosa, a guerrilha etc. Quanto ao fenótipo dos massacres, é o mesmo em toda parte: trata-se do "jovem" entre os quinze e os 35 anos, moral e culturalmente desfiliado e desprovido de vínculos, verdadeiro "autoempreendedor" com telefone celular e tênis Reebok ou Adidas, que leva despreocupadamente sua metralhadora a tiracolo como atributo e instrumento de homicídio e se deleita com seu poder físico imediato e com o medo que inspira em sua caça humana, porque não tem mais nada.

A loucura que reina nessas situações é apenas um novo estágio da "loucura capitalista corrente" em tempos de crise. Esses comportamentos homicidas não estão isentos de "certa racionalidade econômica", mas "abandonaram a regulação e a forma jurídica das condições capitalistas e a forma de consciência correspondente, para voltar a formas de violência imediata" — ainda que o verbo "voltar" não seja apropriado, acrescenta Kurz, porque "a passagem histórica pela forma

---

"Todas as classes dominantes do passado tiveram pelo menos a inteligência de compreender que, na medida dos seus meios, *não tinham interesse* em expandir a peste, a lepra, a tuberculose etc. Porque seriam também atingidas por isso. A classe dominante atual difundiu o não pensamento, o *look* espetacular, a parvoíce. E ela própria se vê atingida de um modo terrível: estupidez dos 'decisores'" (nota inédita para um "Projeto de dicionário", não realizado, anos 1980. Le Bras & Guy, 2016, p. 184-5).

201 Em certos pontos, essas análises apresentam analogias com as contidas em Semprun (1997).

capitalista é naturalmente irreversível" (Kurz, 2003, p. 48). Tal barbarização nunca é um verdadeiro retorno a formas sociais arcaicas, é uma barbárie pós-moderna que combina o pior da modernidade com o pior das sociedades do passado.

A crise do capitalismo é uma crise da forma-sujeito que remete para as próprias origens do capitalismo: tanto na origem como no fim, estão presentes o furto e a violência direta.

> Quando a concorrência mundial em tempos de crise se torna selvagem em todos os graus, os sujeitos também se tornam selvagens. A forma-sujeito se decompõe, revelando de um modo novo o seu núcleo violento. Violência, sangue e medo revelam ser não fenômenos que se agregam ao reducionismo econômico a partir do exterior, mas partes deste. De forma reveladora, a economia de pilhagem pós-moderna e suas atrocidades remetem, no fim do capitalismo, aos próprios começos e a seus crimes fundadores, porque, ao contrário das lendas destinadas a legitimá-la, a moderna máquina de fazer dinheiro não teve origem no comércio pacífico, mas na economia das armas de fogo dos começos da época moderna e dos seus despotismos militares. (Kurz, 2003, p. 56)

Na verdade, os vigentes "horrores econômicos" (Rimbaud) não "substituíram" a violência direta, como se fossem uma espécie de "mal menor": acompanharam-na sempre, como sua sombra.

Kurz destaca também que a violência dos bandos, principalmente nas regiões onde a normalidade mercantil já desmoronou e onde a economia "ilegal" é mais ou menos a única que ainda funciona, não constitui uma revolta dos pobres:

> A "geração perdida" não abarca apenas os jovens desempregados por longo período e os "supérfluos", mas também os jovens (homens) que o clima de crise social não atinge diretamente (ou ainda não atinge) e que se tornam moralmente selvagens. Na sua maior parte,

as milícias e os bandos nas regiões fulminadas pela crise e pelo declínio representam assim uma estranha mistura, constituída por desempregados barbarizados e por uma "juventude dourada" igualmente barbarizada (cujos pais têm muitas vezes a função de "padrinhos" e de "apadrinhantes"). (Kurz, 2003, p. 59)

Tais coisas não dizem apenas respeito às zonas onde guerras civis declaradas causam estragos, mas também à violência no dia a dia:

> A guerra civil molecular se desdobra também, e sobretudo, entre a juventude da pseudonormalidade enclausurada, a dos "altos salários", dos especuladores de crise e dos fanáticos da respeitabilidade, cujas almas não são menos desérticas e irremediavelmente perdidas do que as dos jovens homicidas dos bairros de lata. Tanto o culto do assassínio e do estupro como esporte como o da encenação do suicídio causam estragos nos bairros residenciais do Rio de Janeiro, de Nova York ou de Tóquio. (Kurz, 2003, p. 72-3)

Ainda menos se deverá ver nisso uma revolta dos "condenados da terra": os autores dos atentados suicidas, "tanto na Palestina como no Sri Lanka", são muitas vezes oriundos de famílias abastadas. Estão dispostos a organizar sua vida em função de conceitos insanos "para acabarem por jogá-la fora como um lenço de papel sujo" (Kurz, 2003, p. 73). A forma-sujeito tornou-se universal, insiste Kurz; as diferentes culturas e religiões do mundo não explicam as matanças, mas são, mais propriamente, "tonalidades" diversas dessa forma universal. É por isso que o jihadista kamikaze e o atirador na escola dos subúrbios residenciais têm mais traços comuns do que diferenças.

À primeira vista, o caráter autodestrutivo desses comportamentos parece estar em contradição com o utilitarismo que domina a economia da concorrência. Kurz, todavia, insiste em seu encadeamento:

Na crise mundial, a concorrência se transforma em concorrência econômica de aniquilamento e, portanto, em concorrência social existencial, que, por seu turno, se inverte em concorrência violenta imediata e "masculinista". Embora, nesse contexto, o risco de o indivíduo morrer de forma violenta passe a ser cotidiano — doravante, no plano micrológico da vida de todos os dias, como outrora nas frentes de combate das guerras mundiais —, isso não está necessariamente em contradição com o "interesse egoísta" e as cobiças suscitadas pelo consumo de mercadorias. Vemos despontar nisso o caráter autocontraditório, literalmente assassino, do sujeito da concorrência, de modo que, agravada pela crise, a autocontradição da lógica capitalista se reproduz também nos indivíduos, em particular nos do sexo masculino por força da sua socialização.

A forma social capitalista não apresenta nenhuma saída, e, perante seus "conteúdos, ao mesmo tempo cada vez mais idiotas e cada vez mais destruidores", o sujeito da concorrência acaba por ir para além do "risco" e do "interesse": a "indiferença para com os outros transforma-se em indiferença para consigo mesmo" (Kurz, 2003, p. 60).

A "frieza" do indivíduo para consigo mesmo já tinha emergido durante outras grandes crises do capitalismo, sobretudo no entreguerras. Kurz lembra que Hannah Arendt, em *Origens do totalitarismo* (1951), fizera o mesmo diagnóstico a propósito da década de 1920, época da ascensão dos regimes totalitários, quando numerosos homens jovens tiveram a impressão de ser supérfluos e de não servir para nada. Mostraram-se desse modo dispostos a sacrificar a vida, que consideravam inútil, sem que essa atitude tivesse qualquer relação com o "idealismo" em sentido tradicional. Mas Arendt, contrapõe Kurz, atribuía apenas aos regimes "totalitários" (em sentido político) traços que, na verdade, caracterizam todas as sociedades modernas produtoras de mercadorias. Seu núcleo violento reside na submissão total dos indivíduos "ao princípio abstrato e vazio de conteúdo da valorização do capital, de que o Estado moderno (o princípio de soberania) é apenas uma expressão secundária" (Kurz, 2003, p. 61). Por trás da autoafirmação dos indivíduos, como lei suprema para sobreviver no regime da concorrência, está "a autonegação igualmente abstrata, ou, mais precisamente: a autoafirmação e a autonegação são idênticas na sua separação completa de qualquer comunidade social, e essa identidade torna-se visível no decurso das grandes catástrofes da sociedade capitalista". Se antes era uma situação temporária, a "perda de si mesmo" torna-se permanente quando o capitalismo esbarra em seus limites absolutos. Cada indivíduo, quer seja nas massas "supérfluas", quer seja entre os financeiros, sabe que pode a qualquer momento ser substituído por outro indivíduo que conta tão pouco como ele.

> É uma única "perda de si mesmo" aquilo que caracteriza os bandos de assassinos, de saqueadores e de violadores, bem como os autoexploradores da nova economia (*new economy*) ou os assalariados de um banco de investimento que estão diante das suas telas de computador.

Kurz concorda com o ensaísta alemão Hans Magnus Enzensberger quando este afirma, em *Guerra civil* (1995 [1995]),[202] que nas guerras civis contemporâneas "nada está em jogo", mas acrescenta também:

> O nada de que se trata aqui é o vazio integral do moderno "sujeito automático" (Marx) que valoriza a si mesmo. [...] Essa autossuficiência, esse movimento de exteriorização não obstante necessário e — no fim das contas — essa autorreferencialidade da forma metafísica vazia do "valor" e do "sujeito" estabelecem um potencial de aniquilamento do mundo, porque só no nada e,

---

[202] No entanto, Kurz critica a maior parte dos argumentos de Enzensberger nesse livro.

portanto, no aniquilamento poderá ser resolvida a contradição entre o vazio metafísico e a necessidade imperiosa, para o valor, de se encarnar no mundo sensível. O vazio do valor, do dinheiro e do Estado deve se exteriorizar sem exceção em todas as coisas do mundo, para poder se representar como real: da escova de dentes à mais sutil emoção psíquica.

O movimento tautológico do capital, que reduz qualquer objeto a uma simples quantidade de "geleia" — como diz Marx — do valor criado pelo trabalho abstrato, abrange um

> duplo potencial de aniquilamento: um potencial "normal", por assim dizer cotidiano, que provém, desde sempre, do processo de reprodução do capital, e um potencial por assim dizer "final", quando o "processo de exteriorização" esbarra em seus limites absolutos. A metafísica real do moderno sistema produtor de mercadorias destrói o mundo parcialmente como "efeito colateral" da sua "exteriorização" quando esta tem êxito; essa metafísica torna-se uma vontade absoluta de aniquilar o mundo quando deixa de poder encarnar-se nas coisas do mundo. (Kurz, 2003, p. 69-70)

No primeiro caso, trata-se de destruições e de mortes causadas pelo funcionamento econômico "corrente"; no segundo caso, a pulsão de morte pode se dirigir contra o próprio sujeito, porque ele é uma parte do mundo concreto e sensível.

A autoconservação coincide com aquilo que se revela como seu contrário, o autoaniquilamento:

> O caráter abstrato dessa vontade de aniquilamento reflete a auto-contradição da relação capitalista de uma dupla maneira: por um lado, essa vontade visa ao aniquilamento do "outro" para assegurar a todo custo a própria autoconservação; por outro, trata-se de uma vontade de autoaniquilamento que realiza a absurdidade da própria existência do sujeito como sujeito do mercado. Por outras palavras: apaga-se a diferença entre suicídio e homicídio. Para

além do "risco" ligado à concorrência, trata-se aqui de uma ilimitada vontade de aniquilamento, a tal ponto que a distinção entre o próprio eu e o dos outros começa a desaparecer. (Kurz, 2003, p. 71)

A disposição para destruir o outro na concorrência acaba num ódio generalizado ao mundo inteiro; mundo que essa concorrência reduziu a nada, incluindo o próprio sujeito. Este pensa estar seguindo os seus "interesses", mas, na verdade, sem o saber claramente, detesta-se tanto quanto detesta os outros sujeitos.

A metafísica do valor, seu vazio e sua necessidade de se realizar no mundo, descrita por Descartes, Kant e Hegel, é assim associada por Kurz à anomia que reina no mundo contemporâneo, numa fulgurante súmula que resume, de certa maneira, o próprio sentido deste nosso livro.

— EPÍLOGO —
O que fazer com esse mau sujeito?

Ao longo deste livro, consideramos o "sujeito" da sociedade mercantil de diferentes modos: como forma-sujeito, ou seja, como um *a priori* que predetermina — "pré-formata" — aquilo que o indivíduo pode fazer, mas um *a priori* que é produto da história; como *psique* em sentido psicanalítico, mas uma psique que se encontra submetida à mudança histórica; como objeto de observações e de críticas empíricas relativas às suas mudanças recentes. Não nos baseamos na pressuposição de uma relação ontológica e eterna entre sujeito e objeto em geral. Antes indicamos na forma-sujeito um modo específico de viver, individual e coletivamente, cujas origens remontam, pelo menos, ao fim da Idade Média, e que assumiu na época das Luzes a forma que, em muitos aspectos, é hoje ainda a sua. Examinamos brevemente a gênese dessa forma e, de maneira mais extensa, a época da sua crise, inclusive em seus aspectos mais extremos. De tudo isso, será possível retirarmos consequências que respondam a esta questão tão urgente: como podemos sair do capitalismo e como podemos substituí-lo?

Entendemos que o discurso aqui desenvolvido está muito longe da busca de um "sujeito revolucionário" em sentido clássico, ou de qualquer sujeito que se situe no exterior da lógica capitalista, que dela só participaria por ser forçado e/ou manipulado, continuando no seu núcleo incólume a essa lógica e contendo, portanto, em si mesmo, o potencial de um mundo não capitalista.²⁰³ Ou seja, a história do capitalismo não é a história de uma colonização do sujeito por uma exterioridade opressiva e manipuladora chamada "capital", ou mesmo "capitalista", mas, sim, a história do próprio sujeito. A forma-sujeito não é aquilo que se encontra oprimido pela forma-mercadoria e que é necessário libertar; com efeito, as duas formas tornaram-se quase idênticas. Por outro lado, é evidente que a relação capitalista não engloba todos os aspectos da vida e da consciência. Se assim fosse, ninguém poderia sequer criticá-la, e os homens fariam parte da sociedade como as formigas fazem parte do formigueiro.

As restrições sociais foram interiorizadas ao mesmo tempo que a lógica mercantil — ou, para ser mais preciso, deu-se um desenvolvimento paralelo e conjunto da forma-sujeito e da forma-mercadoria. Se alguém tivesse dito a um revolucionário, no início do século XX, que cem anos mais tarde deixaria de haver serviço militar, que a Igreja estaria quase ausente do

---

203 Os argumentos apresentados nas páginas que se seguem foram também objeto de várias das minhas intervenções, por vezes muito mais detalhadas, publicadas nos últimos anos. Além do meu livro *Crédito à morte* (2011), remeto, designadamente, para "Tous contre la finance?" [Todos contra a finança?], *Le Sarkophage*, n. 23, mar. 2011; "Être libres pour la libération" [Ser livre para a libertação], *Réfractions*, n. 28, 2012; "Changer de cheval" [Mudar de cavalo], *Bruxelles Laïque Échos*, n. 78, out. 2012; "La financiarisation et la spéculation sont des symptômes, non les causes de la crise" [A financeirização e a especulação são os sintomas, não as causas da crise] (entrevista com Gaëtan Flocco e Mélanie Guyonvarch), *Les Mondes du Travail*, n. 12, nov. 2012; "L'anticapitalisme est-il toujours de gauche?" [O anticapitalismo ainda é de esquerda?], *Le Sarkophage*, n. 35, mar. 2013; "Le *spread*, stade suprême de la politique?" [Será o *spread* o estado supremo da política?], *Lignes*, n. 41, maio 2013; "Et quand un grand État fera défaut de paiement?" [E quando um grande Estado será padronizado em pagamento?], *La Décroissance*, n. 99, maio 2013; "De l'aliénation au fétichisme de la marchandise: la continuité des deux concepts" [Da alienação ao fetichismo da mercadoria: a continuidade dos dois conceitos], em Chanson, Cukier & Monferrand (2014); "Révolution contre le travail? La critique de la valeur et le dépassement du capitalisme" [Revolução contra o trabalho? A crítica do valor e o rebaixamento do capitalismo], *Cités*, n. 59, set. 2014.

debate público, que a família autoritária teria quase desaparecido, que as velhas distinções de classe já não seriam visíveis e que um negro ou uma mulher poderiam dirigir uma escola ou um Estado, mas que, apesar disso, continuaríamos a ser governados pelo sistema capitalista e que haveria muito menos contestações radicais do que antes, esse revolucionário não teria acreditado. O que está em jogo não é apenas uma interiorização psicológica obtida graças a uma lavagem cerebral, ou seja, a transferência do policial para nossa cabeça. É antes o fato de o valor mercantil ter se tornado, efetivamente, a forma universal de síntese social e de cada um *andar realmente atrás dos seus "próprios interesses"*, pelo menos a curto prazo, de cada um se autoexplorar como "autoempresário" em vez de lutar nas barricadas. Quem tiver se entregado de corpo e alma à "autovalorização" cuidará melhor do grão do que todos os capatazes e acreditará na religião do mercado mais intensamente do que qualquer cristão nos próprios fetiches. Claro que as velhas formas de autoritarismo não desapareceram por completo; parece até que nos tempos mais recentes estão regressando com força. Mas a persistência do capitalismo não se deve à sua sobrevivência residual, e a abolição definitiva de tais forças não seria, de modo algum, o último passo a ser dado antes de sairmos do capitalismo.

É necessário, portanto, criticar as concepções que atribuem um papel central a formas de dominação pessoal, bem como as reivindicações de "autogestão" e de uma "democracia real" (ou "direta"), em todas as suas variantes. É preciso também sublinhar os limites de uma grande parte do discurso anarquista tradicional, excessivamente preocupado com o aspecto político e organizacional da alienação. A história das revoluções fracassadas não se resume à traição do bom povo revolucionário por seus dirigentes corrompidos pelo exercício do poder — ainda que esse aspecto, obviamente, tenha lhe acrescentado. Povo e dirigentes frequentemente compartilhavam das mesmas formas fetichistas. No seio de uma sociedade fetichista, a forma mais pura de autogestão não serve para nada. É inútil perder tempo com os mil e um detalhes de uma democracia direta como garantia de "antimanipulação", com as modalidades dos "mandatos" que hão de existir até em uma democracia direta, ou com a dimensão adequada das unidades políticas, se tudo aquilo que se decidir da forma mais democrática for sempre a execução de imperativos sistêmicos inconscientemente pressupostos. O poder não é uma criação daqueles que o exercem, nem o podemos compreender graças unicamente ao estudo dos seus funcionários.[204] Deslocar o olhar para a "microfísica do poder" (cara a Foucault e Deleuze) também não alcança o essencial: se tais investigações foram efetivamente meritórias para mostrar que a sociedade capitalista se reproduz menos por meio do que decidem os conselhos ministeriais ou administrativos do que por meio da repetição das atitudes do dia a dia, elas mantêm uma dicotomia fundamental entre dominantes e dominados, opressores e oprimidos, entre os que estão no sistema e os que estão fora dele e se limitam a ter de suportá-lo. A forma de mediação social comum a todos os sujeitos continua a estar fora do campo de qualquer consideração desse tipo. Não altera nada essencial que identifique o que é reprimido em indivíduos de carne e osso (os homossexuais, as mulheres, os imigrantes) ou antes em elementos inscritos no próprio ser dos indivíduos (a sexualidade não edipiana, a "vontade de viver").

Em contrapartida, em outras épocas históricas — principalmente por ocasião da passagem das sociedades tradicionais para a sociedade industrial, passagem que ocorreu em momentos diferentes e de formas diversas conforme os lugares —, os que estavam ainda "de fora" devem ter sentido

---

[204] Como propõe Luc Boltanski (2009) e também o limite da noção de *habitus* em Pierre Bourdieu: essa noção tenta apreender o caráter impessoal da "dominação", mas sempre no modo da dominação subjetiva, ou seja, de uma "classe dominante" sobre outra, subalterna.

em todo o seu ser o choque da diferença entre a nova lógica capitalista e os antigos modos de vida. Muitos movimentos revolucionários, e talvez, mais do que qualquer outro, o movimento revolucionário espanhol entre o fim do século XIX e 1939, extraíram disso sua força e seu horizonte. Seria um erro, todavia, aplicar essa perspectiva à situação contemporânea. É uma aberração opor o "1%" aos restantes 99% da população. Essa concepção do papel do "sujeito" desemboca, quase necessariamente, em teorias da manipulação, da sedução, do secretismo e da conspiração.

O princípio do capitalismo não reside, no seu nível mais profundo, no fato de certos indivíduos imporem a sua vontade a outros indivíduos. *O capital é uma relação social, não é um grupo humano.* É claro que esse sistema beneficia muito mais certos atores do que outros, mas seria, então, necessário falar, em vez de uma "classe dominante", de uma "classe beneficiada" — como alguém que sabe se "beneficiar" das circunstâncias. Como escreveu André Gorz em seu último livro:

> Não é "eu", é a lógica automatizada dos agenciamentos sociais que age por meio de mim enquanto Outro, que me faz contribuir para a produção e a reprodução da megamáquina social. É ela o verdadeiro sujeito. Sua dominação se exerce sobre os membros das camadas dominantes, tanto como sobre os dominados. Os dominantes só dominam na medida em que sirvam essa lógica como seus leais funcionários. (Gorz, 2007, p. 12 [2010, p. 12])

Se o fetichismo não é exterior aos sujeitos e se a forma-fetiche é a própria forma-sujeito, então não se pode mobilizar os sujeitos enquanto sujeitos contra a ordem econômica e política que os contém. Todas as pessoas executam as leis da concorrência, e até os operários de uma fábrica autogerida, no contexto de uma sociedade capitalista, não poderiam senão executar as leis do mercado. É preciso, mais propriamente, emanciparmo-nos das formas sociais autonomizadas e fetichistas, começando pela nossa própria constituição psíquica narcísica. A afirmação de que a emancipação humana significa, antes de mais nada, emanciparmo-nos das estruturas que nos dominam foi também desenvolvida por um autor como Cornelius Castoriadis. Segundo ele, a autonomia reivindicada pelo movimento ecologista, ao qual aderiu, é "em primeiro lugar a autonomia em relação a um sistema tecnoprodutivo, pretensamente inevitável e pretensamente otimizado".[205]

Devemos desconfiar de certas formas "subjetivas" que podem surgir nas atuais e futuras contestações do capitalismo. No mínimo, essas devem ser submetidas a uma crítica severa. Deste modo, a crítica que se limite unicamente ao capitalismo financeiro, derivando, portanto, de um "anticapitalismo truncado", serve muitas vezes de base aos populismos atuais que, em vez de serem de direita ou de esquerda, começam a confluir para um "populismo transversal". Vemos o papel que desempenha aí a "identidade"; essa tornou-se a versão principal da forma-sujeito e do seu reverso obscuro. O pseudoconcreto, sob a forma de povo ou de "raça", de religião ou de "Estado soberano", está cada vez mais em cena, quando a abstração mercantil passa sobre a vida social como um rolo compressor e quando ninguém, mesmo entre os mais descarados demagogos do circo político, pode pretender já ter receitas para sair da crise. É então que se reerguem as bandeiras.

Até o fim da sociedade baseada no trabalho, que avança rapidamente por causa das tecnologias que agora substituem também os quadros e as profissões técnicas, não se revela necessariamente positivo quando os sujeitos não sabem o que fazer com sua liberdade e a dedicam a "lazeres" embrutecedores ou à busca a todo custo de uns quantos fragmentos de

---

[205] Castoriadis & Cohn-Bendit (1981 [1981]) *apud* Latouche (2010, p. 146). É claro que temos de perguntar, com relação a Castoriadis, o que significa "aumento da autonomia" ou "autoinstituição da sociedade".

valor mercantil, quer seja saqueando um vizinho ou dedicando-se a tráficos reles.

De forma inegável, o vasto panorama dos fenômenos de autodestruição mostra que não há nenhum "instinto de sobrevivência" generalizado, de origem biológica, como fundamento derradeiro da vida. Muitos acreditaram nisso, de Karl Kautsky — que, como muitos socialistas de sua geração, pretendeu fundar o advento do socialismo no evolucionismo darwinista — a Serge Latouche e numerosos ecologistas que acreditam na "pedagogia das catástrofes".[206] Tanto o materialismo histórico como o pensamento econômico burguês têm como evidente que a preocupação principal do homem consiste em assegurar sua sobrevivência imediata — coisa que, visivelmente, não acontece sempre, nem individual nem coletivamente, nem hoje nem no passado. Em contrapartida, a "pulsão de morte" parece levar uma existência independente a seu lado. É difícil saber se esta existe enquanto fenômeno universal, ou mesmo cósmico, do qual ninguém pode escapar, ou se, pelo contrário, ela não passa do resultado de condições de existência em que a vida perdeu, em grande escala, as razões por que merece ser vivida, ou ainda se, ao mesmo tempo que se encontra presente em todas as culturas humanas, ela terá tido uma difusão infinitamente mais impulsionada na época capitalista. Como já dissemos, parece-nos mais provável a terceira possibilidade. Seja como for, parece muito arriscado basear estratégias políticas na pressuposição de que a humanidade seria dotada de um instinto de sobrevivência e que, perante perigos extremos, ela saberia encontrar a trava de emergência.[207]

---

206 Ver Riesel & Semprun (2008).
207 A crise pandêmica da covid-19 parece ter demonstrado mais uma vez a incerteza desse axioma. Ver a esse respeito a obra coletiva: JAPPE, Anselm *et al. Capitalismo em quarentena: notas sobre a crise global*. Trad. João Gaspar, Pedro Henrique Resende, Pedro Pereira Barroso, Rachel Pach & Robson J. F. de Oliveira. São Paulo: Elefante, 2020. [N.E.]

A crise da forma-sujeito não é, pois, uma crise como outra qualquer; não é a passagem de um estágio da vida social para outro estágio que manteria muitos aspectos do primeiro. Antes, faz parte daquilo que se revela, cada vez mais, como uma verdadeira *ruptura antropológica*. Há alguns anos, esta noção quase não estava em circulação, mas começa agora a difundir-se amplamente. Com efeito, a virtualização do mundo e a conexão permanente, a manipulação genética e a artificialização da procriação, a entrada no "Antropoceno" ou no "Capitaloceno", em que o homem se torna uma força geológica, e a aplicação da informática a quase todos os aspectos da vida são fenômenos que surgiram em poucas décadas, mas que podem vir a ter consequências incalculáveis e, sem dúvida, irreversíveis. O que se projeta é uma transformação da própria condição humana, daquilo que define o homem e sua relação com o mundo.

Uma avaliação dos diferentes aspectos dessa transformação iria obviamente muito além dos limites deste nosso trabalho. Mas, mesmo assim, podemos perguntar-nos se, para além de uma "mutação antropológica", não se trata de uma *"regressão antropológica"*, ou de uma "antropogênese regressiva" (Adorno). Será possível que essa regressão não esteja necessariamente ligada aos momentos mais sombrios da história moderna, como o nazismo (como pensava Adorno)? Podemos falar disso sem previamente definir o que é o "progresso", quer seja em termos positivos ou negativos? Saber se a humanidade "regrediu" na época capitalista em relação a certas formas de organização social anteriores é uma tarefa complexa, sobretudo se quisermos fazer essa comparação "em bloco", sem examinar os aspectos particulares. Há, contudo, uma esfera em que o conceito de "regressão" parece ter um sentido preciso: os modos de vida da sociedade fetichista-narcísica permitirão aos indivíduos sair da infância e desenvolver uma ou outra forma de maturidade, ou fixarão os indivíduos em estágios infantis, como o narcisismo e o desejo de fusão, a "posição paranoica" e a clivagem, fazendo dessa fixação uma condição de sobrevivência do sistema? Estará o capitalismo contemporâneo baseado numa promessa irresistível para muitos seres humanos: fazer a "economia" dos esforços necessários para uma pessoa se tornar adulta? É uma questão a ser vista, mas que, obviamente, provém da especulação. Extrairá o homem a sua força de uma aliança com desejos regressivos que sempre acompanharam a humanidade: ser criança por toda a vida?

Permitamo-nos agora uma breve dissertação sobre o *ver*. Evocamos várias vezes o poder "infantilizante" do capitalismo. A isso, acrescentemos a seguinte dimensão: quem critica o "espetáculo", a televisão ou o poder das mídias audiovisuais se apressa quase sempre em evidenciar que não se opõe "à imagem enquanto tal".[208] Todavia, a extrema preponderância da imagem na cultura atual é em si mesma um sinal de infantilização. O ensaísta e crítico de arte inglês John Berger começa assim o seu livro *Modos de ver*: "Ver vem antes das palavras. Mesmo antes de saber falar, a criança olha e reconhece" (Berger, 2014 [2018]). Entretanto, o apetite por imagens deveria diminuir ao longo da vida, tal como a preferência por alimentos açucarados. A humanização se realiza justamente por meio da apropriação da fala. E essa apropriação, sobretudo na forma escrita, é menos encorajada na cultura contemporânea do que nas culturas passadas. Nenhuma cultura conheceu o papel hipertrófico do *ver* como a cultura ocidental. As culturas "sem escrita" não se baseavam na imagem, mas na oralidade,

---

[208] Em contrapartida, Guy Debord afirmou, já em 1967, que, "quando o mundo real se transforma em simples imagens, as simples imagens tornam-se reais e motivações eficientes de um comportamento hipnótico. O espetáculo, como tendência a *fazer ver* (por diferentes mediações especializadas) o mundo que já não se pode tocar diretamente, serve-se da visão como o sentido privilegiado da pessoa humana — o que em outras épocas fora o tato; o sentido mais abstrato, e mais sujeito à mistificação, corresponde à abstração generalizada da sociedade atual" (Debord, 1992, § 18 [1997, p. 18, § 18]).

muito mais próxima da escrita do que da imagem. Nessas culturas, falar bem não era necessariamente um privilégio dos aristocratas, como mostra, por exemplo, a importância atribuída à improvisação de poesias e de cantos com base em modelos métricos. Em diversas culturas tradicionais, isso constituía um importante elemento da vida social, e eram organizados verdadeiros torneios perante públicos numerosos. É o que demonstram ainda hoje, por exemplo, os campeonatos de *bertsolaris*[209] no País Basco.

Culturas muito desenvolvidas, como a hebraica e a islâmica, desconfiavam das imagens a ponto de as interditarem. Antes do século XIX, a maioria das pessoas raramente via imagens. As igrejas, com seus vitrais, afrescos, quadros e estátuas, não são um contraexemplo; quando cada imagem é artesanal, objeto único, ela continua a ser rara e não constitui o principal canal da relação do indivíduo com o mundo. Ora, a cultura moderna inverteu a relação entre palavra e imagem a ponto de "humilhar" a palavra, como escreveu Jacques Ellul (2014 [1984]). O relatório *Reading at Risk* [A leitura em perigo], publicado em 2002 pela agência governamental estadunidense National Endowment for the Arts, conclui que, "pela primeira vez na história moderna, menos da metade da população adulta lê literatura".[210] Se algo como um progresso histórico verdadeiro existiu, ele terá talvez consistido na difusão da leitura popular entre 1850 e 1950. Compareceram dois milhões de pessoas no funeral de Victor Hugo. A difusão maciça da aptidão para ler e, portanto, raciocinar representava sem dúvida um perigo para os poderes estabelecidos. Seu declínio significa, para a humanidade, um grave passo para trás. É, evidentemente, uma consequência da difusão da imagem.

---

[209] *Bertsolaris* são poetas, rimadores. Nos casos em que o poema é feito de improviso, equivale aos repentistas. [N.E.]
[210] Disponível em: www.arts.gov/publications/reading-risk-survey-literary-reading-america-0.

A leitura dificilmente resiste quando se propõe a alguém a possibilidade de ver um filme ou a adaptação cinematográfica de um livro. As imagens, contudo, e sobretudo o seu fluxo incessante, são muito mais manipuláveis do que o texto escrito; contêm mais contradições ocultas e, sobretudo, são muito menos matizadas e complexas. Além disso, uma imagem nunca é "falsa", só pode ser falso o contexto em que ela se insere.[211] As imagens são mais difíceis de autenticar, apelam aos sentimentos e aos gostos, que são, como tais, pessoais e definitivos, em vez de apelarem à razão, terreno comum da humanidade aberto à discussão.

Poderão contrapor que uma mudança social radical que chegue à abolição do dinheiro e do trabalho é tida como "irrealista" ou "utópica" por um grande número de contemporâneos. Deveríamos nos contentar em evitar o pior, especialmente as catástrofes ecológicas, e agir em prol de um pouco mais de justiça social. "O mundo nunca será perfeito, contentemo-nos com melhorá-lo um pouco, isso já será muito…" Recusamos esse discurso. No entanto, ao longo deste livro nos referimos à busca de "compromissos possíveis" como objetivo da psicanálise. Não se trata, por certo, de instaurar uma felicidade eterna, mas de aceitar os limites e de neles nos estabelecermos, para podermos chegar a satisfações realistas. A contradição é apenas aparente; é justamente o capitalismo que destrói os "compromissos possíveis" e leva a que se ultrapassem todos os limites. Não é em nome de um programa "maximalista" ou de uma ruptura inédita na história humana, em nome de um "homem novo", é em nome de um realismo modesto que se impõe superar o dinheiro e o trabalho, o Estado e o mercado. Vemos todos os dias que, no quadro capitalista, as reformas mais humildes tornaram-se impossíveis. Quando o barco só pode avançar queimando as

---

[211] Como diz Neil Postman (2011) de forma simples, mas muito eficaz.

tábuas do convés, até a mais urgente limitação da destruição da natureza se revela tão impossível como proceder a uma simples "redistribuição das riquezas" que nos permitisse continuar um pouco mais nesse barco. É em nome do "realismo" que se impõe sair da sociedade mercantil e, por conseguinte, abandonar este barco. E por mais que possamos ter a impressão de que o dinheiro e o trabalho, o Estado e a concorrência fazem parte da própria condição humana, eles são, na verdade, muito mais recentes, estão muito menos enraizados nas constituições individuais do que a nossa "necessidade de consolo".

É certo que nenhum acordo geral sobre como sair da sociedade atual é concebível, que haverá resistências muito vívidas e que passaremos, sem dúvida, por embates violentos. Mas a clivagem não se estabelecerá simplesmente entre os "dominantes" que defendem o sistema e os "dominados" que querem sair dele. É perfeitamente possível que o trabalhador precário que pôde, por fim, comprar um carro a prestações procure defender seu direito de circular com a mesma veemência que o seu explorador. A crítica do valor é por vezes erradamente acusada de ser "determinista". Na verdade, ela antecipa que as decisões individuais terão muita importância nos momentos de crise grave.

Podemos agora voltar ao nosso ponto de partida, o mito de Erisícton. A húbris que impele de forma irresistível o rei da Tessália revela-se, conforme dissemos, uma prefiguração espantosa do narcisismo da época contemporânea. Estaremos nós condenados a acabar como Erisícton, devorando a nós mesmos depois de termos destruído a natureza? No mito, o culpado é o rei. Os servos apavoram-se perante o ato sacrílego e hesitam. Mas, ante a violência do rei — que não hesita em cortar a cabeça de um deles —, cedem. Embora estejam, obviamente, em condições de se opor ao rei, não fazem uso da sua força e acabam, desse modo, por se tornar cúmplices do monarca.

Em todas as nossas considerações sobre o sujeito moderno, recusamos a ideia de uma sociedade mercantil claramente dividida entre dominantes e dominados, entre culpados e vítimas. Nenhum projeto de emancipação social pode deixar de considerar a grande questão levantada há quase quinhentos anos por Étienne de La Boétie, a da "servidão voluntária". Se quisermos seriamente dispor dos meios de encarar um caminho para sair deste sistema, é preciso, tanto na teoria como na prática, conseguir desenredar os infinitos fios da meada que leva os indivíduos a colaborar — em diversos graus — com o sistema que os oprime. A forma-sujeito é um desses fios mais importantes. Contribuir para a resolução do mistério do *homo homini ovis* contemporâneo é um dos objetivos deste livro.

Para concluir, daremos a palavra a um contemporâneo de La Boétie, o poeta Pierre de Ronsard. Em sua elegia "Contra os lenhadores da floresta de Gastine", Ronsard retoma o mito de Erisícton e extrai dele uma lição que nos parece extraordinariamente atual:

> O primeiro que tiver a mão atarefada
> Cortando-te, floresta, com dura pancada,
> Que se espete no próprio bastão,
> E sinta no estômago a fome de Erisícton,
> Que de Ceres cortou o carvalho venerado
> E que de tudo ambicioso, de tudo insaciado,
> As vacas e as ovelhas de sua mãe degolou,
> E roído pela fome a si mesmo devorou.
> Assim possa engolir suas rendas e terra,
> E depois ser tragado pelos dentes da guerra.
>
> Que, para vingar o sangue das nossas florestas,
> Ao usurário deva sempre novas prestas
> E com juros maiores, e que por fim consuma
> Todos os seus bens pra liquidar a suma.

Que sempre e sem repouso sua cabeça
Trame para que nada aconteça,
Cheio de impaciência e de furor diverso,
Mais do ruim conselho que o faça adverso.

Escuta, Lenhador (suspende um pouco o braço):
Não são bosques o que deitas abaixo.
Não vês o sangue que forçoso provém
Das Ninfas que sob a dura casca vivem?
Se um ladrão se enforca, sacrílego matador,
Por pilhar esbulho de bem parco valor,
Quantos lumes, ferros, mortes e pesares
Não mereces tu, infame, por Deusas matares?

Floresta, alta morada dos pássaros da mata,
Não mais o Cervo solitário e o Alce acrobata
À tua sombra irão pastar, e o teu verde penacho
Não mais do Sol do Estio filtrará o brilho.

Não mais o amante Pastor a um tronco encostado,
Soprando o seu pífaro de quatro furos ornado,
Seu mastim a seus pés, a seu lado o bordão,
De sua bela amada dirá o ardor do coração:
Tudo será mudo: será sem voz a Eco:
Tu serás campo, e, em vez dos teus bosques,
Cuja sombra imprecisa lentamente se move,
Irás sentir a relha, a grade e o arado:
Perderás teu silêncio, e de pavor arquejantes
Nem Sátiros nem Pã em ti estarão como dantes.

Adeus, velha floresta, o brinquete de Zéfiro
Onde primeiro afinei de minha lira o transpiro,
Onde primeiro ouvi ressoar as flechas
De Apolo, que em meu coração abriu brechas:
Onde primeiro, sobre a bela Calíope suspenso
Me vi enamorado de seu tropo extenso
E sua mão sobre a fronte cem rosas me lançou
E do próprio leite Euterpe me aleitou.

Adeus, velha floresta, adeus, sagradas frontes,
De cenas e de flores outrora horizontes,
Agora o menosprezo de quem passa piorais,
Pois no Estio de etéreos raios queimais,
Sem mais ter o frescor de vossas brandas verduras,
E isso acusa os vossos matadores e lhes lança abjuras.

Adeus, Carvalhos, coroa de valoroso cidadão,
Árvores de Júpiter, de Dodona embrião,
Que primeiro aos humanos destes de comer,
A povos ingratos ineptos no reconhecer
Os bens de vós havidos, povos grosseiros,
Por massacrarem assim nossos pais sementeiros.

Infeliz é o homem que no mundo se fia!
Ó Deuses, quão vera é a Filosofia,
Que diz que todas as coisas no fim irão perecer,
E que mudando de forma uma outra hão de ter:
Que o vale de Tempe um dia será montanha,
E o cume do Atos campina tamanha,
Que Netuno por vezes de trigo amadurece.
E que a matéria fica, e a forma deperece.

— **APÊNDICE** —

Alguns pontos essenciais da crítica do valor

—

O sistema capitalista entrou em uma crise grave. Essa crise não é apenas cíclica, é terminal; não no sentido de um desmoronamento iminente, mas como decomposição de um sistema plurissecular. Não se trata da profecia de um acontecimento futuro, mas da constatação de um processo que se tornou visível no início da década de 1970 e cujas raízes remontam à própria origem do capitalismo.

—

Não estamos assistindo à passagem para outro regime de acumulação (como aconteceu com o fordismo), nem ao advento de novas tecnologias (como aconteceu com o setor automobilístico), nem a um deslocamento do centro de gravidade para outras regiões do mundo, mas ao esgotamento da própria fonte do capitalismo: a transformação do trabalho vivo em valor.

—

As categorias fundamentais do capitalismo, tal como Karl Marx analisou em sua crítica da economia política, são o trabalho abstrato e o valor, a mercadoria e o dinheiro, que se resumem no conceito de "fetichismo da mercadoria".

—

Uma crítica moral, baseada na denúncia da "avidez", não consideraria o essencial.

Não se trata de sermos marxistas ou pós-marxistas, ou de interpretarmos a obra de Marx ou de a completarmos com outras contribuições teóricas. É antes necessário admitirmos a diferença entre o Marx "exotérico" e o Marx "esotérico", entre o núcleo conceitual e o desenvolvimento histórico, entre a essência e o fenômeno. Marx não está "ultrapassado", como dizem os críticos burgueses. Ainda que retenhamos sobretudo a crítica da economia política e, no interior desta, principalmente a teoria do valor e do trabalho abstrato, isso ainda constitui a contribuição mais importante para compreendermos o mundo em que vivemos. Um uso emancipador da teoria de Marx não significa "superá-la" ou misturá-la com outras teorias, ou tentar reestabelecer o "verdadeiro Marx"; nem sequer significa abordá-lo sempre literalmente, mas antes pensar o mundo de hoje com os instrumentos que ele colocou à nossa disposição. É preciso desenvolver suas intuições fundamentais, por vezes contra a letra de seus textos.

As categorias de base do capitalismo não são neutras nem supra-históricas. Suas consequências são desastrosas: a supremacia do abstrato em relação ao concreto (e, portanto, sua inversão), o fetichismo da mercadoria, a autonomização dos processos sociais relativamente à vontade humana consciente, o homem dominado pelas próprias criações. O capitalismo é inseparável da grande indústria, valor e tecnologia andam juntos — são duas formas de determinismo e de fetichismo.

Além disso, essas categorias estão sujeitas a uma dinâmica histórica que as torna mais destrutivas, mas que abre, igualmente, a possibilidade de sua superação. O valor se esgota, certamente. Desde que teve início, há mais de duzentos anos, a lógica capitalista tende a "cortar o galho em que está sentada", porque a concorrência leva cada capital particular a empregar tecnologias que substituem o trabalho vivo: isso tem uma vantagem imediata para o capital particular em questão, mas diminui ainda mais a produção de valor, de mais-valor e de lucro à escala global, pondo assim em dificuldades a reprodução do sistema. Os diferentes mecanismos de compensação, dos quais o último foi o fordismo, estão definitivamente esgotados. A "terceirização" não salvará o capitalismo; é preciso ter em conta a diferença entre trabalho produtivo e trabalho improdutivo (de capital, obviamente).

No início da década de 1970, foi atingido um triplo ou mesmo quádruplo ponto de ruptura: econômico (visível no abandono da indexação do dólar pelo padrão-ouro), ecológico (visível no relatório do Clube de Roma), energético (visível no "primeiro choque petrolífero"), acrescentando-se a isso as mudanças de mentalidade e de formas de vida do período pós-1968 ("modernidade líquida", "terceiro espírito do capitalismo"). Desse modo, a sociedade mercantil começou a esbarrar em seus limites, simultaneamente externos e internos.

Nessa crise permanente da acumulação — que significa a crescente dificuldade de realizar lucros —, os mercados financeiros (o capital fictício) tornaram-se a origem principal do lucro, permitindo consumir ganhos futuros ainda não realizados. O descolamento mundial das finanças é o efeito, e não a causa, da crise da valorização do capital.

Os lucros atuais de alguns atores econômicos não demonstram que o sistema enquanto tal está em boa saúde. O bolo é cada vez menor, mesmo que seja cortado em fatias maiores.

Nem a China nem outros "países emergentes" irão salvar o capitalismo, apesar da exploração selvagem de que são o teatro de operações.

É preciso criticar a centralidade do conceito de "luta de classes" na análise do capitalismo. O papel das classes é, mais propriamente, uma consequência do lugar que ocupam na acumulação do valor enquanto processo anônimo — as classes não estão na sua origem. A injustiça social não é aquilo que torna o capitalismo historicamente único; ela existia muito antes. Foram o trabalho abstrato e o dinheiro que o representa que criaram uma sociedade inteiramente nova, em que os atores, mesmo os "dominantes", são essencialmente executantes de uma lógica que os ultrapassa (constatação que de modo nenhum exonera certas figuras das suas responsabilidades).

O papel histórico do movimento operário consistiu sobretudo, para além das suas intenções proclamadas, em promover a integração do proletariado. Isso se revelou efetivamente possível durante a longa fase de ascensão da sociedade capitalista, mas hoje já não é possível. É preciso retomar uma crítica da *produção*, e não apenas da *distribuição* equitativa de categorias pressupostas (dinheiro, valor, trabalho). Em nossos dias, a questão do trabalho abstrato deixou de ser "abstrata", é diretamente sensível.

A União Soviética foi essencialmente uma forma de "modernização recuperadora" (por meio da autarquia). O mesmo se pode dizer dos movimentos revolucionários da "periferia" e dos países que eles puderam governar. Sua falência após 1980 é a causa de numerosos conflitos atuais.

———

O triunfo do capitalismo é também sua falência. O valor não cria uma sociedade viável, ainda que injusta; ele destrói as próprias bases em todos os domínios.

———

Em vez de se continuar em busca de um "sujeito revolucionário", é preciso ultrapassar o "sujeito automático" (Marx) em que se baseia a sociedade mercantil.

———

Ao lado da exploração — que continua a existir, e até em proporções gigantescas —, é a criação de uma humanidade "supérflua", ou mesmo de uma "humanidade descartável", que se tornou o principal problema criado pelo capitalismo. O capital já não tem necessidade da humanidade e acaba por se autodevorar. Essa situação estabelece um terreno favorável à emancipação, mas também à barbárie. Em vez de uma dicotomia Norte-Sul, estamos perante um "apartheid global", com muros em torno de ilhas de riqueza em cada país, em cada cidade.

———

A impotência dos Estados perante o capital mundial não é apenas um problema de má vontade, mas resulta do caráter estruturalmente subordinado do Estado e da política à esfera do valor.

———

A crise ecológica é impossível de ser superada no quadro do capitalismo, mesmo mirando o "decrescimento" ou, ainda pior, o "capitalismo verde" e o "desenvolvimento sustentável". Enquanto perdurar a sociedade mercantil, os ganhos de produtividade fazem com que uma massa sempre crescente de objetos materiais — cuja produção consome recursos efetivos — represente uma massa sempre menor de valor, que é a expressão do lado abstrato do trabalho — e na lógica do capital só a produção de valor conta. O capitalismo, por conseguinte, é essencial e inevitavelmente produtivista, está virado para a produção pela produção.

Vivemos também uma crise antropológica, uma crise civilizacional, bem como uma crise da subjetividade. Há uma perda do imaginário, sobretudo daquele que nasce durante a infância. O narcisismo tornou-se a forma psíquica dominante. É um fenômeno mundial: um Playstation pode ser encontrado tanto em uma cabana no meio da selva como em um loft nova-iorquino. Perante a regressão e a descivilização promovidas pelo capital, é preciso descolonizar o imaginário e reinventar a felicidade.

A sociedade capitalista, baseada no trabalho e no valor, é também uma sociedade *patriarcal* — em sua essência, e não só por acidente. Historicamente, a produção de valor é um assunto masculino. Com efeito, nem todas as atividades criam valor que apareça nas trocas mercantis. As atividades ditas "reprodutivas" e que decorrem sobretudo na esfera doméstica são em geral atribuídas às mulheres. Essas atividades são indispensáveis à produção de valor, mas não produzem valor. Têm um papel indispensável, mas auxiliar, na sociedade do valor. Essa sociedade tanto consiste na esfera do valor como na do não valor, ou seja, fundamenta-se no conjunto dessas duas esferas. Mas a do não valor não é "livre" ou "não alienada", pelo contrário. A esfera do não valor contém o estatuto de "não sujeito" (e isso, durante muito tempo, até no plano jurídico), porque semelhantes atividades não são consideradas "trabalho" (por mais úteis que sejam) e não aparecem no mercado.

O capitalismo não inventou a separação entre a esfera privada, doméstica, e a esfera pública do trabalho. Mas a acentuou muito. Ele teve origem — apesar de suas pretensões universalistas que se exprimiram por meio do Iluminismo — sob a forma de uma dominação dos homens brancos ocidentais e continuou a se basear em uma lógica de exclusão: separação de, por um lado, a produção de valor, o trabalho que o cria e as qualidades humanas que para tal contribuem (nomeadamente, a disciplina interiorizada e o espírito de concorrência individual), e, por outro, tudo o que não faz parte disso. Uma parte dos excluídos, entre os quais as mulheres, foi parcialmente "integrada" na lógica mercantil durante as últimas décadas e pôde aceder ao estatuto de "sujeito" — mas apenas quando demonstraram ter adquirido e interiorizado as "qualidades" dos homens brancos ocidentais. Em geral, o preço dessa integração consiste em uma dupla alienação (família e trabalho, no caso das mulheres). Ao mesmo tempo, criam-se novas formas de exclusão, principalmente em tempos de crise. Todavia, não se trata de pedir a "inclusão" dos excluídos na esfera do trabalho, do dinheiro e do estatuto de sujeito, mas de acabar com uma sociedade em que só a participação no mercado dá direito a ser "sujeito". O patriarcado, assim como o racismo, não é uma sobrevivência anacrônica no quadro de um capitalismo que tenderia à igualdade perante o dinheiro.

O populismo representa atualmente um grande perigo. No populismo, critica-se unicamente a esfera financeira, e misturam-se nele elementos de esquerda e de direita, evocando por vezes o truncado "anticapitalismo" dos fascistas. É necessário combater o capitalismo em bloco, não apenas sua fase neoliberal. Um retorno ao keynesianismo e ao Estado social não é desejável nem possível. Valerá a pena as pessoas lutarem para se "integrar" na sociedade dominante (obter direitos, melhorar a situação material) — ou isso é simplesmente impossível?

———

Convém evitar o entusiasmo enganador dos que somam todas as formas atuais de contestação para disso deduzirem a existência de uma revolução já em curso. Algumas dessas formas podem ser recuperadas pelos defensores da ordem estabelecida, outras podem conduzir à barbárie. O capitalismo realiza ele próprio a sua abolição, a abolição do dinheiro, do trabalho etc. — mas depende de uma ação consciente garantir que a consequência disso não seja pior.

———

É necessário superar a dicotomia entre reforma e revolução — mas em nome do radicalismo, porque o reformismo nunca é "realista". Presta-se muitas vezes demasiada atenção à *forma* da contestação (violência/não violência etc.), em vez de dar atenção ao conteúdo.

———

A abolição do dinheiro e do valor, da mercadoria e do trabalho, do Estado e do mercado deve acontecer de imediato — não como programa "maximalista", nem como utopia, mas como a única forma de "realismo". Não basta nos libertarmos da "classe dos capitalistas"; temos de nos libertar da relação social capitalista — uma relação que implica todas as pessoas, sejam quais forem os papéis sociais exercidos. É difícil, portanto, traçar claramente uma linha entre "eles e nós", ou dizer que "nós somos os 99%", como fizeram frequentemente os "movimentos de ocupação das praças". Este problema, porém, pode se apresentar de forma muito diferente nas diversas regiões do mundo.

Não se trata, absolutamente, de realizar qualquer forma de autogestão da alienação capitalista. A abolição da propriedade privada dos meios de produção não seria suficiente. A subordinação do conteúdo da vida social à sua forma-valor e à sua acumulação poderia, no limite, prescindir de uma "classe dominante" e decorrer em uma forma "democrática", sem por isso ser menos destrutiva. A culpa não incumbe à estrutura técnica enquanto tal, nem a uma modernidade considerada inultrapassável, mas ao "sujeito automático" que é o valor.

Há diferentes formas de compreender a "abolição do trabalho". Conceber sua abolição a partir das tecnologias pode reforçar a tecnolatria ambiente. Em vez de simplesmente reduzir o tempo de trabalho ou fazer um "elogio da preguiça", trata-se de superar a própria distinção entre o "trabalho" e as outras atividades. Nesse ponto, as culturas não capitalistas dispõem de preciosos ensinamentos.

Não há nenhum modelo do passado a ser reproduzido com exatidão, nenhuma sabedoria ancestral que nos guie, nenhuma espontaneidade do povo que com certeza nos salve. Mas o próprio fato de toda a humanidade, durante longuíssimos períodos, e ainda uma boa parte da humanidade até uma data recente, ter vivido sem as categorias capitalistas demonstra, pelo menos, que essas categorias nada têm de natural e que é possível viver sem elas.

Referências

ADORNO, Theodor W. *Minima Moralia. Réflexions sur la vie mutilée*. Paris: Payot, 1980. [Ed. bras.: *Minima Moralia: reflexões a partir da vida lesada*. Trad. Gabriel Cohn. Rio de Janeiro: Azougue, 2008.]

ADORNO, Theodor W. *La Psychanalyse révisée*. Paris: L'Olivier, 2007. [Ed. bras.: "A psicanálise revisada". In: *Ensaios sobre psicologia social e psicanálise*. Trad. Verlaine Freitas. São Paulo: Editora Unesp, 2015.]

ARISTÓTELES. *Politique*, livro I, s/d. [Ed. port.: *A política*. Trad. Manuel Frazão. Lisboa: Presença, 1965.]

BAIER, Lothar. *Pas le temps! Traité sur l'accélération*. Arles: Actes Sud, 2002.

BAKHTIN, Mikhail. *Écrits sur le freudisme* [1928, sob o pseudônimo de V. Volochinov]. Lausanne: L'Âge d'homme, 1980. [Ed bras. *O freudismo: um esboço crítico*. Trad. Paulo Bezerra. São Paulo: Perspectiva, 2007.]

BARBER, Benjamin. *Comment le capitalisme nous infantilise*. Paris: Fayard, 2007. [Ed. bras.: *Consumido: como o mercado corrompe crianças, infantiliza adultos e engole cidadãos*. Trad. Bruno Casotti. Rio de Janeiro: Record, 2009.]

BASCHET, Jérôme. *Corps et âmes. Une histoire de la personne au Moyen Âge*. Paris: Flammarion, 2016. [Ed. bras.: *Corpos e almas: uma história da pessoa na Idade Média*. Trad. Érica Ziegler. São Leopoldo: Unisinos, 2019.]

BATAILLE, Georges. *L'Érotisme*. Paris: Minuit, 1957. [Ed. bras.: *O erotismo*. Trad. Antonio Carlos Viana. Porto Alegre: L&PM, 1987.]

BAUDRILLARD, Jean. "Le degré Xerox de la violence", *Libération*, 2 out. 1995. [Reedição: "Violence désincarnée: la haine". In: BAUDRILLARD, Jean. *Écran total*. Paris: Galilée, 1997].

BAUMAN, Zygmunt. *Le Présent liquide*. Paris: Seuil, 2007. [Ed. bras.: *Modernidade líquida*. Trad. Plínio Augusto de Souza Dentsien. Rio de Janeiro: Zahar, 2001.]

BENJAMIN, Walter. *Expérience et pauvreté; Le Conteur; La Tâche du traducteur*. Paris: Payot, 2011. [Ed. bras.: *Obras escolhidas*, v. 1, *Magia e técnica, arte e política*. Trad. Sérgio Paulo Rouanet. São Paulo: Brasiliense, 1985.]

BERARDI, Franco. *Tueries. Forcenés et suicidaires à l'ère du capitalisme absolu*. Montreal: Lux, 2015.

BERGER, John. *Voir le voir*. Paris: éditions B42, 2014. [Ed. port.: *Modos de ver*. Trad. Jorge Leandro Rosa. Lisboa: Antígona, 2018.]

BOCKELMANN, Eske. *Im Takt des Geldes. Zur Genese modernen Denkens*. Springe: Zu Klampen, 2004.

BOCKELMANN, Eske. "Die Synthese am Geld: Natur der Neuzeit", *Exit!*, n. 5, 2008.

BÖHME, Hartmut & BÖHME, Gernot. *Das Andere der Vernunft. Zur Entwicklung von Rationalitatsstrukturen am Beispiel Kants*. Frankfurt: Suhrkamp, 1983.

BOLTANSKI, Luc. *De la critique. Précis de sociologie de l'émancipation*. Paris: Gallimard, 2009.

BOLTANSKI, Luc & CHIAPELLO, Ève. *Le Nouvel Esprit du capitalisme*. Paris: Gallimard, 1999. [Ed. bras.: *O novo espírito do capitalismo*. Trad. Ivone C. Benedetti. São Paulo: Martins Fontes, 2009.]

BROWN, Norman O. "A Reply to Herbert Marcuse", *Commentary*, n. 43, 1967, p. 83.

BROWN, Norman O. *Éros et Thanatos. Essai*. Paris: Denoël, 1972. [Ed. bras.: *Vida contra morte*. Trad. Nathanael C. Caixeiro. Petrópolis: Vozes, 1972.]

CAILLÉ, Alain. *Anthropologie du don. Le tiers paradigme*. Paris: La Découverte, 2007. [Ed. bras.: *Antropologia do dom: o terceiro paradigma*. Trad. Ephraim Ferreira Alves. Petrópolis: Vozes, 2002.]

CAILLÉ, Alain & FOUREL, Christophe (orgs.). *Sortir du capitalisme. Le scenario Gorz*. Lormont: Le Bord de l'eau, 2013.

CARR, Nicholas. *Internet rend-il bête? Réapprendre à lire et à penser dans un monde fragmenté*. Paris: Robert Laffont, 2011. [Ed. bras.: *A geração superficial: o que a internet está fazendo com os nossos cérebros*. Trad. Mônica Gagliotti Fortunato Friaça. Rio de Janeiro: Agir, 2011.]

CARR, Nicholas. *The Glass Cage. Automation and Us*. Nova York: W. W. Norton, 2014.

CARR, Nicholas. *Remplacer l'humain. Critique de l'automatisation de la société*. Paris: L'Echappée, 2017.

CASSIRER, Ernst. *Philosophie der symbolischen Formen*. Berlim: Bruno Cassirer Verlag, 1923. [Ed. bras.: *A filosofia das formas simbólicas*. Trad. Marion Fleisher. São Paulo: Martins Fontes, 2001.]

CASTORIADIS, Cornelius. *L'Instituition imaginaire de la societé*. Paris: Le Seuil, 1975. [Ed. bras.: *A instituição imaginária da sociedade*. Trad. Guy Reynoud. São Paulo: Paz e Terra, 1982.]

CASTORIADIS, Cornelius & COHN-BENDIT, Daniel. *De l'écologie à l'autonomie*. Paris: Seuil, 1981 [Ed. bras.: *Da ecologia à autonomia*. Trad. Luiz Roberto Salinas Forte. São Paulo: Brasiliense, 1981.]

CHAPAUX-MORELLI, Pascale & COUDERC, Pascal. *La Manipulation affective dans le couple. Faire face à un pervers narcissique*. Paris: Albin Michel, 2010.

CITTON, Yves (org.). *L'Économie de l'attention. Nouvel horizon du capitalisme?*. Paris: La Découverte, 2014.

CHANSON, Vincent; CUKIER, Alexis & MONFERRAND, Frédéric (orgs.). *La Réification. Histoire et actualité d'un concept critique*. Paris: La Dispute, 2014.

CHOLET, Mona. *La Tyrannie de la réalité*. Paris: Gallimard, 2006.

CLASTRES, Pierre. *La Société contre l'État. Recherches d'anthropologie politique*. Paris: Minuit, 1974. [Ed. bras.: *A sociedade contra o Estado*. Trad. Theo Santiago. São Paulo: Ubu, 2017].

COLLETTI, Lucio. *Marxismo e dialettica*. Bari/Roma: Laterza, 1976.

CRARY, Jonathan. *24/7. Le capitalisme à l'assaut du sommeil*. Paris: La Découverte/Zones, 2014. [Ed. bras.: *24/7: capitalismo tardio e os fins do sono*. Trad. Joaquim Toledo Jr. São Paulo: Ubu, 2016.]

DAHMER, Helmut. *Libido und Gesellschaft. Studien uber Freud und die Freudsche Linke*. Frankfurt: Suhrkamp, 1973. 3ª edição aumentada: Münster: Westfalisches Dampfboot, 2013.

DAVIES, William. *The Happiness Industry. How the Government and Big Business Sold Us Well-Being*. Londres: Verso, 2015.

DEBORD, Guy. *La Société du spectacle*. Paris: Gallimard, 1992. [Ed. bras.: *A sociedade do espetáculo*. Trad. Estela dos Santos Abreu. Rio de Janeiro: Contraponto, 1997.]

DEBORD, Guy. *Critique de la séparation*. In: DEBORD, Guy. *Oeuvres*. Paris: Gallimard, 2006 (col. Quarto).

DENIS, Paul. *Le Narcissisme*. Paris: PUF, 2012.

DESCARTES, René. *Discours de la méthode*. In: DESCARTES, René. *Oeuvres et lettres*. Paris: Gallimard, 2002a (col. La Pléiade). [Ed. bras.: *Discurso do método*. Trad. Maria Ermantina Galvão. São Paulo: Martins Fontes, 2001.]

DESCARTES, René. *Méditations*. In: DESCARTES, René. *Oeuvres et lettres*. Paris: Gallimard, 2002b (col. La Pléiade). [Ed. bras.: *Meditações sobre filosofia primeira*. Trad. Fausto Castilho. Campinas: Editora Unicamp, 2004.]

DESSUANT, Pierre. *Le Narcissisme*. Paris: PUF, 2007. [Ed. bras.: *O narcisismo*. Trad. Ricardo Luiz Sabily. Rio de Janeiro: Imago, 1992.]

DUFOUR, Dany-Robert. *L'Art de réduire les têtes*. Paris: Denoël, 2003. [Ed. bras.: *A arte de reduzir as cabeças*. Trad. Sandra Regina Felgueiras. Rio de Janeiro: Companhia de Freud, 2005.]

DUFOUR, Dany-Robert. *On achève bien les hommes*. Paris: Denoël, 2005.

DUFOUR, Dany-Robert. "Entretien avec Joseph Rouzel", Psychasoc, 31 dez. 2006. Disponível em: http://www.psychasoc.com/Kiosque/Le-Divin-Marche.

DUFOUR, Dany-Robert. *Le Divin Marché. La révolution culturelle libérale*. Paris: Denoël, 2007. [Ed. bras.: *O divino mercado: a revolução cultural liberal*. Trad. Procópio Abreu. Rio de Janeiro: Companhia de Freud, 2008.]

DUFOUR, Dany-Robert. *La Cité perverse*. Paris: Denoël, 2010. [Ed. bras.: *A cidade perversa: liberalismo e pornografia*. Trad. Clóvis Marques. Rio de Janeiro: Civilização Brasileira, 2013.]

DUFOUR, Dany-Robert. *Le Délire occidental et ses effets actuels dans la vie quotidienne: travail, loisir, amour*. Paris: Les Liens qui libèrent, 2014.

DUFOUR, Dany-Robert. *Pleonexie*. Lormont: Le Bord de l'eau, 2015.

DUMONT, Louis. *Homo aequalis. Genèse et l'épanouissement de l'idéologie économique*. Paris: Gallimard, 1977. [Ed. bras.: *Homo aequalis: gênese e plenitude da ideologia econômica*. Trad. José Leonardo Nascimento. Bauru: Edusc, 2000.]

EHRENBERG, Alain. *L'Individu incertain*. Paris: Calmann-Lévy, 1995.

EHRENBERG, Alain. *La Fatigue d'être soi*. Paris: Odile Jacob, 1998.

EIGUER, Alberto. *Le Pervers narcissique et son complice*. Paris: Dunod, 2003.

EISENBERG, Götz. *Amok: Kinder der Kalte. Uber die Wurzeln von Wut und Hass*. Reinbeck: Rowohlt, 2000.

EISENBERG, Götz. "Die Innenseite der Globalisierung", *Aus Politik und Zeitgeschichte*, n. 44, 2002. Disponível em: www.bpb.de/apuz/26647/die-innenseite-der-der-globalisierung?p=all.

EISENBERG, Götz. *... damit mich kein Mensch mehr vergisst! Warum Amok und Gewalt kein Zufall sind*. Munique: Pattloch, 2010.

EISENBERG, Götz. *Zwischen Amok und Alzheimer. Zur Sozialpsychologie des entfesselten Kapitalismus*. Frankfurt: Brandes und Apsel, 2015.

EISENBERG, Götz. *Zwischen Arbeitswut und Uberfremdungsangst. Zur Sozialpsychologie des entfesselten Kapitalismus*, v. 2. Giesen: Verlag Wolfgang Polkowki, 2016.

ELLUL, Jacques. *La Parole humiliée*. Paris: La Table Ronde, 2014. [Ed. bras.: *A palavra humilhada*. Trad. Maria Cecília de M. Duprat. São Paulo: Paulinas, 1984.]

ENZENSBERGER, Hans Magnus. *La Grande Migration. Vues sur la guerre civile*. Paris: Gallimard, 1995. [Ed. bras.: *Guerra Civil*. Trad. Marcos Branda Lacerda & Sergio Flaksman. São Paulo: Companhia das Letras, 1995.]

ESPINOSA, Baruch, *Ethica ordine geometrico demonstrata*. Trad. A. Guérinot. Paris: Ivrea, 1993.

FOLLIET, Luc. *Nauru, l'ile dévastée. Comment la civilisation capitaliste a détruit le pays le plus riche du monde*. Paris: La Découverte, 2010.

FRANK, Thomas. *The Conquest of Cool*. Chicago: University of Chicago Press, 1997.

FREUD, Sigmund. *Introduction à la psychanalyse*. Paris: Payot, 1956. [Ed. bras.: *Obras completas, v. 13, Conferências introdutórias à psicanálise (1916-1917)*. Trad. Sérgio Tellaroli. São Paulo: Companhia das Letras, 2014.]

FREUD, Sigmund. *La Psychologie des masses et l'Analyse du moi*. In: *Oeuvres complètes 1921-1923*, v. 16. Paris: PUF, 1993. [Ed. bras.: *Obras completas, v. 15, Psicologia das massas e análise do eu e outros textos (1920-1923)*. Trad. Paulo César de Souza. São Paulo: Companhia das Letras, 2011.]

FREUD, Sigmund. "Introduction au narcissisme". In: *Oeuvres complètes 1913-1914*, v. 12. Paris: PUF, 2005. [Ed. bras.: *Obras completas, v. 12, Introdução ao narcisismo, Ensaios de metapsicologia e outros textos (1914-1916)*. Trad. Paulo César de Souza. São Paulo: Companhia das Letras, 2010.]

FROMM, Erich. "The Human Implications of Instinctivistic 'Radicalism'. A Reply to Herbert Marcuse", *Dissent*, v. 2, 1955.

FROMM, Erich. *La Passion de détruire. Anatomie de la destruction humaine*. Paris: Laffont, 1975. [Ed. bras.: *Anatomia da destrutividade humana*. Trad. Marcos Santarrita. Rio de Janeiro: Guanabara Koogan, 1979.]

FROMM, Erich & MARCUSE, Herbert: "A Reply to Erich Fromm" e "A Counter-Rebuttal", *Dissent*, v. 3, 1956.

GORZ, André. *Ecologica*. Paris: Galilée, 2007. [Ed. bras.: *Ecológica*. Trad. Celso Azzan Junior. São Paulo: Annablume, 2010.]

GRAMSCI, Antonio. *Cahiers de prison*, v. 5. Paris: Gallimard, 1991. [Ed. bras.: *Cadernos do cárcere*, v. 4. Trad. Carlos Nelson Coutinho, Luiz Sergio Henriques & Marco Aurélio Nogueira. Rio de Janeiro: Civilização Brasileira, 2017.]

GREEN, André. *Narcissisme de vie, narcissisme de mort*. Paris: Minuit, 1983. [Ed. bras.: *Narcisismo de vida, narcisismo de morte*. Trad. Claudia Berliner. São Paulo: Escuta, 1988.]

GRUNBERGER, Béla. *Le Narcissisme. Essais de psychanalyse*. Paris: Payot, 2003.

HASSID, Olivier & MARCEL, Julien. *Tueurs de masse. Un nouveau type de tueurs est né*. Paris: Eyrolles, 2012.

HEGEL, Georg Wilhelm Friedrich. *Phénoménologie de l'esprit*. Paris: Aubier, 1991. [Ed. bras.: *Fenomenologia do espírito*. Trad. Paulo Meneses. Petrópolis: Vozes, 1992.]

HIRIGOYEN, Marie-France. *Le Harcèlement moral. La violence perverse au quotidien*. Paris: La Découverte, 1998. [Ed. bras.: *Assédio moral: a violência perversa no cotidiano*. Trad. Maria Helena Kühner. Rio de Janeiro: Bertrand Brasil, 1998.]

HOBBES, Thomas. *Léviathan*. Paris: Sirey, 1971. [Ed. bras.: *Leviatã*. Trad. Gabriel Lima Marques & Renan Marques Birro. Petropólis: Vozes, 2020.]

HORKHEIMER, Max & ADORNO, Theodor W. *La Dialectique de la raison. Fragments philosophiques*. Paris: Gallimard, 1974. [Ed. bras.: *Dialética do esclarecimento*. Trad. Guido Antonio de Almeida. Rio de Janeiro: Zahar, 1985.]

HUSSERL, Edmund. *Idées directrices pour une phénoménologie pure et une philosophie phénoménologique*. Paris: Gallimard, 1950. [Ed. bras.: *Ideias para uma fenomenologia pura e para uma filosofia fenomenológica*. Trad. Marcio Suzuki. São Paulo: Ideias e Letras, 2006.]

IPPOLITA. *Le Côté obscur de Google*. Paris: Rivages, 2011.

JAPPE, Anselm. *Les Aventures de la marchandise. Pour une nouvelle critique de la valeur*. Paris: Denoël, 2003. [Reedição: Paris: La Découverte/Poche, 2017]. [Ed. port.: *As aventuras da mercadoria: para uma nova crítica do valor*. Trad. José Miranda Justo. Lisboa: Antígona, 2006.]

JAPPE, Anselm. *Crédit à mort. La décomposition du capitalisme et ses ennemis*. Paris: Lignes, 2011. [Ed. bras.: *Crédito à morte: a decomposição do capitalismo e suas críticas*. Trad. Robson J. F. de Oliveira. São Paulo: Hedra, 2013.]

JAPPE, Anselm. "Où sont les freins? Sur l'accélération de l'accélération du temps social", *Palim Psao*, 2012. Disponível em: http://www.palim-psao.fr/

article-ou-sont-les-freins-sur-l-acceleration-de-l-acceleration-du-temp-social-a-propos-du-livre-de-hartmut-rosa-par-anselm-jappe-53715593.h

JAPPE, Anselm. "Au-delà de la valeur ou au-delà du marxisme? André Gorz et la critique de la valeur". In: CAILLÉ, Alain & FOUREL, Christophe (orgs.). *Sortir du capitalisme: le scenário Gorz*. Lormont: Le Bord de l'eau, 2013, p. 161-70.

JAPPE, Anselm & KURZ, Robert. *Les Habits neufs de l'Empire. Remarques sur Negri, Hardt et Rufin*. Paris: Lignes/Léo Scheer, 2003.

JAY, Martin. *L'imagination dialectique*. Paris: Payot, 1989. [Ed. bras.: *A imaginação dialética*. Trad. Vera Ribeiro. Rio de Janeiro: Contraponto, 2008.]

JORN, Asger. "Les situationnistes et l'automation", *Internationale situationniste*, n. 1, 1958. [Ed. port.: "Os situacionistas e a automatização". In: HENRIQUES, Júlio (org.). *Internacional situacionista: antologia*. Trad. Júlio Henriques. Lisboa: Antígona, 1997.]

JUIGNET, Patrick. *Manuel de psychopathologie générale*. Grenoble: Presses Universitaires de Grenoble, 2015.

KANT, Immanuel. *Sur l'expression courante: il se peut que ce soit juste en théorie, mais en pratique, cela ne vaut rien*. Paris: Vrin, 1972.

KANT, Immanuel. *Fondements de la métaphysique des moeurs*. Paris: Vrin, 1980. [Ed. port.: *Fundamentação da metafísica dos costumes*. Trad. Paulo Quintela. Lisboa: Edições 70, 1986.]

KANT, Immanuel. *Critique de la raison pratique*. Paris: PUF, 1989. [Ed. bras.: *Crítica da razão prática*. Trad. Valerio Rohden. São Paulo: WMF Martins Fontes, 2016.]

KANT, Immanuel. *Observations sur le sentiment du beau et du sublime*. Paris: Garnier-Flammarion, 1990. [Ed. port.: *Observações sobre o sentimento do belo e do sublime seguido de Ensaio sobre as doenças mentais*. Trad. Pedro Panarra. Lisboa: Edições 70, 2012.]

KANT, Immanuel. *Métaphysique des moeurs*, v. 1-2. Paris: Vrin, 1993. [Ed. bras *Metafísica dos costumes*. Trad. Clélia Aparecida Martins. Petrópolis: Vozes, 2013.]

KANT, Immanuel. *Critique de la raison pure*. Paris: PUF, 1997. [Ed. bras.: *Crítica da razão pura*. Trad. Fernando Costa Mattos. Petrópolis: Vozes, 2012.]

KAZANTZÁKIS, Nikos. *Lettre au Greco. Bilan d'une vie*. Paris: Plon, 1961. [Ed. port.: *Carta a Greco*. Trad. Armando Pereira da Silva & Armando da Silva Carvalho. Lisboa: Ulisseia, 1967.]

KLEIN, Melanie. *Envie et gratitude*. Paris: Gallimard, 1978. [Ed. bras.: *Inveja e gratidão: um estudo das fontes inconscientes*. Trad. José Octávio de Aguiar Abreu. Rio de Janeiro: Imago, 1974.]

KLEIN, Naomi. *No logo. La tyrannie des marques*. Arles: Actes Sud, 2001. [Ed. bras.: *Sem logo: a tirania das marcas em um planeta vendido*. Trad. Ryta Vinagre. Rio de Janeiro: Record, 2002.]

KLOSSOWSKI, Pierre. *Sade, mon prochain*. Paris: Seuil, 1967. [Ed. port.: *Sade, meu próximo*. Trad. Ana Hatherly. Lisboa: Moraes, 1968.]

KOHUT, Heinz. *Le Soi. La psychanalyse des transferts narcissiques*. Paris: PUF, 1974.

KURZ, Robert. *Weltordnungskrieg. Das Ende der Souveranitat und die Wandlungen des Imperialismus im Zeitalter der Globalisierung*. Bad Honnef: Horlemann, 2003.

KURZ, Robert. *Avis aux naufragés. Chroniques du capitalisme mondialisé en crise*. Paris: Lignes & Manifestes, 2005.

KURZ, Robert. *Geld ohne Wert. Grundrisse zu einer Transformation der Kritik der politischen Okonomie*. Bad Honnef: Horlemann, 2012. [Ed. port.: *Dinheiro sem valor: linhas gerais para uma transformação da crítica da economia política*. Trad. Lumir Nahodil. Lisboa: 2014.]

KURZ, Robert. "Der Kampf um die Wahrheit", *Exit!*, n. 12, 2014.

LACAN, Jacques. "Kant avec Sade". *In*: LACAN, Jacques. *Écrits*. Paris: Seuil, 1966. [Ed. bras.: "Kant com Sade". *In*: LACAN, Jacques. *Escritos*. Trad. Vera Ribeiro. Rio de Janeiro: Zahar, 1998.]

LAPASSADE, Georges. *L'Entrée dans la vie. Essai sur l'inachèvement de l'homme*, Minuit, Paris, 1963. [Ed. port.: *A entrada na vida*. Trad. Agostinho Trindade Sousa. Lisboa: Edições 70, 1975.]

LASCH, Christopher. *La Culture du narcissisme. La vie américaine à un âge de déclin des espérances*. Paris: Flammarion, 2006 (col. Champs). [Ed. bras.: *A cultura do narcisismo: a vida americana numa*

era de esperanças em declínio. Trad. Ernani Pavaneli. Rio de Janeiro: Imago, 1983.]
LASCH, Christopher. *Le Moi assiégé*. Castelnau-le-Lez: Climats, 2008. [Ed. bras.: *O mínimo eu: sobrevivência psíquica em tempos difíceis*. Trad. José Roberto Martins Filho. São Paulo: Brasiliense, 1986.]
LAPLANCHE, Jean & PONTALIS, Jean-Bertrand. *Vocabulaire de la psychanalyse*. Paris: PUF, 1992. [Ed. bras.: *Vocabulário da psicanálise*. Trad. Pedro Tamen. São Paulo: Martins Fontes, 2001.]
LATOUCHE, Serge. *L'Invention de l'économie*. Paris: Albin Michel, 2005.
LATOUCHE, Serge. *Sortir de la société de consommation. Voix et voies de la décroissance*. Paris: Les Liens qui libèrent, 2010.
LE BRUN, Annie. *Du Trop de réalité*. Paris: Gallimard, 2004.
LE BRUN, Annie. *Ailleurs et autrement*. Paris: Gallimard, 2011.
LEBRUN, Jean-Pierre. "Les morts pour le dire", *Association des forums du champ lacanien de Wallonie*, atas do colóquio de 3 de maio de 2003. Disponível em: www.lutecium.org/mirror/www.lacanw.be/archives/violence/030503%20Les%20morts%20pour%20le20dire%20%28JP.%20Lebrun%29.pdf.
LEBRUN, Jean-Pierre. *Un Monde sans limite*, seguido de *Malaise dans la subjectivisation*. Toulouse: Érès, 2011. [Ed. bras.: *Um mundo sem limite: ensaio para uma clínica psicanalítica do social*. Trad. Sandra Regina Felgueiras. Rio de Janeiro: Companhia de Freud, 2004.]
LE BRAS, Laurence & GUY, Emmanuel (orgs.). *Lire Debord*. Montreuil: L'Echappée, 2016.
LÉVY, Pierre. *L'Intelligence collective. Pour une anthropologie du cyberespace*. Paris: La Découverte, 1994 [Ed. bras.: *A inteligência coletiva: por uma antropologia do ciberespaço*. Trad. Luiz Paulo Rouanet. São Paulo: Loyola, 1998.]
LIAUDET, Jean-Claude. *L'Impasse narcissique du libéralisme*. Paris: Climats, 2007.
LIPOVETSKY, Gilles. *L'Ère du vide. Essais sur l'individualisme contemporain*. Paris: Gallimard, 1983. [Ed. port.: *A era do vazio: ensaios sobre o individualismo contemporâneo*. Trad. Miguel Serras Pereira & Ana Luísa Faria. Lisboa: Relógio d'Água, 1988.]

LIPOVETSKY, Gilles. *L'Empire de l'éphémère. La mode et son destin dans les sociétés modernes*. Paris: Gallimard, 1987. [Ed. bras.: *O império do efêmero: a moda e seu destino nas sociedades modernas*. Trad. Maria Lucia Machado. São Paulo: Companhia das Letras, 2009.]

LIPOVETSKY, Gilles & SERROY, Jean. *L'Esthétisation du monde. Vivre à l'âge du capitalisme artiste*. Paris: Gallimard, 2013. [Ed. bras.: *A estetização do mundo: viver na era do capitalismo artista*. Trad. Eduardo Brandão. São Paulo: Companhia das Letras, 2015.]

LOHOFF, Ernst. "Die Verzauberung der Welt. Die Subjektform und ihre Konstitutionsgeschichte", *Krisis!*, n. 29, 2005, p. 13-60.

MAINE DE BIRAN, Pierre. *L'Homme public au temps de "la" légitimité 1815-1824*. In: MAINE DE BIRAN, Pierre. *Oeuvres*, t. XII, v. 2. Paris: Vrin, 1999.

MAISO, Jordi. "Soggettività offesa e falsa coscienza. La psicodinamica del risentimento nella teoria critica della società", *Costruzioni psicoanalitiche*, n. 23, 2012, p. 61-76.

MANOVICH, Lev. "Information as an Aesthetic Event", TATE Lecture, 8 set. 2007. Disponível em: http://manovich.net/content/04-projects/056-information-as-an-aesthetic-event/53_article_2007.pdf.

MARCUSE, Herbert. "Le vieillissement de la psychanalyse". In: MARCUSE, Herbert. *Culture et société*. Paris: Minuit, 1970. [Ed. bras.: *Cultura e sociedade*. Trad. Wolfgang Leo Maar et al. Rio de Janeiro: Paz e Terra, 1997.]

MARCUSE, Herbert. *Éros et civilisation. Contribution à Freud*. Paris: Minuit, 1998 [Ed. bras.: *Eros e civilização*. Trad. Álvaro Cabral. Rio de Janeiro: Zahar, 1975.]

MARGAT, Claire. "Une horrible liberté", set. 2005. Disponível em: http://turandot.chineselegalculture.org/Essay.php?ID=35.

MARX, Karl. *Manuscrits de 1844*. Paris: Éditions Sociales, 1972. [Ed. bras.: *Manuscritos econômico-filosóficos*. Trad. Jesus Ranieri. São Paulo: Boitempo 2004.]

MARX, Karl. *Contribution à la critique de l'économie politique*. Paris: Éditions Sociales, 1977. [Ed. bras.: *Contribuição à crítica da* economia política. Trad. Florestan Fernandes. São Paulo: Expressão Popular, 2008.]

MARX, Karl. *Manuscrits de 1857-1858 (Grundrisse)*. Org. J.-P. Lefebvre. Paris: Éditions Sociales, 1980. [Ed. bras.: *Grundrisse: manuscritos econômicos de 1857-1858*. Trad. Mario Duayer & Nélio Schneider. São Paulo: Boitempo, 2011.]

MARX, Karl. *Le Capital*, v. 1, *Critique de l'économie politique*. Org. J.-P. Lefebvre. Paris: PUF, 1993. [Ed. bras.: *O capital*, v. 1, *Crítica da economia política*. 2. ed. Trad. Rubens Enderle. São Paulo: Boitempo, 2017.]

MARZANO, Michela. *Extension du domaine de la manipulation. De l'entreprise à la vie privée*. Paris: Grasset, 2008.

MELMAN, Charles. *L'Homme sans gravité. Jouir à tout prix*. Paris: Gallimard, 2005 (col. Folio). [Ed. bras.: *O homem sem gravidade: gozar a qualquer preço*. Trad. Sandra Regina Felgueiras. Rio de Janeiro: Companhia de Freud, 2003.]

MITSCHERLICH, Alexander. *Vers la société sans pères. Essai de psychologie sociale*. Paris: Gallimard, 1981.

MONTAIGNE, Michel de. *Essais*. Paris: Club Français du Livre, 1962. [Ed. bras.: *Ensaios*. Trad. Rosa Freire D'Aguiar. São Paulo: Companhia das Letras, 2010.]

MÜLLER, Rudolf Wolfgang. *Geld und Geist. Zur Entstehungsgeschichte von Identitatsbewustsein und Rationalitat seit der Antike*. Frankfurt: Campus, 1977.

OUELLET, Maxime. "Les 'anneaux du serpent' du libéralisme culturel: pour en finir avec la bonne conscience. Un détour par La Question Juive de Karl Marx". In: COUTU, Benoît (org.). *Les deux faces de Janus: Comprendre le libéralisme et le socialisme*. Montréal: Éditions Carré rouge, 2011.

PARIN, Paul & MORGENTHALER, Fritz. *Les Blancs pensent trop*. Paris: Payot, 1966.

POSTMAN, Neil. *The Disappearance of Childhood*. Nova York: Random House, 1982. [Ed. bras.: *O desaparecimento da infância*. Trad. Suzana M. de Alencar Carvalho & José Laurentino de Melo. Rio de Janeiro: Graphia, 2005.]

POSTMAN, Neil. *Se distraire à en mourir*. Paris: Fayard, 2011 (col. Pluriel).

POSTONE, Moishe. *Temps, travail et domination sociale. Une réinterprétation de la théorie critique de Marx*. Paris: Mille et une nuits, 2009. [Ed. bras.: *Tempo, trabalho e dominação social: uma reinterpretação da teoria crítica de Marx*. Trad. Amilton Reis & Paulo Cézar Castanheira. São Paulo: Boitempo, 2014.]

REEMTSMA, Jan. *Confiance et violence. Essai sur une configuration particulière de la modernité*. Paris: Gallimard, 2013.

RICKERT, John. "The Fromm-Marcuse debate revisited", *Theory and Society*, n. 15, 1986, p. 351-400.

RIESEL, René & SEMPRUN, Jaime. *Catastrophisme*. Paris: L'Encyclopédie des Nuisances, 2008.

ROBINSON, Paul. *The Freudian Left. Wilhelm Reich, Geza Roheim, Herbert Marcuse*. Nova York: Harper & Row, 1969. [Ed. bras.: *A esquerda freudiana*. Trad. Álvaro Cabral. Rio de Janeiro: Civilização Brasileira, 1971.]

ROSA, Hartmut. *Accélération. Une critique sociale du temps*. Paris: La Découverte, 2010. [Ed. bras.: *Aceleração: a transformação das estruturas temporais na modernidade*. Trad. Rafael H. Silveira. São Paulo: Editora Unesp, 2019.]

ROUGEMONT, Denis de. *L'Amour et l'Occident*. Paris: U.G.E., Paris, 1962 (col. 10/18). [Ed. bras.: *O amor e o ocidente*. Trad. Paulo Brandi & Ethel Brandi Cachapuz. Rio de Janeiro: Guanabara, 1988.]

RUSSELL, Bertrand. *Human Society in Ethics and Politics*. In: RUSSELL, Bertrand. *Russell in due parole*. Milão: Longanesi, 1968. [Ed. bras.: *A sociedade humana na ética e na política*. Trad. Oswaldo de Arau. São Paulo: Editora Nacional, 1956.]

SADE, Marquês de. *La Philosophie dans le boudoir*. Paris: GF Flammarion, 2007. [Ed. bras.: *A filosofia na alcova*. Trad. Augusto Contador Borges. São Paulo: Iluminuras, 1999.]

SAHLINS, Marshall. *Âge de pierre, âge d'abondance. L'économie des sociétés primitives*. Paris: Gallimard, 1976.

SCHNEIDER, Michael. *Big Mother*. Paris: Odile Jacob, 2003.

SCHOPENHAUER, Arthur. *Aphorismes sur la sagesse dans la vie*. Paris: PUF, 1983 (col. Quadrige). [Ed bras. *Aforismos para a sabedoria de vida*. Trad. Jair Barboza. São Paulo: Martins Fontes, 2002.]

SCHOPENHAUER, Arthur. *Le Monde comme volonté et representation*. Paris: Gallimard, 2009 (col. Folio). [Ed. bras.: *O mundo como vontade e como representação*. Trad. Jair Barboza. São Paulo: Editora Unesp, 2005.]

SEMPRUN, Jaime. *L'Abîme se repeuple*. Paris: L'Encyclopédie des Nuisances, 1997.

SENNETT, Richard. *Le Travail sans qualité*. Paris: U. G. E., 2004 (col. 10/18). [Ed. bras.: *A corrosão do caráter: consequências pessoais do trabalho no novo capitalismo*. Trad. Marcos Santarrita. Rio de Janeiro: Record, 1999.]

SENNETT, Richard. *Ce que sait la main. La culture de l'artisanat*. Paris: Albin Michel, 2010. [Ed. bras.: *O artífice*. Trad. Clóvis Marques. Rio de Janeiro: Record, 2009.]

SOHN-RETHEL, Alfred. *La Pensée-marchandise*. Bellecombe-en-Bauges: Éditions du Croquant, 2010.

STIRNER, Max. *L'Unique et sa propriété*. Paris: La Table Ronde, 2000. [Ed. port.: *O único e a sua propriedade*. Trad. João Barrento. Lisboa: Antígona, 2003.]

TAYLOR, Charles. *Le Malaise de la modernité*. Paris: Le Cerf, 2002.

THEWELEIT, Klaus. *Fantasmâlgories*. Paris: L'Arche, 2016.

TOSEL, André. *Kant révolutionnaire*. Paris: PUF, 1998.

TURKLE, Sherry. *Seuls ensemble. De plus en plus de technologies, de moins en moins de relations humaines*. Paris: L'Echappée, 2015.

WINNICOTT, Donald W. *Jeu et realité. L'espace potentiel*. Paris: Gallimard, 2002. [Ed. bras.: *O brincar e a realidade*. Trad. Breno Longhi. São Paulo: Ubu, 2019.]

WIGGERSHAUS, Rolf. *L'École de Francfort*. Paris: PUF, 1993. [Ed. bras.: *A escola de Frankfurt*. Trad. Vera de Azambuja. São Paulo: Difel, 2000.]

ZACARIAS, Gabriel F. "Eros e civilização na sociedade do espetáculo: Debord leitor de Marcuse", *Dissonância — Revista de Teoria Crítica*, v. 2, n. 1, 2018, p. 215-38.

ŽIŽEK, Slavoj. "'Pathological Narcissus' as a socially mandatory form of subjectivity". *In*: LASCH, Christopher. *Narcisistička kultura.* Zagreb: Naprijed, 1986

ŽIŽEK, Slavoj. *Organes sans corps. Deleuze et conséquences.* Paris: Éditions Amsterdam, 2008. [Ed. bras.: *Órgãos sem corpos: Deleuze e consequências.* Trad. Manuela Assad Gomez. Rio de Janeiro: Companhia de Freud, 2008]

ŽIŽEK, Slavoj. "La colère, le ressentiment et l'acte". *In:* ŽIŽEK, Slavoj. *Penser à gauche.* Paris: Éditions Amsterdam, 2011.

ANSELM JAPPE nasceu em Bonn, na Alemanha, em 1962. Professor da Academia de Belas Artes de Sassari e professor convidado do Collège International de Philosophie de Paris, é um dos principais teóricos da crítica do valor, autor de, entre outros, *As aventuras da mercadoria: para uma nova crítica do valor* (Antígona, 2006) e *Crédito à morte: a decomposição do capitalismo e suas críticas* (Hedra, 2013), e coautor da obra coletiva *Capitalismo em quarentena: notas sobre a crise global* (Elefante, 2020).

COLEÇÃO
— CRISE & CRÍTICA —

Crise econômica, crise ecológica, crise da democracia, crise sanitária, crise da representação, crise do patriarcado, crise do sujeito... Em todas as partes do globo unificado pelo capitalismo, as sociedades sobrevivem em meio a uma imensa acumulação de crises. A coleção Crise & Crítica, publicada pela Editora Elefante, com curadoria de Gabriel Zacarias, apresenta reflexões críticas para a época do capitalismo de crise.

TÍTULOS PUBLICADOS

Capitalismo em quarentena: notas sobre a crise global
Anselm Jappe, Sandrine Aumercier,
Clément Homs & Gabriel Zacarias

*A sociedade autofágica: capitalismo,
desmesura e autodestruição*
Anselm Jappe

*Crítica do espetáculo:
o pensamento radical de Guy Debord*
Gabriel Zacarias

© Elefante, 2021

Título original
La société autophage: capitalisme, démesure et autodestruction
© Editions La Découverte, Paris, 2017, 2020

Primeira edição, setembro de 2021
Primeira reimpressão, abril de 2025
São Paulo, Brasil

Dados Internacionais de Catalogação na Publicação (CIP)
Angélica Ilacqua CRB-8/7057

Jappe, Anselm
A sociedade autofágica : capitalismo, desmesura e autodestruição / Anselm Jappe ; tradução de Júlio Henriques.
São Paulo: Elefante, 2021.
336 p. (Crise e Crítica)

ISBN 978-65-87235-56-1

1. Capitalismo - Filosofia 2. Civilização moderna - Filosofia I. Título II. Henriques, Júlio

| 21-1704 | CDD 320.01 |

Índices para catálogo sistemático:
1. Capitalismo - Filosofia
2. Civilização moderna - Filosofia

---

elefante

editoraelefante.com.br
contato@editoraelefante.com.br
fb.com/editoraelefante
@editoraelefante

TIPOGRAFIA Feijoa, Silva & Wedding Gothic ATF
PAPEL Supremo 250g/m² & Ivory Bulk 65 g/m²
IMPRESSÃO PifferPrint